河南省"十四五"普通高等教育规划教材

地方财政学

主　编：殷　强

副主编：赵德昭　冯　辉

重庆大学出版社

内容提要

本教材结合党的十八届三中全会后提出的政府间财政关系改革，立足中国实践，解决中国政府间财政问题，充分体现"新文科"理念。同时以财政分权理论为基础，阐述地方财政收支行为的经济影响以及政府间财政关系。主要内容包括：导论、地方性公共产品与财政分权、地方财政体制的框架、地方财政支出、财政支出绩效概述、地方财政收入、地方政府债务、财政转移支付制度、城市财政、县乡财政等内容。

本教材是河南省"十四五"普通高等教育规划教材，是高等院校财政学类专业的专业核心课程教材。

图书在版编目（CIP）数据

地方财政学／殷强主编. -- 重庆：重庆大学出版社,2022.12

ISBN 978-7-5689-3624-8

Ⅰ. ①地… Ⅱ. ①殷… Ⅲ. ①地方财政—高等学校—教材 Ⅳ. ①F810.7

中国版本图书馆 CIP 数据核字（2022）第 223141 号

地方财政学
DIFANG CAIZHENGXUE

主　编:殷　强

副主编:赵德昭　冯　辉

责任编辑:尚东亮　　版式设计:尚东亮

责任校对:关德强　　责任印制:张　策

*

重庆大学出版社出版发行

出版人:饶帮华

社址:重庆市沙坪坝区大学城西路 21 号

邮编:401331

电话:(023)88617190　88617185(中小学)

传真:(023)88617186　88617166

网址:http://www.cqup.com.cn

邮箱:fxk@cqup.com.cn(营销中心)

全国新华书店经销

重庆升光电力印务有限公司印刷

*

开本:787mm×1092mm　1/16　印张:16.5　字数:394 千

2022 年 12 月第 1 版　　2022 年 12 月第 1 次印刷

印数:1—2 000

ISBN 978-7-5689-3624-8　定价:48.00 元

前言

　　"地方财政学"是高等院校财政学类专业的专业核心课程,需要先修"西方经济学"和"财政学"等课程。本教材是河南省"十四五"普通高等教育规划教材。

　　随着社会主义市场经济的发展,地方财政的作用日趋重要,从事地方财政研究的学者越来越多,研究水平也越来越高。但在高校的人才培养中,关于"地方财政"可供选择的教材却为数不多。

　　习近平总书记指出"党的十八大以来,在新中国成立特别是改革开放以来我国发展取得的重大成就基础上,党和国家事业发生历史性变革,我国发展站到了新的历史起点上,中国特色社会主义进入了新的发展阶段。"改革开放让中国富起来,地方政府和地方财政发挥了重要作用。改革开放,在财政领域,中央向地方下放了权力。经过了"分灶吃饭""财政包干"的放权让利,激发了地方政府的活力和积极性,增强了经济发展的动力,但也形成了财政收入占 GDP 比重过低和中央财政收入占财政收入比重过低的"两个比重"的问题。1994年,为了适应社会主义市场经济的发展,我国从顶层设计建立了"分税制"的财政管理体制,划分了中央和地方事权和财权,地方财政职能更加清晰。1998 年中央提出"构建中国的公共财政基本框架"之后,公共财政的理念逐渐普及,政府与市场的边界逐渐清晰,地方政府逐渐承担了更多的支出责任。同时,中央集中了较多的财政收入,解决了"两个比重"过低的问题,却形成了地方财政事权与财权的不对称,地方财政,尤其是县乡财政出现了收支困难。2008 年,美国次贷危机引起的全球金融动荡影响了中国经济的发展,财政困难程度加剧。2009 年,我国以财政部"代发代偿"的方式允许地方政府发行债券筹集财政资金,"开明渠,堵暗道",拓展了地方财政筹集财政收入的方式。党的十八届三中全会定位"财政是国家治理的基础和重要支柱",提出了"建立事权和支出责任相适应的制度",进一步理顺中央和地方的财政关系,明确地方政府的财政职能。2015 年,新修订的《中华人民共和国预算法》的实施,加强了对地方政府预算的法制化管理。党的十九大把"加快建立现代财政制度,建立权责清晰、财力协调、区域均衡的中央和地方财政关系"放在财税改革的首位。《中华人民共和国国民经济和社会发展第十四个五年规划和 2035 年远景目标纲要》明确提出,更好发挥财政在国家治理中的基础和重要支柱作用,建立权责清晰、财力协调、区域均衡的中央和地方财政关系,健全省以下财政体制,增强基层公共服务保障能力。在财政领域的改革中,地方财政从来都是重头戏,也使得研究地方财政问题更有意义。

《地方财政学》教材的内容以财政分权理论为基础,阐述地方财政收支行为的经济影响以及政府间财政关系,也需要立足中国国情,研究中国地方财政的问题及规律。本教材的编写结合党的十八届三中全会后提出的政府间财政关系改革,立足中国实践,解决中国政府间财政问题,充分体现"新文科"理念。在一些重要知识点增加素材,设置讨论分析环节,方便实施"翻转课堂"等教学改革。

本教材由殷强任主编,赵德昭、冯辉任副主编。写作团队殷强(第一章)、冯辉(第二章)、赵德昭(第三章)、钟军委(第四章)、王佳(第五章、第十章)、陈海宇(第六章)、付阳(第七章、第十一章)、贾洁蕊(第八章、第九章)共同完成了教材编写,全书由殷强、赵德昭、冯辉统稿。

由于编者水平有限,书中存在的问题和不足,恳请各位专家、老师以及使用教材的学生多提宝贵意见。

编者

2022 年 10 月

目录

第一章
导论

【学习目标】

通过本章学习使学生了解什么是地方财政学,熟悉中国地方财政的特点。

【重点与难点】

重点是学习中国地方政府的特点和中国地方财政的特点;难点是理解不同类型的地方政府的特点,理解地方财政能够发挥的作用。

第一节　地方财政学概论

一、地方财政学的概念

多数国家的政府分为中央政府和地方政府。地方政府一般具有区域性和局部性,其主要职责:一是配置一定的资源为当地居民提供公共产品,满足其公共需要,比如修建城市内的道路桥梁、治理辖区内的环境污染等;二是维护地方居民的社会公平,比如提供基本的生活保障、基本的养老和医疗保障,提高当地教育水平等;三是稳定地方的经济发展,通过政策手段调节经济的"峰""谷",以维持经济稳定持续发展。党的十八届三中全会定位"财政是国家治理的基础和重要支柱",地方政府需要通过财政手段实现其职责。地方政府行使职能的财政行为就是地方财政行为。

地方财政行为是全国财政行为的组成部分。地方财政一方面承载着中央财政赋予地方的责任,比如地方政府承担着辖区范围内的全国性道路的修建、大江大河的治理等;另一方面也具有因地制宜维护地方利益的主动性,比如地方政府运用财政补贴等政策吸引外部投资的行为,就是为当地经济发展谋利益。所以,地方财政行为既反映着中央和地方的政府间关系,又体现着地方政府间的合作与竞争。

地方财政学属于财政学的范畴,是在财政分权的基础上,通过研究地方政府财政收支行为特点及其对地方经济社会产生的影响,探寻政府间财政关系的学问。地方财政学具有经济学属性,地方财政直接参与国民经济初次分配,又形成二次分配,直接影响市场经济主体的经济行为,所以地方财政首先研究的是经济问题。地方财政学还具有管理学的属性,地方财政是地方政府能否有效行使职能的关键,所以,运用科学的管理方法,加强地方财政收支管理,提高收支效率是地方财政学研究的重要内容。地方财政学还具有社会学的属性,地方财政调节社会公平的政策,会影响人们的社会关系和社会行为,如何衡量公平,如何实现公平,也涉及社会学的研究领域。

二、地方财政学的研究内容

生活中,我们经常可以见到地方财政的现象:城市的路灯、道路、公园,都是由地方财政出资修建,属于地方财政支出的范围;2018 年以前税务局分为国家税务局和地方税务局,国家税务局征收的税收主要归属中央财政,地方税务局征收的税收主要归属地方财政;不同城市的最低生活保障标准不同,比如 2022 年 7 月起,北京市最低生活保障标准每人每月提高为 1 320 元,郑州市 2022 年 7 月开始也提高了标准,全市最低生活保障标准由每人每月 740元调整提高为每人每月 750 元,反映着地区间存在的财政差异。

以上现象都属于地方财政学的研究内容,归纳来看,地方财政学的研究内容主要包括:

1. 地方财政学基本理论

地方财政学基本理论主要有地方公共产品理论和财政分权理论。公共产品可以分为全国性公共产品和地方性公共产品,地方政府更容易掌握当地居民对地方性公共产品的需求偏好,能够更有效地满足当地居民的需求。财政分权理论解释了地方政府存在的必要性,地方财政能够比中央财政更好地提供地方公共产品。中国的财政学者引入财政分权理论研究中国的财政体制,取得了丰硕的成果。

2. 政府间财政关系

政府间财政关系主要研究政府间事权和财权的划分。国外常见的三级政府状况下的事权和财权划分相对简单。中国五级政府的状况下,事权和财权划分相对复杂,除了要研究中央政府和省级地方政府间的事权和财权划分,还要研究省级以下政府间的事权和财权划分。

3. 地方财政收支

明确地方政府事权的基础上,确定地方政府的支出责任,研究地方政府财政支出的规模、结构和经济效率。以适当的原则划分地方政府财权,明确中央财政和地方财政收入的形式,赋予地方政府与其事权相对应的财权,使地方政府具备一定的财政能力。

4. 地方财政管理

地方财政的目标是行使地方政府职能,满足当地居民的公共需要,加强财政管理,有利于提高地方财政支出的效率。地方财政管理主要包括预算管理、地方财政支出绩效管理、地方政府债务管理等。

5. 区域财政

我国经济发展不平衡,存在东西部的差异,也存在城乡的差异。城乡经济差异体现在财政上,分别呈现出不同的特点。城市是经济发展的主要载体,城市财政除服务于城市居民的公共需要,还承担着城市基础设施建设、稳定经济发展等职责。县乡经济发展相对薄弱,但人口众多且分散,县乡财政呈现责任重、收入低的特点。以农业为主的县乡财政收入极少,但因为人口多,民生职责极大,财政收支缺口较大。区域间经济的不平衡也形成了地方政府之间的财政竞争与合作,对地方财政产生较大的影响。

三、地方财政学的研究方法

地方财政学既有很强的理论性,又有很强的实践性。中国在地理上幅员辽阔,经济上存在着比较明显的东西部差别、城乡差别,地方政府在行使职能时需要因地制宜地实践地方财政理论。所以地方财政学的研究中必须坚持理论与实践相结合,尤其是与中国的实践相结合。从具体方法来说,地方财政学的研究包括实证分析法、规范分析法和比较分析法等。

(一)实证分析法

所谓实证分析,就是按事物的本来面目描述事物,说明研究对象"是什么",它着重刻画经济现象的来龙去脉,概括出若干可以通过经验证明正确或不正确的基本结论。实证分析方法运用于地方财政学,就是要按照地方政府财政活动的实际状况,勾勒出从地方政府取得收入直至安排支出的全过程及其产生或可能产生的经济影响,地方财政活动同国民经济活动的相互作用,以及组织财政活动所建立的机构、制度和各种政策安排。

(二)规范分析法

规范分析要回答的问题是"应当是什么",即确定若干准则,并据以判断研究对象所具有的状态是否符合这些准则,如果有偏离,应当如何调整。规范分析方法运用于地方财政学,就是要根据社会主义市场经济制度前提,根据公平与效率这两大基本社会准则,来判断目前的地方财政行为是否与上述前提和准则相一致,并探讨财政制度的改革问题。

(三)比较分析法

地方财政学以研究现实中的问题为核心。现实是历史发展的结果,也是历史规律的一个阶段。把现实的地方财政问题放在经济和社会发展历史中研究,能更好地发现规律,推动理论发展。由于各国地理环境、历史条件和文化背景不同,地方财政也千差万别,对世界范围内的地方政府财政进行比较研究,有助于借鉴其科学合理的成分,完善中国地方财政的改革。

第二节　多级政府与地方财政

一、国家结构与多级政府

国家结构是指一个国家根据什么原则、采取什么方式来划分国家的行政单位,调整国家整体和组成部分之间的相互关系,其实质内容就是中央政府和地方政府的权力划分问题。它体现一个国家的整体权力结构,紧密程度和各组成部分之间、组成部分与中央政府之间的关系。现代国家结构形式主要包括单一制和联邦制。

政府层级的设置,以及每级政府的职能范围,客观上取决于公共产品的受益范围和受益范围基本相同的公共产品的分布特征。正是公共产品在受益范围上的差异以及其分布特征,决定了不同级次的政府在实现政府职能方面能够更有效地发挥作用。

(一)单一制国家

单一制国家是指一国由若干不享有独立主权的行政单位组成,一般有唯一的立法机关和中央政府,由中央政府行使统一主权。单一制国家的权力是统一的、集中的,国内的各地方行政区不是政治实体,不具有主权特征。单一制国家划分地方政府主要是为了便于管理国家,中央政府高于地方政府,对地方政府行使管辖权。地方行政权力来源于中央授权,地方政府的有限自主权由中央政府通过宪法授予。在对外关系中,中央政府是国际法主体。这种国家结构是被世界上大多数国家所采用的模式,如中国、英国、法国、日本等。

单一制国家地方政府的层级由各国国情决定。单一制国家强调国家权力的集中,也强调提供公共产品的有效性。政府提供的公共产品包括全国性公共产品和地方性公共产品。地方性公共产品是某一特定区域的成员受益的公共产品,其受益范围还存在大小之分,如城市的道路受益范围就小,跨区域高速公路的受益范围就大。政府提供公共产品的职责应尽可能下放到能够满足公共产品有效提供的最小的地理辖区中。国家的地理面积越大,各地方的差异性就越大,对于公共产品需求的差异性也越大,基层地方政府的数量也就会越多。中央政府为了更好地行使管辖权,往往会设置连接中央和基层政府的中间层级的地方政府。国土面积越大,地方政府的层级可能越多。国土面积非常小的国家,一级政府就能够满足全国范围公共产品的提供,也就不需要再设置地方政府,比如新加坡、梵蒂冈等城市国家,只设置一级政府。世界上多数单一制国家设置多级政府。

(二)联邦制国家

联邦制国家是由多个成员联合组成的国家。中央政府同各成员政府根据宪法分享包括主权权力在内的国家权力行使权,联邦中央政府和地方政府都不得逾越宪法中关于他们各自应当享有的权利和地位的条款,从而干涉到另一方的权力范围①。各成员政府可以在联邦宪法规定的权力范围内,制定适合本成员国的宪法和法律,并自主决定和管理本成员国事务。各成员国下属的地方政府,实行地方自治,其自治权受到法律保护,成员政府不能直接干涉所属地方政府的事务。可见联邦制国家以分权为特征。目前全球约有二十个国家实行联邦制,主要有美国、德国、加拿大、印度等国家。

联邦制国家一般分为三级政府:联邦政府、州(省)政府和地方政府。联邦制国家的形成多数有历史的原因,或是民族因素,或是自然条件,或是经济联系,各个独立的行政区域以宪法的约束结合在一起,形成一个联邦,联邦就是中央政府,各个独立的行政区域就组成了州(省)级政府,原属于各独立的行政区域的基层政府统称为地方政府。联邦政府与州(省)政府、地方政府之间均没有行政隶属关系,实行自主治理,各级政府都有明确的事权和财权,一般实行以分别立法、财源共享、自上而下的政府间转移支付制度为特征的分税制。

二、地方政府的界定与类别

(一)地方政府的界定

《国际社会科学百科全书》认为:"地方政府一般可以认为是公众的政府,它有权决定和管理一个较小地区内的公众政治,它是地区政府或中央政府的一个分支结构。地方政府在政府体系中是最低一级,中央政府为最高一级,中间部分就是中间政府(如州、地区、省政府等)"。根据这一概念,政府的层级主要包括中央政府、中间政府和地方政府,地方政府指的是基层的一级政府。《美国百科全书》认为:"地方政府在单一制国家,是中央政府的分支机构,在联邦制国家,是成员政府的分支机构。"这一定义反映了不同国家结构中的中央与地方政府之间的依附关系。在单一制国家,中央政府的分支机构都称为地方政府;在联邦制国家,地方政府从属于成员政府,也直接受成员政府(即州政府)管辖,因此性质上是"成员政府的分支机构"。我国习惯上将中央政府以下的都称为地方政府,《辞海》对"地方政府"的解释是:"'中央政府'的对称,设置于地方各级行政区域内负责行政工作的国家机关"。

按照我国的研究习惯,本书界定地方政府为②:除中央政府以外的其他级别的政府的统称,不仅包括最低一级的基层政府,而且也包括中间政府。地方政府从层级上通常分为三类:第一,直接与当地居民发生联系,承担直接治理职责的地方政府,称为基层地方政府;第二,直接与中央政府发生联系,受中央政府直接监督指挥的地方政府,称为最高层级地方政府;第三,介于前述两者之间的地方政府,称中层地方政府。

(二)地方政府的类别

在西方国家,依地方政府与中央关系的紧密程度不同,地方政府在政治上往往有两种意

---

① 王丽萍.论联邦制国家的特征与类型[J].北京大学学报(哲学社会科学版),1997(1):83-88.
② 孙开.地方财政学[M].北京:经济科学出版社,2008.

义,一是分权,二是分治①。分权,又称"分割性的地方分权",是指中央与地方权力之划分,各有其独立的范围,地方在权限范围内,享有较充分的自治权、较大的裁量权和相当的自主权。分治,又称"分工性的地方分权",是指中央政府将其部分权力交与地方政府代为行使,中央仍保留最后的决定权,地方政府作为中央的代理人,根据中央意旨执行国家政策。

世界各主要国家的地方政府制度,可以分为以下几种主要模式②:

1. 英国型地方政府制度

英国型地方政府是一种以地方议会为中心的分权制地方制度模式,其特点是:

(1)地方政府具有法律人格和独立地位,它能以自己的名义享受权利、承担义务,在法律范围内负责广泛的地方事务。这种法人资格,过去或由英王特许,或由议会立法授予,现在都由法律授予。

(2)地方政府以地方议会为核心代表机关,地方议会由民选的议员组成,但地方议会中的各种委员会是实际处理议会事务的机构,并由议会任命各种常任官员,如警官、消防员、执行主管、社会事务官、财务员等组成执行部门,处理日常行政事务。

(3)在中央,没有单独设立统一主管的负责地方政府事务的部门,而是按地区分别设立苏格兰事务部、威尔士事务部和北爱尔兰事务部;对英格兰地区事务,则主要由副首相府主管。在地方,政府间的职责范围大多相互分立,各级政府无隶属关系。中央与地方的关系,体现"职能调整"的特点。某些中央部门直接负责或设派驻机构处理地方事务,但不存在类似法国那样的协调中央部门和地方政府工作的地区性机构。

英国的地方自治观念和地方制度对其他国家产生了广泛的影响,尤其是原先英国早期殖民地或占领区的地方政府,很多就承袭了英国地方制度的特点。类似于英国地方制度的国家包括英联邦国家、美国等。

2. 法国型地方政府制度

法国型地方政府是一种中央监督与地方自治相结合的地方政府模式。

法国是一个长期实行中央集权的国家。法国中央集权的方式:一是国家许多重要的行政事务掌握在中央政府及其部门手中;二是中央政府向地方派任国家代表,国家代表负责执行国家法律、政策;三是由中央各部门分别在大区和各省市设立派驻机构,处理本部门在地方的有关事务。

最初,法国中央政府为适应统治的需要,在各地设立分治区,并安排一名中央代表,对地方事务的处理进行监督。如有必要,中央代表可撤销地方政府的命令,中止或代替地方政府的工作。1800年,拿破仑改革地方制度,采行省长制,即在每省设置一个省议会和一名省长;在每一市镇,设置一个市镇议会和一名市镇长。省长、市镇长由中央任命,后来市镇议会和市镇长改为选举产生。

法国地方政府制度的特点是:

(1)地方政府体制大致相同,所辖行政区划整齐划一,除少数区域外,大多数地方政府的

---

① 任进.论地方制度及其宪法保障[J].北方法学,2008(2):13-20.
② 任进.比较地方制度:中央与地方关系法治化研究[M].北京:北京大学出版社,2004.

法律地位一致、性质相同。

（2）在大区、省，不仅有民选的议会作为"议政合一"的地方政府机构，而且设有国家代表，负责维护国家利益、监督行政并使法律得到遵守。另外，还设有中央政府部门派驻地方的机构。

（3）市镇议会也实行"议政合一"体制，既是权力机构，又是政府组织，其市镇长既是市镇议会的执政官，又是市镇行政首长，担任市镇议会主席，并且是国家代表。

（4）在中央政府设立内政部，负责省长的提请任命以及省长主要助理官员的直接任命，负责各地方当局的选举、公民保护等事项。

（5）虽然从传统到法律都赋予地方议会很大的自主权力，但长期以来中央政府在地方的代表对地方议会具有很强的监督或控制职能；中央各部门派驻机构，对地方议会也有较强的影响。

法国地方制度对其他国家特别是南欧国家影响很大。作为前殖民列强，法国把这种地方制度推行于亚洲和非洲的殖民地中。一些殖民国家如西班牙和葡萄牙的地方政府中，有许多类似法国地方政府的特点。

3. 德国型地方政府制度

德国型地方政府是一种以地区整体性从属原则为主要特征的地方政府模式。

德国是一个联邦制国家，地方政府由各州组成（统一前为 11 个州，1990 年统一后，原东德的 5 个州加入联邦德国，现有 16 个州）。联邦政府制定基本的政策框架、法律或规章，但这些政策、法律和规章的大部分由州政府负责执行。州以下的县（县级市）、乡镇作为德国行政管理的较低层级，负责大量的地方政府行政职能和联邦与州委托处理的国家行政职能。

德国地方政府制度的特点是：

（1）德国各级地方政府是建立在"地区整体从属"基础上的效率型地方政府体制。按照德国公共行政的隶属性原则，上级政府仅履行那些"不能由下级公共机构有效履行的职责"。因此，联邦政府负责制定全国性的总政策和法律，但除某些特殊领域如国防、外交、铁路、邮政等事务外，其他大多数事务不由联邦各部直接管理，而是委托给州政府负责；州政府可再把这些国家行政职能分配给州和各级地方政府执行，各级政府部门对本级政府负责，下级政府整体上对上级政府负责。

（2）各级地方政府不仅处理地方政府事务，还负责处理联邦与州委托处理的国家行政事务，具有作为地方自治单位和国家行政单位的双重属性。

（3）一般认为，在联邦与州，以及州与地方关系上，不存在上下等级关系，而是一种辅助关系（尽管实际上是不平等的）。联邦、州、地方政府具有明确的法律地位，受联邦基本法、州宪法和地方宪章法的保障。

（4）与其他国家相比，德国地方政府传统上具有较强的综合职能，处理范围广泛的事务，专门职能部门较少；联邦和州政府各部门也较少设立派驻地方的机构，地方行政长官享有相当大的权威。

与德国地方政府制度相似的国家，主要是与德国邻近的一些欧洲国家，如奥地利、瑞士、荷兰、比利时及斯堪的纳维亚半岛国家。德国地方制度还影响了俄罗斯、匈牙利，尤其对形成于明治时期的日本地方制度产生过较大影响。

三、地方政府与地方财政

党的十八届三中全会定位"财政是国家治理的基础和重要支柱",地方政府行使职能需要有地方财政作为基础和支柱。各级地方政府都是国家治理的重要组成部分,都行使着各自的职能,承担着不同程度的治理任务,需要配置与所行使职能相应的资源。

(一)地方政府的级次

世界上大多数国家都实行多级政府体制,政府的级次决定了财政级次,从而决定了财力在各级政府间的分配。多级次的政府是随着国家疆域的扩张、政府社会管理事务的不断增加而出现的。当国家疆域范围扩大、社会管理事务增加时,单凭一个级次的政府很难完成所有的政府事务,多级次政府的出现就成为历史发展的必然。在单一制国家,先有中央政府,后有地方政府。当一个中央政府无法有效管理所有的政府事务时,就需要在全国范围内划定多个地方疆域、设立多个地方政府,帮助中央政府履行管理职责。联邦制国家一般是先有地方政府和州政府,后有中央政府。在联邦中央政府产生以前,各州在本州的管辖领域内,都是相互独立的一级类似"中央政府"的政府,独立行使政府权力,同时下辖了为数众多的地方基层政府。由于各州管辖区域、人口、经济规模较小,仅凭各州实力参与国际事务显得势单力薄,也无法抵御外来侵略和战争,各州需要州际间的合作,要求加强各州的联合统一,才形成了联邦,组成一个中央政府。

从世界各国的政府级次来看,联邦制国家的政府级次一般只有三级,即中央政府、州政府、地方政府。一般都认为三级政府体制是最简洁、高效的政府体制。目前世界上实行三级政府体制的除美国最为典型外,德国、瑞士、加拿大、澳大利亚等联邦制国家都实行的是三级政府体制。在单一制国家,政府的级次相对来说较多,但实际上形成三级政府体制的也为数不少。如日本的政府体制直接分为中央、都道府县、市町村三级。挪威、新西兰、法国的政府级次也是三级。

总而言之,无论是联邦制国家,还是单一制国家,世界各国的政府级次多以三级为主。尽量减少政府中间层次,实现政府行政组织体制的扁平化,构筑高效、简洁的政府体制是各国政府体制值得借鉴的做法。

(二)地方财政建立的条件

各级地方政府要实现自己的国家治理任务,就必须要掌握一定的财政分配权利,以取得相应的财力保证。因此,地方财政的组成必须与国家的政权结构相适应,即有一级政权,就有一级事权,应有一级财政。

1. 一级政府,一级事权

政府事权指的是一级政府所拥有的或承担的管理社会公共事务的权力。由于事权实际上是政府职能的外在化,因而从某种意义上可以说,"一级政府、一级事权"解决的就是政府职能在不同级次政府间的配置问题。

科学界定各级政府的职能范围,从理论上讲主要根据财政分权理论和公共产品受益范围的层次性来划分。哪一级地方政府受益的事权划归哪一级政府;能够由基层政府完成的事权划归基层政府,基层政府完成不了的事权,划归上一级政府。事权在不同级次政府间的划分,也大体上确定了一级政府的财政支出责任。

2．一级财力,一级财权

政府财力指的是各级政府在一定时期内实际支配的、主要以货币形式存在的社会资源。拥有一定的财力,是一级政府有效行使其事权的基本保障。

地方政府可支配的财力主要包括地方政府的自有财力和来自上级政府的转移性财政收入两个方面。其中地方政府的自有财力是由财政体制所确定的归地方政府所有的财政收入,上级政府的转移性财政收入通常是中央政府为实现一国范围内区域间财政均衡而实行的财政制度。

地方政府的财权通常是指地方政府筹集财政收入的相关权力,包括立法权、税收征管权、举债权等。

3．一级独立的预算权

一个国家的预算是国家的基本财政收支计划,是政府筹集资金和供应资金的工具,反映着政府的活动方向和范围。预算管理权限反映着财政资金管理权限。有无独立的预算,实质上反映了地方财政有无独立的财政资金支配权和管理权。因此,它是衡量地方财政有无独立性的重要标志。

(三)地方财政的作用

1．地方财政是地方政府提供公共产品或公共服务的物质基础

在市场经济条件下,政府的主要职责就是提供市场不能有效提供的公共产品,来保障和促进社会和经济的发展。随着我国地方社会和经济的迅速发展,人们对公共产品和公共服务的需求逐步扩大。地方政府承担了提供大量公共产品或公共服务的职责,包括地方公共管理、地方安全、消防、道路、环境保护、文化娱乐、公共卫生、社会保障等,地方政府提供公共产品和服务的水平和质量如何,在很大程度上依赖于地方的财政状况。

2．地方财政是地方政府调节社会和发展经济的重要手段

地方财政是国民收入分配的枢纽,同时也是地方政府对地方社会经济发展进行调控的重要经济手段。在中央财政和同级政府的领导下,地方财政为地方的经济建设、教科文卫、公用事业等各项事业的发展筹集资金、供应资金和管理资金。在经济发展的不同阶段地方财政根据国家和地方政府制定的政策目标,通过财政收入政策、公共支出总量和结构的安排,对地方社会和经济发展进行宏观调控,促进地方社会和经济的和谐发展。

3．地方财政是国家财政的重要基础

国家财政由中央财政、地方财政组成,中央财政居于主导环节,地方财政处于基础环节。从预算收支来看,全国多数的财政收支行为是由地方政府来完成的。从各级地方财政来看,省级财政起着"承上启下"的作用,是中央财政政策的执行者,也担负着为中央和地方筹集财

政资金、调节辖区内财政经济的重任;市级财政则是中央和地方财政收入的主要来源,财政收入主要来自工商各业,而工商业又主要集中在城市,所以城市就成为财政收入的集中来源地;县乡财政构成地方财政的基础环节,是最能了解居民需求偏好的基层财政,为基层政府提供有效公共产品的财力保证,承担着基层的公共设施的供给、最多人口的社会服务保障,是国家稳定发展的重要保障,是国家治理的重要环节。

第三节　中国的地方财政

一、中国的地方政府

中国是一个统一的多民族国家,历史悠久,幅员辽阔,从夏商周的分封制,到秦始皇统一中国后的郡县制,再到现在的多级行政管理制度,形成了中国特色的地方政府管理体制。

(一)中国地方政府的级次

自秦朝设立地方政府以来,至今已有两千多年的历史了。地方政府在两千多年的朝代更迭中进行了多次演变①。

秦始皇统一中国后,实行郡县两级制,郡下设县,在少数民族地区的县则称"道",初期分天下为三十六郡,加上内史——即首都周围特区,一共是三十七个郡级政权,每郡领二十余县。

东汉末年至魏、晋、南北朝设州、郡、县三级制。东汉末年,为镇压黄巾起义,中央政府不得不派中央的高级官员——九卿出任"州牧",授予兵权、财权和行政权,汉灵帝时,"州牧"已普遍设置,州便逐渐成为郡上一级的政权,至此形成州、郡、县三级制。

隋唐、五代、宋辽金时代,地方政府重复了三级变两级,又改成三级制的循环。隋朝初年,隋文帝罢郡为州,以州统县,恢复了两级建制。唐朝为加强对州的监督,将全国分为 10 个监察区,因为是按基本交通路线划分的,所以监察区也称为"道"(宋朝称为"路"),形成"道—州—县"三级地方政府。

元明清至民国初地方政府简化到三级制,甚至短时的二级制。明朝设置"布政司"为第一层级的地方政府,"府"与"直属于布政司的州"为第二层级,"属于府的州"为第三层级,"县"或为第三层级,或为第四层级。清朝简化为"省、府、县"三级制。

中华人民共和国成立后,地方政府的结构随着我国的政治、经济形势的变化而有所变动。新中国成立初期,我国地方政府结构为四级,即大行政区政府(真正权力部门)—省(自治区、直辖市)政府—县政府—乡镇政府;大行政区政府是地方政府的最高层次。1954 年,为了加强中央的集中统一领导,中央决定撤销大区一级的行政机构,因此省级政府从此成了

---

① 张文礼. 当代中国地方政府[M]. 天津:南开大学出版社,2009.

最高一级地方政府,这样政府的结构就由新中国成立初的四级制改为省、县、乡三级制或省、县、区、乡四级制并存。这种结构在 1954 年宪法中得以确定,并为 1978 年宪法和 1982 年宪法所重新肯定,成为我国地方政府级次的基本结构。

目前,我国有四级地方政府。截至 2021 年底我国地方行政区划为:(1)省级区划 34 个,其中 23 个省,5 个自治区,4 个直辖市,2 个特别行政区;(2)地级区划 333 个,其中 293 个地级市,40 个地区(州、盟);(3)县级区划 2 843 个,其中 977 个市辖区,394 个县级市,1 472 个县(自治县、旗、自治旗、特区和林区);(4)乡镇级区划 38 558 个,其中 21 322 个镇,8 309 个乡(民族乡、苏木、民族苏木),8 925 个街道办事处,2 个区公所。

(二)中国地方政府的特点

中华人民共和国成立以后,我国建立了新型的地方政府制度,国家结构上采取在单一制国家中建立民族区域自治地方和特别行政区的形式。它不同于联邦制国家,没有联邦制国家中的邦、州、共和国等组成部分,也不同于一般单一制国家(在这些国家大多没有实行民族区域自治的地方)。

中国的地方政府具有以下特点:

(1)在普通地方,设立各级人民代表大会和各级人民政府。地方各级人民代表大会由选民或选举单位选举产生,是地方国家权力机关,享有制定地方性法规(限于省级和较大的市)、决定重大事项、监督同级"一府两院"和任免有关人员等权限。全国人民代表大会与地方各级人民代表大会之间,没有领导和被领导的关系,但有在法律上的监督关系和工作上的指导关系。地方各级人民政府由同级人民代表大会产生,是地方国家行政机关,同时又是地方各级国家权力机关的执行机关,负责本行政区域内的经济、教育、科学、文化、卫生、体育等职能,实行首长负责制。地方各级人民政府对本级人民代表大会及其常务委员会负责并报告工作,同时,对上一级国家行政机关负责并报告工作,并服从国务院统一领导;地方各级人民政府工作部门受本级人民政府领导,并且受国务院主管部门或上级人民政府主管部门的领导或业务指导,从两个方面体现"双重从属性"的特点。

(2)在少数民族聚居区,建立民族自治地方,设立人民代表大会和人民政府作为自治机关,民族自治地方自治机关行使宪法和法律规定的地方国家机关的职权,同时依照宪法、民族区域自治法和其他法律规定的权限行使自治权。设立特别行政区直辖于中央政府,但享有高度自治权。这些都体现了地方制度的灵活多样性。

(3)在城市和农村按居住地区设立居民委员会和村民委员会,作为居民和村民自我管理、自我教育和自我服务的基层群众自治组织,体现直接民主的特点。

(4)在普通地方的中央与地方关系上,遵循在中央的统一领导下,充分发挥地方的主动性、积极性的原则。地方政府职能比较广泛,涉及政治、经济、教育、科技、文化、卫生、财政、民族、民政等方面,上下级行政机关之间承担职能基本一致,在职能上分工不明显,但权限上有差异。

二、中国地方财政的特点

中国地方政府的构成是由中国的历史、政治、经济和自然条件决定的,符合中国的国情,具有中国特色。中国的地方财政是为中国地方政府实现国家治理的职能服务的,也具有明显的中国特色。

(一) 中国地方财政的构成

从结构上看,各级政府要实现自己的职能,就必须要掌握一定的财政分配权力,以取得相应的财力保证。因此,财政体系的组成必须与国家的政权结构相适应,即有一级政府,应有一级财政。我国《预算法》规定,国家实行"一级政府一级预算",也即是一级政府一级财政。我国地方政府由省(自治区、直辖市)、(地)市、县、乡四级组成,地方财政也分省(自治区、直辖市)、(地)市、县、乡四级,分别为各级地方政府履行职能提供财力支持。具体构成见图1-1。

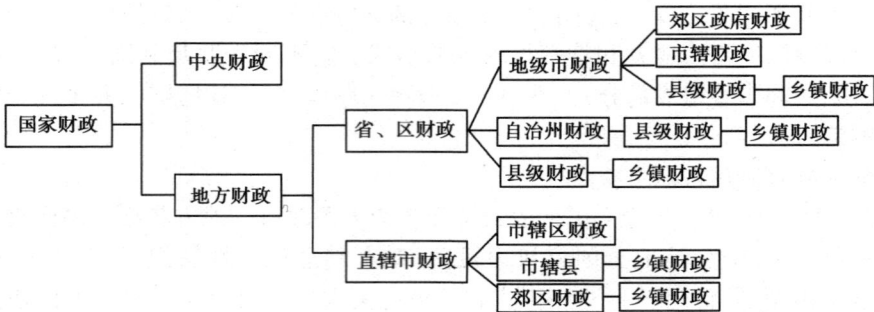

图1-1 中国地方财政的结构

从内容上看,中国的地方财政在我国分税制财政管理体制下,明确地方财政事权,划分地方财权,并通过转移支付的方式协调事权与财权的不匹配。

第一,明确地方财政事权。1994年建立的分税制财政管理体制,除明确了城市维护、公检法是地方财政的主要事权外,其他的事权都与中央相似,只是范围不同。党的十八届三中全会以来,我国加快了划分财政事权改革的步伐,2016年中央发布《国务院关于推进中央与地方财政事权和支出责任划分改革的指导意见》,提出合理划分中央与地方财政事权和支出责任,适度加强中央的财政事权,保障地方履行财政事权,减少并规范中央与地方共同财政事权,建立财政事权划分动态调整机制。逐步推进各级政府事权规范化法律化。

第二,划分地方财权。1994年的分税制改革明确划分了中央财政收入和地方财政收入,建立了以营业税为主体的地方税收体系,保障地方财政事权的有效实施。2016年全面完成"营改增"后,加大了增值税对地方财政的分享比例,在地方税收缺少了明确的主体税种的情况下,保障了地方的财力。

第三,加强转移支付的调节能力。分税制在重新划分中央财政收入与地方财政收入的基础上,相应地调整了政府间财政转移支付数量和形式,除保留原体制下中央财政对地方的定额补助、专项补助和地方上解外,加强了以公共服务均等化为目标的保障地方财力的转移支付,建立了比较科学的中央对地方的转移支付制度。近几年,各地方政府在逐步完善省以下的转移支付制度。

第四,严格地方财政的预算管理。党的十八届三中全会明确了预算管理改革的方向,

2015 年实施的新《预算法》,明确了"一级政府一级预算"的预算编制要求;明确了预算管理职权,各级地方财政部门编制、执行预算,要向本级人民代表大会负责,同时要汇总下级政府报送备案的预算,连同本级预算向上一级政府备案,定期向本级政府和上一级政府财政部门报告本级总预算的执行情况;明确了各级人民代表大会和各级政府的监督权,各级人民代表大会及其常务委员会对本级和下级预算、决算进行监督,各级政府监督下级政府的预算执行。

(二)中国地方财政的现实特点

计划经济时代,我国的地方政府只是中央政府在地方上的代理机构或派出机构,没有相对独立的财政权力,主要是按照中央命令办事,地方财政的自主性较小。但是,随着我国社会主义市场经济的建立,分税制改革以后,地方政府有了明确的事权和财权,主观能动性大大提高,能够主动了解本地区居民的公共需求,积极履行地方政府职责,地方财政在社会经济、社会生活中的地位和作用日益显现,形成了中国地方财政的特点。

1. 地方政府更好地提供了地方公共产品

越是接近基层的地方政府就越能够比较准确地掌握地方居民对公共产品的需求偏好,其提供的公共产品也就越有效。改革开放以后,中央对地方政府进行了放权让利,赋予了地方政府更多的财权和决策权,充分调动了地方政府的积极性,在招商引资发展地方经济方面发挥了重要的作用。1994 年我国建立了适应社会主义市场经济发展的分税制财政管理体制后,逐渐厘清了政府和市场的边界,地方政府的职能逐渐转向以提供地方公共产品为主的市场失灵领域。由地方政府提供的公共产品,如教育、交通、公共安全、公共基础设施和社会服务等,与本地区居民的利益关系也越来越密切,更好地满足了本地居民的公共需求。

公路覆盖率高。截至 2020 年年底,我国公路通车里程达到 519.81 万公里,公路密度达 54.15 公里每百平方公里,其中高速公路通车里程 16.10 万公里,对 20 万以上人口城市覆盖率超过 98%;农村公路里程达 438 万公里,贫困地区具备条件的乡镇和建制村全部通硬化路、通客车、通邮路。

教育水平大幅提高。截至 2021 年,义务教育阶段,全国 99.8% 的学校办学条件达到基本要求,城乡办学条件差距明显缩小,九年义务教育巩固率达到 95.4%,义务教育普及程度达到世界高收入国家平均水平。高等教育毛入学率达到 57.8%,实现了高等教育从大众化到普及化的历史性跨越。

医疗卫生保障能力不断增强。中国人均期望寿命从 2000 年的 71.4 岁提高到 2015 年的 76.34 岁;全国医疗卫生机构 2011 年有 95.4 万个,2020 年达 102.29 万个;每千人口医疗卫生机构床位数 2011 年有 3.81 张,2020 年达到 6.46 张。进一步加强了农村卫生服务和社区卫生服务。

2. 地方财政支出规模不断扩大

随着经济社会的发展,我国地方财政支出的绝对规模和相对规模都在不断地扩大。如表 1-1 所示,自 1994 年分税制改革到 2021 年,我国地方财政支出的绝对规模从 4 038.19 亿元增长到 21.13 万亿元,地方财政支出占 GDP 的比重由 8.3% 提高到 18.5%,甚至地方财政支出占全国财政支出的比重都由 69.7% 提高到 85.8%。

表 1-1 我国地方财政支出占全国财政支出和 GDP 的比重

年份	地方财政支出（亿元）	GDP（亿元）	地方财政支出占GDP 比重（%）	全国财政支出（亿元）	地方财政支出占全国财政支出的比重（%）
1994	4 038.19	48 637.5	8.3	5 792.62	69.7
1995	4 828.33	61 339.9	7.9	6 823.72	70.8
1996	5 786.28	71 813.6	8.1	7 937.55	72.9
1997	6 701.06	79 715.0	8.4	9 233.56	72.6
1998	7 672.58	85 195.5	9.0	10 798.18	71.1
1999	9 035.34	90 564.4	10.0	13 187.67	68.5
2000	10 366.65	100 280.1	10.3	15 886.50	65.3
2001	13 134.56	110 863.1	11.8	18 902.58	69.5
2002	15 281.45	121 717.4	12.6	22 053.15	69.3
2003	17 229.85	137 422.0	12.5	24 649.95	69.9
2004	20 592.81	161 840.2	12.7	28 486.89	72.3
2005	25 154.31	187 318.9	13.4	33 930.28	74.1
2006	30 431.33	219 438.5	13.9	40 422.73	75.3
2007	38 339.29	270 092.3	14.2	49 781.35	77.0
2008	49 248.49	319 244.6	15.4	62 592.66	78.7
2009	61 044.14	348 517.7	17.5	76 299.93	80.0
2010	73 884.43	412 119.3	17.9	89 874.16	82.2
2011	92 733.68	487 940.2	19.0	109 247.79	84.9
2012	107 188.34	538 580.0	19.9	125 952.97	85.1
2013	119 740.34	592 963.2	20.2	140 212.10	85.4
2014	129 215.49	643 563.1	20.1	151 785.56	85.1
2015	150 335.62	688 858.2	21.8	175 877.77	85.5
2016	160 351.36	746 395.1	21.5	187 755.21	85.4
2017	173 228.34	832 035.9	20.8	203 085.49	85.3
2018	188 196.32	919 281.1	20.5	220 904.13	85.2
2019	203 743.22	986 515.2	20.7	238 858.37	85.3
2020	210 583.46	1 013 567.0	20.8	245 679.03	85.7
2021	211 271.54	1 143 669.7	18.5	246 322.00	85.8

数据来源：历年中国统计年鉴。

我国地方财政支出规模不断增长的规律符合瓦格纳法则,即随着国家职能的扩大和经济的发展就要求保证行使这些国家职能的财政支出不断增加,随着人均收入提高财政支出相对规模相应提高。近几十年来,地方财政支出不断上升的一个基本背景是城市化的进展与人口的不断增长。随着城市化进程的发展,地方政府需要为本地居民提供一系列提高生活质量和促进社会发展的公共服务,包括供水、供电、街道照明、排水、排污、垃圾回收、交通运输网络建设、教育、医疗卫生、社会保障、文化体育服务等。总之,随着社会经济的发展,收入水平和生活水平的提高,人们的需求结构、消费结构在发生着变化,对由地方政府提供的地方性公共产品的需求也在不断提高。

3. 转移支付制度不断完善

1994 年建立了分税制的财政管理体制后,我国逐步建立了包括一般性转移支付和专项转移支付的财政转移支付制度。随着财政转移支付规模的不断加大,地区间的财力均等化程度得到了明显改善,为区域协调发展提供了坚实有力的财力保障。党的十八届三中全会以来的财政体制改革,主要是遵循着"财政是国家治理的基础和重要支柱"理念,围绕着"构建现代财政制度"来展开的,中央对地方转移支付制度加快完善,总体上形成了以财政事权和支出责任划分为依据,以一般性转移支付为主体,逐渐规范专项转移支付的财政转移支付制度体系。

随着"省管县"改革的推进,"扁平化"体制得以实施,省以下政府间财政关系得以被理顺,市级财政这一中间环节被去掉,县级财政运作效率有所提高。财政转移支付由省级财政直接将转移支付资金拨付下达到市、县,并对下级政府进行直接的结算、核定和管理,明显提高了政府间转移支付的效率。

我国实行的"援疆"制度,东部地区对西部地区的"援建",实际上形成了横向转移支付的形式,有利于在我国探索建立横向转移支付制度。

4. 逐渐健全地方税收体系

健全的地方税收体系是地方提供公共产品的财力保障,是税收治理现代化体系的重要基础。而地方税体系的健全和完善又是建立现代税收制度、厘清中央和地方政府财政关系等财税体制改革的重要组成部分。

1994 年的分税制改革建立了以营业税为主体,辅以资源税、房产税、契税等税种的地方税收体系。2016 年全面实施"营改增"以后,地方政府的主要收入变为与中央共享的增值税。与此同时,房产税、城镇土地使用税、耕地占用税、契税、资源税和车船税等在内的财产和行为税收入虽然归属地方,但是其占比基本保持在 10% ~20% ,无法为地方带来充足且稳定的税收收入。

关于地方税体系建设,"十四五"规划明确提出,"要推进房地产税立法,健全地方税体系,逐步扩大地方税政管理权"。对地方税收体系进行优化,[①]一是在以货物和劳务税为主体的基础上,完善共享税分成模式。当前货物和劳务税收入在地方税收收入中占比较高,因

---

① 任强,等.健全地方税体系重在培育地方税源[N].中国社会科学报,2022-05-25(3).

此地方政府在尚未有成熟的自有税种以前,涉及地方税体系的改革都要在货物和劳务税为地方收入主体的背景下进行。二是探索为地方政府构建稳定税源,适当赋予地方政府更大的税收管理权。扩大地方税源,探索对个人住房征税的房地产税改革;税收管理权表现在自主调整税率和减免税收等税制要素。

5. 地方政府债务规模逐渐扩大

1994 年《预算法》明确不允许地方政府发债,但多数地方政府"暗度陈仓"以各种名义举借债务。2009 年,我国尝试以中央"代发代偿"的方式发行地方政府债券,帮助地方政府增强融资能力,开启了"开明渠、堵暗道"实质上允许地方政府借债的管理方式。党的十八届三中全会提出建立规范合理的地方政府债务管理机制,2014 年国务院发布 43 号文(《国务院关于加强地方政府性债务管理的意见》)来规范地方政府债务,并且通过对地方政府债务的审计,基本摸清了地方政府债务规模状况。2015 年修订后的新《预算法》开始实施,在以法律的方式允许地方政府借债的同时,也规范了对地方政府债务的管理,地方政府债务的规模及风险也日趋透明。

新《预算法》规范下的地方政府债务包括一般债和专项债。一般债券是为没有收益的公益性项目发行,主要以一般公共预算收入作为还本付息资金来源的政府债券;专项债券是为有一定收益的公益性项目发行,以公益性项目对应的政府基金收入或专项收入作为还本付息资金来源的政府债券。

由于国际形势的变化和新冠肺炎疫情的影响,近年来,我国地方债务规模持续扩大。2015 年,我国地方政府债务余额为 16 万亿元,其中一般债务余额预计执行数 9.92 万亿元,专项债务余额预计执行数 6.08 万亿元。至 2021 年末地方政府债务余额 30.47 万亿元,包括一般债务余额 13.77 万亿元、专项债务余额 16.70 万亿元。地方债增长过快,积累了一定的债务风险。

核心概念:地方财政学　地方政府　地方政府的级次　地方财政

复习思考题
(1)多级政府为什么要有多级财政?
(2)地方财政的作用是什么?
(3)中国地方财政的现实特点有哪些?

第二章
地方性公共产品与财政分权

【学习目标】

共同富裕既是社会主义的本质要求,也是人民群众的共同期盼,基本公共服务均等化是实现共同富裕的关键环节。地方政府在统筹解决教育、医疗、住房、养老等基本公共服务方面发挥着重要作用。在地方政府有效供给地方性公共产品过程中,要健全地方性公共产品有效供给的财政机制,提高公共服务共建能力和共享水平。通过本章学习,使学生能了解地方性公共产品的特征,地方政府在提供地方性公共产品的独特优势,以及相关财政分权理论。

【重点与难点】

重点学习地方性公共产品的有效提供。难点是了解财政分权理论知识及应用。

第一节　地方公共产品

一、公共产品的特征与分类

(一)公共产品的特征

公共产品的供给是公共部门履行职能的重要体现,作为满足社会群体共同需要的载体,公共产品与私人产品的特征有较大差别。根据萨缪尔森1954年在《公共支出纯理论》中对公共产品所给出的定义,公共产品是指一个人的消费不会影响其他人消费的产品。公共产品是相对于私人产品而言,它具有三个特征。

1. 效用的不可分割性

公共产品的服务对象是某个辖区范围内的全部居民,具有共同受益或集体消费的特点。公共产品的效用为该辖区内的居民所共同享受,不可能将公共产品切分为若干的等份,由辖区内的居民分别享用,或者说是,此时市场经济的"谁付款、谁受益"的交易原则失效。例如国防部门提供的国家安全保障即对一国国境内的所有社会成员,而非个别社会成员提供。事实上,只要居住在该国国境内,即无法拒绝国防部门提供的国防安全保障,更不可能创造出一种市场将已付费与未付费的社会成员区别开来。国防是公共产品的典型代表。

与公共产品的效用不可分割性不同,私人产品具有效用可分割性。私人产品的一个重要特征就是它能够按照不同的单位出售给消费者,而且私人产品的效用只能由付费的消费者独自享用,即谁付费、谁享用。例如,柳州螺蛳粉、海底捞火锅等食品就与国防这种公共产品有显著差异,它们可以实现分量销售,而且这些食品的效用归购买者独享,食品具有私人产品的效用可分割特征。

2. 消费的非竞争性

即公共产品提供后,消费者 B 对该公共产品的享用,并不排斥、妨碍消费者 A 同时享用,消费者 B 的加入也不会减少消费者 A 对该公共产品已享用的数量或质量。也就是说,公共产品提供后,新加入的消费者并不会影响已有消费者对公共产品的享用,即新增消费者的边际使用成本为零。以国防安全为例,一国国境内人口通常是自然增加或减少的状态,但是人口数量的变化并不会对该国居民所能享受到的国防安全保障水平造成影响,该国所有居民在享用国防安全方面并不会出现 A 之所增即 B 之所减的情况。

私人产品在消费上具有竞争性,即消费者 A 在占有一定数量的私人产品时,实际上就排除了消费者 B 享用该产品的机会。例如消费者购买一台家用空调后,这台空调显然就只能由购买者及其家庭享用,其他人或家庭就失去了这台空调所能提供的制冷服务。显然,新增空调的制冷服务并不是零成本。

3. 受益的非排他性

即在技术上无法将拒绝为之付费的社会成员排除在公共产品的受益范围之外。或者说,不能阻止拒绝付费的社会成员享受公共产品。例如,如果在国境内提供了国防安全保障,想要排除任何一个生活在国境内的社会成员享用该国提供的国防安全保障是极端困难的。

在私人产品上,此类情况不会发生。私人产品的受益具有排他性,因为只有具有排他性才能让使用者同意付费,生产者才能通过市场来提供。例如,消费者 A 喜欢比亚迪品牌电动汽车,那么其可以付费购买,其他人则无须这样。如果消费者 A 拒绝付费,而又想得到比亚迪品牌电动汽车,很简单,销售方可以拒绝出售,消费者 A 也就被排除在电动汽车的受益范围之外。

(二)公共产品的分类

现实生活中,同时满足非排他性和非竞争性的纯公共产品并不多见,大部分公共产品是两种性质的混合产品,根据产品排他性和竞争性的程度差异,可以将公共产品分为以下几种。

一是纯公共产品。同时具有非排他性和非竞争性特征的产品,例如国防和外交等。

二是俱乐部型产品。俱乐部型产品在消费方面具有较高的非竞争性(消费者人数在临界点内),但容易将拒绝付费的消费者排除在受益范围之外,例如图书馆和博物馆等。需要注意的是,俱乐部型产品因为具有排他性,可以将"免费搭车者"排除在受益范围之外,因而其收益可以定价,这为生产者收回成本提供了可能,从此点看,它又具有一定程度的私人产品性质。

三是公共资源。公共资源产品具有消费的竞争性和受益的非排他性,典型代表如原始森林、海洋渔场、草原等。公共资源产品的消费者之间具有竞争性,A 之所得即为 B 之所失,但是消费者之间有没有能力将对方排除在受益范围之外,容易出现过度使用的问题。

二、地方公共产品的概念与分类

(一)公共产品的受益范围

虽然公共产品具有共同消费的特征,但要注意的是并不是所有的公共产品被提供之后,社会成员都能无差别地获取相应的利益。绝大多数的公共产品的受益空间是有限的,只有受益范围内的消费者才能从中获取相对应的收益。也就是说,社会成员是否能够从特定公共产品的消费中获得相对应的收益以及收益程度,要受到空间地理因素的影响。

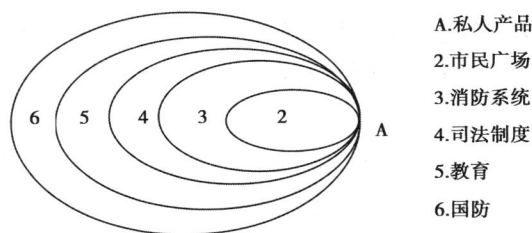

A.私人产品
2.市民广场
3.消防系统
4.司法制度
5.教育
6.国防

图 2-1　同产品的受益范围

图 2-1 显示出经济属性不同的产品各有不同的受益范围。对私人产品而言,因其收益可以内部化,只有消费者付费购买后才能获得该产品提供的利益。虽然,私人产品也会产生一定的外部效应,但受益者多数仅限于产品所有者的密切联系者。例如,消费者购买空调用于家庭,受益对象在消费者之外也仅扩展为家庭成员和少量访客,受益者人数有限。所以,在图 2-1 中,私人产品的受益范围被认为只发生在 A 点处。

与私人产品的受益范围往往局限在狭小的区域内不同,公共产品的受益范围在地理空间有显著扩张性,在其他因素既定的条件下,该产品的公共属性越强,其受益空间越广泛。例如,某市辖区决定新建一个供市民休闲锻炼的市民广场后,该市民广场附近的居民在日常生活中可以经常来此锻炼身体,享用广场内的娱乐设施,即该市民广场的受益范围覆盖的是附近居民区,这可以用图 2-1 中的圆圈 2 表示。

就火灾的预防和控制而言,与之相关的消防系统的受益范围就要更大一些。例如 A 市的消防系统可以使城市内所有市民都能从中受益,而与之相邻的 B 市市民能够从 A 市消防系统内获得的收益有限,而相邻省份的 C 市市民能从 A 市消防系统获得的收益可能微乎其微。由此可见,消防系统的受益范围基本限于该城市行政区域之内,如图 2-1 中的圆圈 3 所示。国防是典型的全国性公共产品,国防被提供出来后,全国范围的所有居民都可以无差别地从中受益,国防的受益范围就是该国的所有疆域,如图 2-1 中的圆圈 6 所示。

(二)地方性公共产品的内涵

根据公共产品的受益范围不同,可以把公共产品分为全国性公共产品和地方性公共产品。全国性公共产品的受益范围与这个国家的领土范围基本相当,全国各地居民,无论居住于何处,也不管其经济收入、教育程度有何不同,基本上都可以从全国性公共产品的供给中无差别地获得收益。所以,全国性公共产品的供给责任通常是由中央政府承担。

与全国性公共产品相对应的就是地方性公共产品,它指的是主要由各级地方政府提供,用于满足特定区域内社会成员公共需求的产品。地方性公共产品的受益范围基本与其管辖地域空间相当,本地区的居民都能从中受益。除了具有较强外部性的地方性公共产品外,其他辖区的居民一般不会从特定地方性公共产品的供给中获取收益。中央政府固然也可以承担供给地方性公共产品的责任,弊端在于中央政府统一提供地方性公共产品的效率偏低,因此地方性公共产品的供给应由地方政府负责。

(三)地方性公共产品的基本分类

根据产品公共性和特征的区别,属于地方性公共产品范畴的有地方社会管理、基础设施、地方社会服务、文化与传播媒介等四大类。

1.地方社会管理

地方社会管理是地方政府及其职能部门对本地区的社会公共事务进行的各种组织、协调等活动的总称,具体包括地方政府提供的公共秩序、公共安全和对相关社会经济活动进行的公共规制等。在各类型的地方性公共产品中,地方社会管理的非竞争性和非排他性特征最为明显,在性质上最为接近纯公共产品。

2.基础设施

无论是对地方经济发展还是对地区居民的日常生活来说,基础设施都是不可或缺的。基础设施包括市区道路、公交交通、供电、天然气管道、公共照明、居民用水、下水道、生活垃圾的收集与处理等。基础设施类产品的受益范围具有明显的地域性,而且基础设施类产品具有规模经济和自然垄断属性。

3.地方社会服务

地方社会服务包括义务教育、医疗卫生、社会保障与福利、气象预报和消防等。地方社会服务作为重要的地方性公共产品,它具有比较明显的社会公益性特征,但与基础设施不同的是,社会服务并不具备明显的规模经济和自然垄断属性。

4.文化与传播媒介

文化与传播媒介主要包括广播、电视、报纸、杂志、图书馆、博物馆和文物与文化遗产发掘等。在不同地域内,文化传统和人口结构存在一定的差异,对文化与传播媒介的需求也有所差异。所以,地方政府提供文化与传播媒介类公共产品和服务,具有重要社会意义。

三、地方公共产品的基本特征

(一)辖区间外部性

地方性公共产品辖区间外部性的特征,是指部分地方性公共产品的受益范围并不局限于本行政区域内,它的提供往往也会使得相邻地区的居民从中获得一定的利益。与全国性公共产品相比,地方性公共产品的外部性特征非常明显。一个国家内部各地区之间有着密不可分的政治、经济和社会文化等方面的联系,区域之间的人口迁移和生产要素流动经常发生,不可避免地使得地方性公共产品产生的利益外溢到其他地区。此外,大部分国家行政区划之间的界限是在历史、民族等多方面因素的共同作用下形成的,并不是严格按照地方性公共产品的受益范围来进行划分的。地方性公共产品的受益范围与地方行政区划很难完全一致,也决定了地方性公共产品的外部性是不可避免的。

辖区间外部性是一个影响地方性公共产品成本与收益之间平衡关系的重要因素,也是各级政府在处理政府间财政关系以及地方政府在进行决策时必须考虑的一个要素。例如,地方政府往往都不愿意在具有辖区间正外部性的地方性公共产品上投入太多。

【专栏2-1】

黄河"对赌"鲁豫双赢！山东兑现河南生态补偿金1.26亿元

党的十八大以来,生态文明建设被纳入"五位一体"总体布局,重要流域生态保护规划相继出台。考虑到长江、黄河生态保护都涉及大流域治理,需要跨区域协同保护,近些年来,跨省际流域生态补偿机制正从点到面渐次铺开,落地开花。

2021年4月,河南、山东两省人民政府签订《黄河流域(豫鲁段)横向生态保护补偿协议》,搭建起黄河流域省际政府间首个"权责对等、共建共享"的协作保护机制,为深化黄河流域生态保护补偿制度改革提供了示范样板。协议约定了水质基本补偿和水质变化补偿。水质基本补偿规定,监测断面水质年均值在Ⅲ类基础上,每改善一个水质类别,山东省给予河南省6 000万元补偿资金;反之,每恶化一个水质类别,河南省给予山东省6 000万元补偿资金。水质变化补偿规定,COD、氨氮、总磷3项关键污染物年度指数每下降1个百分点,山东省给予河南省100万元补偿;反之,每上升1个百分点,河南省给予山东省100万元补偿。

2022年7月5日,山东省政府新闻办召开新闻发布会公布了"对赌"的结果:由于黄河入鲁水质始终保持在Ⅱ类水质以上,山东作为受益方,共兑现河南省生态补偿资金1.26亿元。

2021年9月,中共中央办公厅、国务院办公厅印发《关于深化生态保护补偿制度改革的意见》,从完善分类补偿制度、健全综合补偿制度、发挥市场机制作用等方面,明确了我国深化生态保护补偿制度改革的路线图和时间表。《意见》对发挥市场机制作用、加快推进多元化补偿进行了专门规定,明确"合理界定生态环境权利,按照受益者付费的原则,通过市场化、多元化方式,促进生态保护者利益得到有效补偿,激发全社会参与生态保护的积极性"。

（二）拥挤性

在地方性公共产品中，还有相当一部分具有"拥挤性"的特点。当具有拥挤性属性的地方性公共产品的消费者人数过多时，就会降低现有消费者从中获得的收益。这与不具有拥挤属性的地方性公共产品之间存在显著差别，可以用天气预报和高速公路为例来说明。例如，A 市气象台发布的天气预报，通过电视、电台、微信公众号和报纸等新闻媒介提供给 A 市所有居民。任何一位 A 市居民都可以无差别地从天气预报中获得利益，并不会因为 A 市居民人数的增加或外地居民的迁入而影响其获取天气预报信息的及时性和真实性，天气预报是地方性公共产品中不具有拥挤属性的典型代表。而高速公路的情况则明显不同，假设连接 A、B 两市的高速公路设计通行能力为 500 辆/小时，而日常汽车通行量为 300 辆/小时左右，所以，汽车驾驶者之间并不会感受到彼此间存在妨碍。但是在国庆、春节等节假日期间，由于返乡人数大增，经常出现高速公路入口，以及高速公路的部分路段出现严重拥堵的现象，此时高速公路的通行车辆已经严重超过其通行能力，汽车驾驶者能感受到彼此间存在较为负面的感受，这就是高速公路具有拥挤性特征的外在表现。

（三）层次性

按照不同的地方性公共产品的受益范围，应由不同层次的地方政府负责提供。例如一条河流通常会流经多个地方辖区，其受益范围就是该河流的流域范围。如果只是某一辖区内的河流，其受益范围是单一地区。因此，不同河流需要不同层级的政府来管理。

（四）利益递减性

现实生活中多数地方性公共产品是混合产品，而非纯公共产品，这些产品被提供出来后，并不能使该地区所有居民同等地获得利益，反而表现出较为明显的利益递减特征。地方性公共产品的利益递减性指的是由于地方性公共产品具有不可移动性以及受益范围的区域性，居住于地方性公共产品中心位置的社会成员相比于远距离的其他成员能获得更多的收益。一般而言，随着居住距离的变远，社会成员从中受益的程度是递减态势的，例如，公园、公交地铁车站和中小学附近的居民获取的收益，通常会比远距离的居民更多。正是由于地方性公共产品具有利益递减性，同一地区的居民从中获得的利益存在差别，所以才需要政府采取相应的措施来进行适当干预，以保证同一地区的居民从具有利益递减性的地方性公共产品中获得的利益大体相等。

第二节　地方性公共产品的有效提供与均衡

一、地方性公共产品提供的囚徒困境

(一)公共产品无法通过市场机制获得有效提供

公共产品的有效提供是个难题,从理论上来说,如果每个消费者都能按照其对公共产品的偏好程度支付相应的价格,越是喜欢某种公共产品,所需支付的价格就越高,那么利益动机会驱使消费者隐瞒其对公共产品的真实偏好。个人对公共产品的偏好是私人信息,其他人无从得知,由于公共产品的非排他性造成人们即使不付费也可以享受公共产品带来的效用,导致搭便车现象的出现。由于公共产品消费者说真话的激励并不是在任何时候都充分,这使得市场机制在提供公共产品时想要达到最优是比较困难的。

举例来说,某社区希望推行一个垃圾清理的环卫计划,估计社区成员对实现该计划带来的环境改善的真实总支付意愿大于实施该计划所需要的成本。然而,这并不能保证社区能够通过私人投资从中获利。因为社区不能强迫居民为这一计划付费,更不可能让居民按照他们对环境改善的真实主观评价来支付费用。由于垃圾清理后的清洁环境为社区居民均等享受,也没有一种提供该服务又排除不交费用的人享用清洁社区环境的方法,部分社区居民会产生搭便车心理和行为:即使我没有支付费用,其他人支付以后我同样可以享受到清洁的社区环境。

【专栏2-2】

社区卫生费难收　小区垃圾成堆难清理

内蒙古晨报(2018-08-27)报道,家住海西路那日斯巷炼铁厂小区1号楼的孙姓老人向记者反映,小区门口的垃圾已经一个月没有清理了,居民进出小区只能闻着臭味,苦不堪言。

8月26日,记者来到海西路那日斯巷炼铁厂小区1号楼看到,单元门口旁的几个垃圾桶中的垃圾已装满并溢出,周围苍蝇乱飞,气味难闻。来往的居民捂住口鼻,快步绕过垃圾堆。正在扔垃圾的居民告诉记者,这里属于老旧小区,没有物业公司管理,小区事务都是由居委会负责。一个多月前,居委会工作人员过来收卫生费,居民发现卫生费由去年的每年每户60元涨到了每年每户180元,居民不明白突然涨价的缘由,所以很多人没交卫生费。垃圾就这样没人清理了,集中堆在楼下。

26日下午,记者来到呼市回民区海西路街道海西路社区了解情况。海西路社区刘主任解释说:"炼铁厂小区属于老旧小区,一直以来卫生清理费都是由政府承担。今年,社区经费无力维持,因此发布通知向居民收取卫生费。"刘主任向记者出示了社区收取卫生费的通知。通知写明:卫生费一个月15元,一年180元,按年收取。此次收卫生费只保证清理院内的垃圾,每周最少扫两次。

记者将居民关于卫生费涨到每年每户 180 元的质疑告诉了刘主任,刘主任表示,卫生费没有涨价,只是由以前每年每户 60 元的垃圾转运费又增加了小区垃圾清理费。再者,每年每户 60 元的垃圾转运费已多年没有收过了。卫生费收不齐,刘主任表示很无奈,他称社区多次入户做工作,但收效甚微。他希望居民对社区工作多配合,还小区一片洁净。

(二)囚徒困境模型

囚徒困境描述了从个人利益出发的两个独立行动的当事人是如何注定不会相互合作,并将给对方带来损害的负和博弈,见表 2-1。

假设有甲、乙两个犯罪嫌疑人被公安机关抓获,分别被关在两个独立的审讯室内,甲乙两人无法相互交流信息。警察分别对甲乙两人做出完全相同的承诺:"如果你坦白罪行,就会被马上释放,而另一个人会被判处 10 年刑期"。"如果他也坦白,那么你们将各自被判刑8 年"。"如果你们都不坦白,那么你们将各自被判刑 1 年"。

表 2-1　囚徒困境模型

		嫌疑人乙	
		抵赖	坦白
嫌疑人甲	抵赖	（-1，-1）	（-10,0）
	坦白	（0，-10）	（-8，-8）

假设甲乙两人的效用是由其被判刑的时间长短来决定,而集体利益是两人刑期时间的总和。甲不知道乙会采取什么样的行动,但他在任何状况下,都可能试图通过坦白策略来改善自己的处境。也就是说,无论乙选择什么策略,甲的策略都应该是坦白。从表 2-1 可以看出,假如乙抵赖,如果甲也抵赖,那么甲将被判刑 1 年;但如果甲坦白,那么甲会被立即释放。假如乙坦白,那么甲也只能选择坦白,因为坦白只会被关 8 年,而抵赖的刑期则是 10 年。同理,乙在任何情况下也会选择坦白。表 2-1 中的(-8,-8)就是占优策略。

在甲乙两人的小社会中,(-1,-1)显然是最优解,因为它能够使集体利益最大化;相反,(-8,-8)是整个社会最糟糕的结果。但上述分析表明,人们偏偏会选择后一策略。在这个社会里,如果两人都抵赖,那么这说明双方在为集体利益最大化进行合作;如果两人都坦白,那么双方在损人利己的动机驱动下不能合作。

公共产品是满足社会成员的共同需要,其供给成本理应由全体社会成员共同分担。只有全体社会成员都能分担其相应的份额,公共产品才能被有效率地提供出来。这样,公共产品的有效提供就如同囚徒困境,每个人都理性地选择隐瞒自己从公共产品的消费中获得的真实利益,隐瞒自身的真实偏好,选择搭便车的社会成员越多,公共产品就越不能被有效提供出来,社会利益反而会受到损失。

(三)地方性公共产品提供的囚徒困境

囚徒困境模型是社会个体成员由个人理性出发而未能达成集体理性的典型事例。囚徒困境可作为分析地区利益矛盾和地区政策的基本工具。假设存在一个由辖区 A 和辖区 B 共同组成的社会,每个辖区都提供公共产品。假如公共产品的单位生产成本为 10 元,公共产品被提供出来后,两个辖区各能获得 8 元的利益。如果辖区 A 和 B 都有合作或拒绝两种选择,即合作提供公共产品或者拒绝生产公共产品,则可得地方性公共产品提供的囚徒困境博弈的支付,如表 2-2 所示。

表 2-2　地方性公共产品提供的囚徒困境

		辖区 B	
		合作	拒绝
辖区 A	合作	(3, 3)	(−2,8)
	拒绝	(8, −2)	(0, 0)

如果辖区 A 和 B 选择合作提供公共产品并分摊生产成本,则每个辖区的成本为 5 元,总收益为 8 元,净收益为 3 元。如果有一方选择合作而另一方拒绝合作,合作方的净收益为−2元(即 8−10),而不合作方的净收益为 8 元。在一方策略给定的情况下,另一方使自身利益最大化的最优选择就是拒绝合作,因而导致的结果是(0,0),即都不投资公共产品的生产。囚徒困境问题在公共产品提供领域的表现是公共产品供应不足。

在囚徒困境局面下,当公共产品的提供不能满足需求时,每个辖区都期望上级政府的财政资金分配能向本地区倾斜,在财政分配领域展开利益争夺,或者出现实力不强的辖区采取机会主义态度,期望实力强于自己的辖区提供公共产品而自己搭便车。

二、地方性公共产品的均衡性分析

(一)全国性公共产品的均衡条件

从理论意义上讲,全国性公共产品的特征主要表现在两个方面:一是全国性公共产品的受益范围能够覆盖到该国所有疆域,而无论其国土面积的大小;二是全国性公共产品的收益能够均等地分布在国土面积之内,至少中央政府希望如此。所以,全国性公共产品就该国内部而言不存在外部性问题。效率原则要求所有的经济活动都应该使其边际社会收益等于边际社会成本,那么,该原则也应适用于全国性公共产品的提供。即全国性公共产品的边际社会成本应该总体上等同于整个社会成员消费的该公共产品的边际社会收益之和。这种关系可以用式(2.1)表示。

$$MSB = \sum_{i=1}^{n} MSB_i = MSC \qquad (2.1)$$

其中,MSB 表示边际社会收益,MSC 表示边际社会成本。

式 2.1 表明,全国性公共产品的边际成本,是全国范围内任何一位社会成员所获得的边际收益加上其他所有 $n-1$ 位社会成员所获得的边际收益量的和,而且等于全国性公共产品的边际收益成本。

（二）地方性公共产品的均衡条件

相对于全国性公共产品来说，地方性公共产品是由各级政府分别提供的，并且可以为本区域内的社会成员所享受。地方性公共产品的特征表现为两个方面：①受益范围基本被限定在本区域之内，并且这种受益在本区域内可以均匀地分布。②地方性公共产品的外部性要多于全国性公共产品。第一个特征比较容易理解。第二个特征的存在，一是由于一个国家的各个辖区之间有着密切的政治经济文化联系，辖区间的人口迁移与流动经常发生，尤其是短期性的人口流动表现得更为频繁。例如，2019 年 40 天的"春运时间"里，公路、铁路、民航共同发力，完成了人类历史上规模最大的周期性"大迁徙"，运输安全平稳有序。大数据显示，公路和铁路依然是 2019 年春运出行的主力。根据交通运输部统计结果，春运期间，全国铁路、公路、水路、民航累计发送旅客 29.8 亿人次，与 2018 年基本持平。其中铁路发送旅客 4.1 亿人次，增长 7.4%；公路发送旅客 24.6 亿人次，下降 0.8%；水路发送旅客 0.41 亿人次，与 2018 年持平；民航发送旅客 0.73 亿人次，增长 12%。二是行政区域之间的界限并非按照公共产品的受益范围来划分和界定，而是历史形成的。因而，较之全国性公共产品来说，地方性公共产品的外部性问题也在所难免。从这个意义上来讲，本地区提供的区域性公共产品的边际社会收益之和很难等于其边际社会成本，而只能是边际社会收益约等于边际社会成本，如式（2.2）所示。

$$\sum_{j=1}^{n} MSB_j \approx MSC \qquad (2.2)$$

效率原则本来要求式（2.2）中的边际社会收益等同于边际社会成本。出现"约等于"状况的原因，在于本地区提供的地方性公共产品的边际社会收益的一部分外溢至邻近的其他辖区，从而造成了该公共产品边际社会收益与边际社会成本在本地区内的某种不均衡。因此，在式（2.2）中，$\sum_{j=1}^{n} MSB_j$ 通常是略小于 MSC 的。指出这一微小的差异，并不是为了竭力消除它，而是出于从理论上分析这类公共产品均衡的目的。实际上，在正常情况下，既没有必要也很难消除地方性公共产品的外部性。如果把本辖区每位社会成员的边际社会收益之和同外部性结合起来的话，与之相对应的边际社会成本的关系可以用式（2.3）表示。

$$\sum_{j=1}^{n} MSB_j + \sum_{j=1}^{n} EMSB \approx MSC \qquad (2.3)$$

式（2.3）告诉我们，外部性是衡量地方性公共产品受益于本关系的一个重要因素。

三、地方性公共产品的有效提供

地方性公共产品能否实现有效提供，主要是由地方性公共产品提供主体和提供方式所决定，选择哪一级政府作为提供主体，采用哪种提供方式，都直接关系到地方性公共产品能否以适当成本提供出来，以及是否能够较好地满足本地区社会成员的需求和偏好。

（一）中央政府集中提供地方性公共产品的效率损失

在多级政府体系下，地方性公共产品的提供主体有中央政府和地方政府两种选择，无论是从理论上分析还是立足于实践,中央政府都是能够承担起所有地方性公共产品的提供职责的。虽然具有可能性,但中央政府却并不是地方性公共产品的有效提供主体。

由于存在经济发展水平、地域文化和自然地理等各方面的差异,不同辖区的居民对地方性公共产品的偏好通常各不相同,即使对公共产品的需求类似,他们对公共产品的偏好排序也可能有较大差异。这就决定了不同辖区的居民对地方性公共产品在质和量方面的需求是不同的。仅从地方性公共产品的提供数量来看,当由中央政府统一提供地方性公共产品时,中央政府往往会在"公平对待"的政治压力下对不同地区提供水平相同的公共产品,并在经过"通盘考虑"后选择一个尽可能照顾到各个不同地区利益的公共产品的数量。尽管如此,还是存在中央政府提供出的地方性公共产品的数量对某一个地区来说正好合适,而对另一些地区则并不合适的情况。但是,当地方性公共产品由地方政府分散提供时,各个地方政府能够针对本地区居民具体的消费偏好,来提供数量和质量上尽可能与之匹配的地方性公共产品。

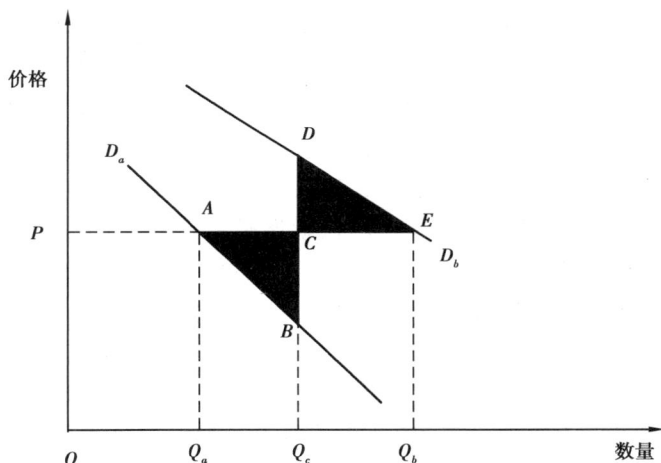

图 2-2 中央集中提供地方性公共产品的效率损失

关于中央政府统一提供地方性公共产品在效率上存在损失的情况,可以用图 2-2 作具体的分析和阐述。为简化分析,假定一个国家是由甲、乙两个不同的辖区组成,两个辖区之间对地方性公共产品的需求存在差异,但是两个辖区内部的社会成员对地方性公共产品的需求是相同的。在图 2-2 中,甲乙两辖区对地方性公共产品的需求曲线分别用 D_a 和 D_b 表示。再假设地方性公共产品的人均提供成本既定,即提供地方性公共产品的税收价格为 OP。此时甲地区的居民对地方性公共产品的需求水平为 OQ_a,而乙地区居民所期望的地方性公共产品的数量为 OQ_b。在中央政府统一提供地方性公共产品的条件下,无论两个地区的居民对地方性公共产品的偏好有多大差异,中央政府都只会对甲乙两地区的居民提供相同数量的地方性公共产品,假定为 OQ_c。对甲地区居民而言,OQ_c 数量的地方性公共产品是一种过度提供,这使得甲地区居民消费地方性的边际成本大于其边际收益,从而产生了面积为三角形 ABC 的福利损失。但对乙地区的居民而言,OQ_c 的供给水平又难以满足其需求,在这一水平上乙地区居民仍愿意为地方性公共产品的消费支付更高的边际价格,进而产生了面积为三角形 CDE 的福利损失。

中央政府统一提供地方性公共产品效率损失的大小,与各地区居民消费偏好的差异以及各地区居民对地方性公共产品需求的价格弹性直接相关。各地区居民消费偏好的差异越大,在图 2-2 中体现为 Q_a 和 Q_b 之间的距离就越大,在其他条件既定的情况下,三角形 ABC 和三角形 CDE 的面积就越大,此时由中央政府统一提供地方性公共产品所产生的效率损失就越大;反之,效率损失就越小。各地区居民对地方性公共产品需求的价格弹性,在图 2-2 中体现为甲和乙两地区居民对地方性公共产品需求曲线的陡峭程度。价格弹性越小,在其他因素既定的情况下,三角形 ABC 和 CDE 的面积就越大,此时由中央政府集中提供地方性公共产品的效率损失就越大;反之,效率损失就越小。

(二)地方政府分散提供地方性公共产品的有效性

地方政府分散提供地方性公共产品的有效性可以用图 2-3 给以说明。在图 2-3 中,横轴表示辖区居民人数,纵轴表示居民对地方性公共产品的需求。现假设一个国家内部由 A、B、C 三个地区组成,而且三个地区的居民人数都是 E。三个地区的居民对地方性公共产品的需求曲线在图中分别用 U_a、U_b 和 U_c 表示。由于居民人数都是 E,此时三个地区的居民对地方性公共产品的需求量就分别为 OD_a、OD_b、OD_c。如果由中央政府来统一提供地方性公共产品的话,那么最有可能的提供数量是三个地区居民对地方性公共产品需求量的平均数 OQ。在图 2-3 中可以看出,Q 点非常接近 D_b 点,这说明中央政府提供 OQ 数量的地方性公共产品对 B 地区的居民来说最为满意;Q 点距离 D_a 点就比较远,意味着 OQ 数量的地方性公共产品无法满足 A 地区居民的需求。Q 点又高于 D_c 点,表明 OQ 数量的地方性公共产品供给水平超出了 C 地区居民的需求,进而造成了资源的浪费。上述分析是在各地区人口数量相同的假定基础上做出的,而该假定与现实情况还有一定距离。如果再考虑到不同地区居民对地方性公共产品需求在质量方面的差别的话,那么由中央政府提供地方性公共产品与各地区居民偏好之间的差距就会更大。可见,地方政府在分散提供地方性公共产品具有一定的效率优势。

对不同地区统一提供地方性公共产品,只能满足全体居民的同质性消费偏好,但是当不同地区居民对地方性公共产品的消费偏好不同质时,任何形式的统一提供都只能是对不同需求水平的妥协,与差别地提供地方性公共产品相比,必然造成福利损失。如果由直接对本地区居民负责的地方政府来提供地方性公共产品的话,那么各地方政府就可以分别根据本地区居民的实际需求提供质量和数量都符合本地区居民消费偏好的地方性公共产品,从而实现以较低成本较好地满足不同地区社会成员的消费偏好。这样,由中央政府统一提供地方性公共产品所产生的资源配置效率损失就可以避免。

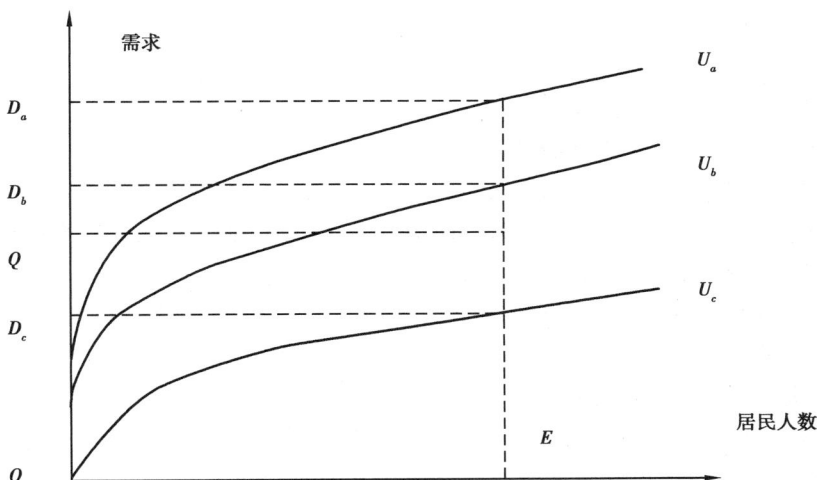

图 2-3 地方政府提供地方性公共产品的有效性

虽然中央政府不是地方性公共产品的有效提供主体，但这并不意味着中央政府完全不参与地方性公共产品的提供。由于受外部性等诸多因素的影响，相对而言，收入再分配和宏观经济稳定的财政职能是难以由地方政府在其辖区内有效实施。这些财政职能就应该交由中央政府在更高的层次行使。与此同时，中央政府还可以通过与地方一同建立和完善政府间财政分配关系，尤其是地方税种在税源上的地域性、税基上的非流动性，以及实行以专项补助、一般性补助方式为代表的规范化政府间转移支付制度等，为地方政府创造必要的财力条件，以有利其提供地方性公共产品。

(三) 地方性公共产品提供方式的选择

地方性公共产品的提供方式，主要有公共提供和混合提供两种，一般不会大规模采用纯粹的市场提供方式。

在公共提供方式下，地方性公共产品的提供成本全部由地方政府来承担，相关社会成员可以免费从中受益。采用公共提供方式的主要是地方性纯公共产品以及公共性较强的地方性混合产品，具体包括公共秩序和公共安全等地方社会管理、基础教育、消防和气象服务等地方社会服务以及市区道路与照明等基础设施。此类地方性公共产品的受益对象是本行政辖区内的所有民众，而不是部分群体，想把拒绝付费的特定人群排除在受益范围之外的成本是非常高的，如果地方政府对此类产品实行收费，将降低这些地方性公共产品的利用效率。与此同时，消费者人数的增加也并不会导致相关财政支出的增加，地方政府没有理由对新增消费者收费。这些都决定了这类地方性公共产品的提供只能采用公共提供方式。

混合提供是地方性公共产品另一种常见的提供方式。在这种方式下，地方政府只承担地方性公共产品的部分提供成本，另一部分提供成本将通过向使用者收费的方式弥补，收费的标准需要根据具体情况来确定，但一般不以营利为目的。通过混合方式提供的地方性公共产品，主要有教育和医疗卫生等地方社会服务、供水和高速公路等基础设施以及相当大部分的文化与广播媒介。这类地方性公共产品的受益对象比较容易确定，而且排他成本较低，这是其采用混合提供的有利条件。

【专栏2-3】

PPP模式助力郑州国家中心城市建设

PPP模式是指政府与私人组织之间,为了合作建设城市基础设施项目,或是为了提供某种公共物品和服务,以特许权协议为基础,彼此之间形成一种伙伴式的合作关系,并通过签署合同来明确双方的权利和义务,以确保合作的顺利完成,最终使合作各方达到比预期单独行动更为有利的结果。PPP模式将部分政府责任以特许经营权方式转移给社会主体(企业),政府与社会主体建立起"利益共享、风险共担、全程合作"的共同体关系,政府的财政负担减轻,社会主体的投资风险减小。

在推广运用PPP模式时,郑州市健全体制机制,先后制定了《郑州市人民政府关于推广运用政府和社会资本合作(PPP)模式的实施意见》《郑州市政府和社会资本合作项目管理暂行办法》《郑州市政府和社会资本合作项目政府采购实施指南》,明确了各部门各单位在推广PPP模式中的主要职责和推进机制,完善了特许经营、价格调控、资金补助、财税支持、项目审批等相关配套政策。

近年来,郑州市积极开展推广运用PPP模式相关工作,为加快国家中心城市建设注入强大动力。107辅道快速化工程北起郑州市北四环,南至南四环,全长约20千米,对"畅通郑州"建设有着重要意义,工程的重要性紧迫性不言而喻。该工程投资约80亿元,财政一时无法拿出全部建设资金,最终引入社会资本参与建设的PPP模式解决了这一问题。该项目与荥阳市人民医院、轨道交通3号线一期、贾鲁河综合治理工程、新郑产业新城、登封市民文化中心等项目一起入选财政部PPP示范项目。

四、地方性公共产品的最优辖区规模

(一)俱乐部产品理论

地方性公共产品提供过程中的最优辖区规模常被认为是"俱乐部产品"理论的具体应用。俱乐部是指共同享用某些可以排他的混合产品,并共同负担混合产品提供成本的人员自愿组成的团体或组织,而俱乐部产品被认为是具有排他性和非竞争性特征的产品。要想成立一个俱乐部,需要具备以下四个方面的条件。

第一,俱乐部成员有相同偏好。俱乐部成员偏好相同,意味着他们从俱乐部产品中获得的利益是相同的,因此每个成员都要承担相同份额的成本费用。

第二,俱乐部成员可以实现排他。拒绝付费的成员将被排斥在俱乐部产品的消费之外,该假定实际上还隐含着俱乐部产品排他成本较低的含义。

第三,俱乐部成员可以自由退出。俱乐部成员是自愿组织起来的,他们加入或退出完全由其个人决定。

第四,俱乐部成员准确表达自己的偏好。之所以要成立俱乐部来提供俱乐部产品,主要是因为这样可以获得规模经济效应,比由个人提供相应的产品更具有成本优势。

一个俱乐部产品的最优规模,由俱乐部成员增减而产品的边际收益和边际成本相等的平衡点决定。地方性公共产品的受益范围往往局限在特定区域内,在辖区外一般无法获得相应的收益,这与俱乐部产品极为相似,因为只有加入俱乐部的成员才能从俱乐部产品中获得收益。正是从这个意义上说,可以将地方政府视为按空间划分的俱乐部。根据俱乐部产品理论,地方性公共产品最优辖区规模对应着随辖区人数增减而产品的边际收益和边际成本相等的平衡状态。

（二）地方性公共产品最优辖区规模的影响因素

地方性公共产品的性质,地方性公共产品在提供过程中的规模经济程度,地方性公共产品在消费上的拥挤程度以及消费者对地方性公共产品的偏好等因素,都会影响其辖区最优规模。

1. 地方性公共产品提供过程中的规模经济效应

不同地方性公共产品的规模经济效应有差异性。虽然对公共安全和消防等劳动密集型地方公共产品来说,随着运营规模的扩大,其单位成本并不会发生很大变化,但自来水、污水处理、电力和天然气配送等资本密集型地方性公共产品,具有显著的规模经济效应,其人均提供成本随着产品规模的扩大而不断下降。辖区规模的扩大,会使分担既定数量的地方性公共产品生产成本的纳税人增加,这将降低每个居民的税收负担。如果地方性公共产品的规模经济效应较高的话,那么辖区规模的扩大所带来的人均成本的下降就会更加明显一些。在其他条件确定的情况下,地方性公共产品提供过程中的规模经济程度越高,辖区的有效规模就越大。当然,规模经济效应导致地方性公共产品人均提供成本的下降只存在于一定范围内,而且辖区规模扩大所导致的人均提供成本的降低也是边际递减的。

2. 地方性公共产品提供过程中的拥挤效应

辖区规模的扩大除了可以增加共同负担地方性公共产品的纳税人以外,也会产生拥挤问题。随着辖区居民人数的不断增加,既定数量的地方性公共产品给每个居民带来的利益会下降。地方性公共产品提供过程中的拥挤效应越大,辖区规模的扩大使每一位居民从地方性公共产品中获益降低的程度也越大。其他条件给定的情况下,地方性公共产品提供过程中拥挤效应的存在,会使得辖区的有效规模变小。拥挤属性决定了大多数地方性公共产品的最优辖区规模都是有限的。

3. 社会成员对地方性公共产品偏好的多样性

社会成员对地方性公共产品偏好的多样性,也会影响辖区的有效规模。随着辖区居民人数的增长,居民对地方性公共产品偏好的差异必然会越来越大,居民消费偏好的多样性也表现得越来越明显。此种情况下,对地方性公共产品进行公共选择的最终结果,实际上很难满足所有居民的消费偏好。具体到某一个居民来说,随着辖区居民人数的增加,每一位居民对地方公共决策的影响力会越来越小,公共选择的结果与每一位居民消费偏好之间的距离也会越来越大。消费者偏好的多样性会缩小辖区的有效规模,而消费者偏好的同一性则会扩大辖区的有效规模。

与消费者对地方性公共产品偏好多样性密切相关的是具有相似偏好的居民是否聚居在一起。如果具有相似消费偏好的居民集中居住在一起,那将降低辖区内居民消费偏好的多样性和差异性,从而扩大地方性公共产品的有效规模。

(三)地方性公共产品的最优辖区规模

辖区人数规模变化,既具有负担下降的收益,也会产生拥挤成本,我们可以使用图2-4具体分析最优辖区规模的确定。图中,横轴的辖区规模是指参与公共选择和缴纳税款的居民的增减。曲线 MB 的含义,随着辖区居民人数的增加,由此带来的人均地方性公共产品提供成本会逐步下降。在图中,最优辖区规模是通过曲线 MB 和曲线 MC 的交汇点 E 给出的。也就是说,因辖区扩大而产品的收益和成本两条曲线的交汇处正好与最优辖区规模相对应,对应点是 N。为更清晰地分析和了解辖区规模的有效性,还需要进一步分析影响该图中 MB 和 MC 曲线变化的各种因素。

1. 曲线 MB 的变化

图2-4中,曲线 MB 的变换主要受两种因素的影响:一是提供地方性公共产品的规模经济效应,二是拥挤效应。居民的增加和规模经济效应的扩大,会使地方性公共产品人均成本下降(即效益增加),随规模经济效应扩大而带来的效益曲线是 MB_x,它是逐渐向外伸展的,这会影响 MB 曲线稍微向外伸展,并使其倾斜度逐渐降低。因此从这个意义上讲,在 MC 曲线一定的条件下,规模经济程度的扩大会使辖区的最优规模扩大,即 N 点向右移动。

在图2-4中,MB 表示因辖区扩大而带来的收益(降低了人均地方性公共产品成本),MC 是因辖区扩大而带来的成本费用,MB_x 为受规模经济效应影响的收益,MB_y 是受拥挤效应影响的收益。增加的拥挤效应,是指随着辖区扩大和消费者的增加,一定数量的公共产品会给消费者带来相对较少的收益。拥挤效应越大,辖区扩大给居民带来的效益越小。因此,受拥挤效应影响的曲线 MB_y 逐渐向下伸展,它会影响曲线 MC 稍微向下伸展,并使其倾斜度逐渐增加。从这个意义上讲,在曲线 MC 一定的条件下,拥挤效应的增加会使辖区 x 的最优规模缩小,即 N 点向左移动。

2. 曲线 MC 的变化

在图2-4中,曲线 MC 的变化也受两种因素的制约:一是消费者对公共产品偏好的多样性,二是具有相似消费偏好的居民是否更多地居住在一起。消费者之间对公共产品需求偏好的差异越大,则公共选择结果就会给相对多的居民带来损失(即成本)。假如每一个位居民的消费偏好和收入水平相同,那么由辖区扩大而带来的成本费用就为零,因为无论人数多少,每个人都会选择同等数量的公共产品。但实际上,人们对公共产品的偏好存在差异,随着辖区人数的增加,公共选择结果与偏好的差异越大,则最优辖区规模就越小。如果具有相近消费偏好的居民不是较多地居住在一起,那么,这种情况的存在也会使得最优辖区规模变小。

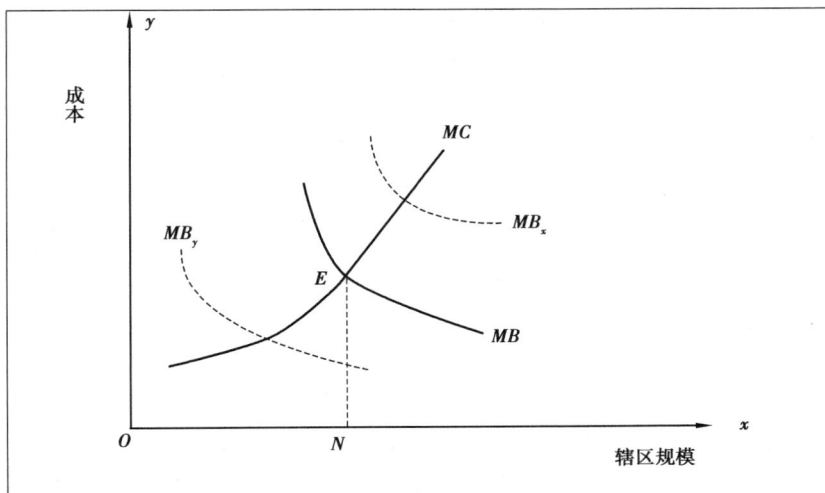

图 2-4 最优辖区规模人数

总而言之,最优辖区规模问题受到收益和成本两条曲线的影响。一般来说,辖区内人均单位公共产品成本的降低(即 MC 曲线向外伸展),会使最优辖区规模扩大,反之,则该规模缩小。因辖区变化而带来的成本费用的增加(即 MC 曲线距纵轴越近),会使最优辖区规模缩小,反之,则会使最优辖区规模扩大。需要强调的是,对于一种纯私人产品来说,最有效的辖区规模为 1 名消费者,这是因为,极大的拥挤效应会使曲线 MC 变得极具倾斜。由于诸如国防之类的公共产品并不具备强烈的消费上的拥挤效应,因此提供纯公共产品的最优规模为远离纵轴的 N 处。

第三节 财政分权理论

一、斯蒂格勒最优分权理论

为更好地解答在国地间实行分权的必要性问题,斯蒂格勒和夏普从集体需求和政府职能履行效率的角度对分权问题进行了论证。斯蒂格勒在《地方政府功能的有力范围》中对地方政府存在必要性这一基本问题给出了公理性的解释,提出了国地间分权的两条基本原则。

为了回答地方政府分权的必要性问题,美国经济学家乔治·施蒂格勒、夏普首先从公众需要和更好发挥政府职能的角度进行了论证。施蒂格勒在 1957 年发表的《地方政府功能的有理范围》一文中,对于为什么需要地方政府这一基本问题作了公理性的解释,提出了两条基本原则。

第一,相比于中央政府,地方政府与辖区内的居民更接近,地方政府在了解辖区内居民的偏好与公共产品需求方面有信息优势,地方政府更了解辖区内的情况。

第二,地方政府辖区内的居民有权利对本辖区公共产品供给的种类、数量与成本分担做出决定。即不同地区的居民可以通过投票表决的方式对公共产品的偏好与需求做出选择。

根据斯蒂格勒的两条公理性解释可以得出推论,在关于地方政府辖区内居民的公共产品供给决策,应当在低层级的地方政府进行,这样更有利于提高资源配置效率和收入分配的公平。夏普认为,提高居民效用水平是资源配置的最终目的,因此,消费者的效用水平能否得到提高应当是选择资源配置取向的参考标准。对公共产品来说,由于消费者的偏好一般具有显著的区域性,而地方政府在了解辖区居民偏好方面更有信息优势,取得资源配置的最好效果。因此,应当对各级政府的财政职能进行明确划分,并依此确定财政分权原则。

二、奥茨财政分权定理

奥茨 1972 年出版的《财政联邦主义》一书中,利用福利经济学理论论证了财政分权的合理性。奥茨假定社会中存在着甲和乙两个人口子集,其中甲和乙两个人口子集之间对产品的需求偏好有所差异,而甲和乙两个人口子集内部的需求偏好则相同。假设社会生产 X 和 Y 两种纯私人产品提供给甲和乙两个人口子集的所有成员消费,甲和乙两个人口子集的成员可以从 X 和 Y 两种产品的不同量的消费中获得差异化的效用满足。

如果 Y 产品是由政府负责提供,则存在三种政策可供政府选择:一是优先保障甲人口子集成员的利益得到满足,即使乙人口子集成员的利益可能会被损害;二是优先保障乙人口子集成员的利益,即使会损害甲人口子集成员的利益;三是分别为甲和乙人口子集成员提供相同数量的 Y 产品。由于中央政府在分别满足甲和乙两个人口子集的差异化需求方面存在困难,因此,对中央政府而言,合乎理性的选择是为两个人口子集的成员提供相同数量的产品 Y,即选择第三条方案。该方案的弊端在于,忽视了甲和乙两个人口之间的偏好差异,未能实现福利最大化,不利于提高资源配置效率。

奥茨认为,"对于某种公共产品来说,如果对其消费涉及全部地域的所有人口的子集,并且关于该产品的单位供给成本对中央政府和地方政府相同,则地方政府能够向各自的选民提供帕累托有效产量,而中央政府无法向全体选民提供帕累托有效产量"。"当社会不同群体的消费是多样化的时候,如果一个社会的所有人都被强迫消费同样水准的产品,那么资源分配的无效率就会因此产生"。也就是说,如果某种公共产品的受益群体仅涉及特定地域范围内的所有社会成员,而且该公共产品的生产成本已定,那么由中央政府统一提供等量的产品数量在效率方面是低于地方政府根据本辖区居民的需求偏好提供差异化产品数量。从奥茨的财政分权定理可以推导出一个结论是:中央政府更适合提供全体社会成员偏好相同的公共产品,而地方政府在提供具有偏好差异的公共产品更有优势。也有部分学者对奥茨分权定理存在不同看法,他们认为奥茨分权定理只是在次优理论框架中对地方政府的存在价值给以说明,而未在最优政策环境中证明地方政府的存在合理性。因为,这个奥茨分权定理的隐含假设条件是中央政府会对每个人口子集等量地提供公共产品,但该假设条件较为牵强,而且中央政府事实上也有可能为每个居民提供差别化的公共产品数量。

但在美国,人们还是更能接受奥茨关于中央政府等量提供公共产品数量的假设条件,因为它与现实更为符合。例如,美国联邦政府长期为所有适龄学生提供标准化的教育,在控制汽车废气排放上也适用着相同的规则。这些案例表明,中央政府在某些场合确实是在等量地提供公共产品。因此,从这个角度来说,相比于最优政策环境,奥茨选择了次优分权理论框架去研究中央政府与地方政府在公共产品供给效率差异更加合理。

三、蒂伯特"用脚投票"理论

地方政府要想实现地方利益的最大化,就要尽可能多地提供地方性公共产品,以满足其辖区内居民的集体偏好。蒂伯特在 1956 年发表的《一个关于地方支出的纯理论》一文中,开创性地提出了"用脚投票"理论,为地方政府有效率地提供地方性公共产品提出了新思路。

蒂伯特认为,居民为了实现效用最大化,总想在全国范围内寻找地方政府所提供的公共产品与所征收税收之间的最佳组合,当人们发现在某个辖区居住能够提供满足自己效用最大化的(公共产品、税收)目标组合时,他们便会选择在这个辖区定居,并接受和维护该辖区的政府管理。这个过程就是所谓的"用脚投票"。

蒂伯特模型有着较为严格的假设条件:

第一,人们可以自由流动,个人能够将其居住地迁移至最能满足其偏好的那个辖区。

第二,人们具有不同辖区在公共产品供给和税款征收组合方面的完备信息。

第三,要有相当数量的地方政府辖区供人们进行选择居住。

第四,就业机会不会对人们在辖区间流动造成限制或约束。

第五,公共产品和税收不会在各个辖区间产生外部性。

第六,每个辖区都能将公共产品的生产成本做到最低。

蒂伯特认为,在这 6 项约束条件下,人们会像在私人产品市场中购买商品一样,自由地选择最能令自己满意的辖区居住,即他选择的居住地在公共产品供给和税款征收的组合上最能满足其偏好。如果所有社会成员都能寻找到自己满意的辖区,那么不同辖区为吸引居民到本辖区居住,会在公共产品供给和税款征收上相互模仿和学习。当社会成员逐渐从公共产品供给成本偏高的辖区流向低成本供给公共产品的辖区时,不同辖区在公共产品的生产成本上的差距会逐渐缩小,最终实现社会福利最大化。

当然,蒂伯特的 6 项假设条件在现实生活中是难以完全满足的,例如,辖区之间公共产品的外部性就比较普遍,人们也不掌握所有辖区之间税收与公共产品组合的信息,而人口在辖区之间的自由流动也存在交易成本,人口的迁移不仅要考虑就业机会、历史文化、地理位置、气候条件等因素,还要考虑迁移成本。所以,蒂伯特模型常被人们视为地方性公共产品的完全竞争市场理论。

四、偏好误识理论

美国经济学家特里西在 1981 年出版的《公共财政学》中指出:中央政府在提供公共产品的过程中可能会失误。因此地方政府的存在是合理的。

特里西在辨析以往财政分权理论缺陷的基础上提出了"偏好误识"的分权理论。特里西认为,以往的分权理论都把中央政府假定为全知全能的贤人政府,认为中央政府拥有所有合适的政策手段,更能准确掌握所有社会成员的消费偏好。尤其是,这些分权理论还假设,中央政府能够准确了解社会福利函数的偏好序列,因此,当不同辖区之间发生利益冲突时,中央政府总能合理调节地区间资源配置冲突与收入分配差距问题。如果存在全知全能的中央政府,地方政府存在的合理性值得怀疑,因为地方政府只需要按照中央政府的命令行事即可为辖区居民提供最优的公共产品。特里西认为此种全能型中央政府的假设条件存在问题,因为他们对中央政府的公共产品决策环境设定过于优化,未能正确地认识到中央政府也是不可能完整了解所有社会成员的偏好信息,因此,中央政府有可能依据错误的公共产品偏好信息来提供公共产品供给规模。

特里西通过数学模型证实,假如一个社会能够获得完全的信息,并且经济活动也是完全确定的,那么,由中央政府还是由地方政府来对社会公众提供公共产品都是无差异的。但是,社会在经济活动中是存在随机性的。假定地方政府更熟悉辖区居民的偏好,它能准确掌握辖区居民偏好的边际替代率,而中央政府难以准确掌握所有社会成员的偏好,那么,中央政府在确定社会成员的边际替代率时有随机因素的存在,因此中央政府在供给公共产品的过程中有可能会发生偏差,即公共产品的供给规模不是过多,就是过少。此种状态下,风险规避型社会更倾向于由地方政府负责提供公共产品。

关于地方政府比中央政府的不确定性更小的假定是否得当呢?应该说,在公共产品与居民偏好的关系上,这一假定是有根据的。这是因为,相比于地方政府,中央政府与辖区居民之间的距离更远,这种距离对于居民偏好信息的传递产生负面效应。中央政府在供给公共产品时会产生不确定性问题。假如不确定性的强弱与距离是函数关系,那么,只要这类不确定性存在,地方政府负责供给公共产品就更有利于实现社会福利最大化。由此看来,特里西是从距离影响信息传递准确性的角度,论证了中央政府在了解社会成员偏好的边际替代率方面存在随机,即从带有偏好误识这个方面提出了地方政府存在的必要性。

五、财政分权理论的中国化成果

第一代财政分权理论发源于 20 世纪 50 年代,其主要理论贡献是为地方政府存在的必要性和合理性提供的理论基础。第一代财政分权理论的代表性学者有蒂伯特、斯蒂格勒和奥茨等人,他们的核心学术观点是,地方政府距离辖区居民更近,所以他们在了解辖区居民对公共产品的需求偏好方面更有信息优势,相比于中央政府,地方政府担负起地方性公共产品的供给责任显然更有利于提高资源配置效率和社会福利水平。第一代财政分权理论还认为,政府间的横向财政竞争会对地方政府的财政支出决策产生限制和约束,地方政府的支出决策依据会更倾向于辖区居民偏好。第一代财政分权理论的贡献深远,但其缺陷在于它假设地方政府是以实现本辖区居民的福利最大化为施政的终极目标,这种仁慈型政府的假设引起了部分学者的质疑,此外,第一代财政分权理论对政府间关系的简单化设定与复杂现实也有些脱节。

20 世纪 90 年代后,以钱颖一和温格斯特等为代表的学者对第一代财政分权的假设条件合理性提出了质疑,他们引入了激励相容学说和机制设计原理,在继承发展第一代财政分权理论的基础上提出了第二代财政分权理论。第二代财政分权理论的主要思想有:

第一,第二代财政分权理论认为地方政府官员同样具有自己的经济利益,对他们的分析也应基于"理性经济人"的假设条件,而非第一代财政分权理论的仁慈型假定。如果不能对地方政府官员进行严格的监察监督,他们存在利用职权进行寻租的动机,这会损害社会福利水平的提高。因此,第二代财政分权理论认为应该设计能够兼容地方政府官员和辖区居民福利的政府治理结构,有效的激励机制能更好地协调政府间分配关系和社会福利最大化。

第二,第二代财政分权理论认为多层次的政府组成架构内部并不是利益一致的整体,例如议员、地方政府、中央政府以及不同政府部门工作人员之间是委托代理关系,基层政府与工作人员拥有信息不对称优势,这给予他们采取机会主义行为的行动空间。第二代财政分权理论认为,只有建立有效的激励兼容机制和合理的政府治理体系,中央政府和地方政府才能更好地担负起应尽的职责。

第三,第二代财政分权理论注意到了制度因素对政府间财政分配关系效率的影响,认为政府间财政分配关系是否合理,必须结合该地区的特定制度进行分析,因此他们也更重视制度存在的问题及其改革方案。

最后,第二代财政分权理论认为,在财政分权体制下,由于地方政府之间会开展"标尺竞争",地方政府官员为实现自身利益最大化,也会采取措施去支持和保护市场体制的有效运行,这有利于地区经济发展,也实现了与辖区居民福利的激励兼容,所以该理论也被称为"市场维护型联邦制"。但要注意的是,由于经济信息在分权体制下也存在传递效率递减的问题,地方政府选择性执行政策等因素的影响,地方政府也存在侵害辖区居民和企业利益的动机,进而损害了本地区经济发展和社会福利。因此,为了更好地约束地方政府侵害经济主体的潜在行为,一方面要建立和完善相关监督制度,另一方面是硬化政府预算,从而改变地方政府官员的经济行为,将其利益与本辖区居民的福利实现激励兼容。

具体到中国政府间财政分权实践,有一些学者认为,改革开放后,中央政府部分经济管理权限下放给地方政府,地方政府拥有了经济决策自主权。另外,在 20 世纪 80 年代推行财政包干制,地方政府能从本地区经济发展中获取相当的财政收入。所以,经济分权和财政收入激励共同激发了中国地方政府保护市场经济主体,积极发展经济的动力。但是以周黎安为代表的一些学者指出,此种财政激励分析框架同样存在不足,他们认为改革开放后,中央和地方之间的经济管理权限分配并不稳定,而是在不断地变动,其间还存在着损害地方政府利益的情况,例如 1994 年的分税制改革明显带有收入集权的特征,地方政府的财政收入利益受到了一定的损害,但这并未影响到地方政府积极发展经济的动力。他们认为在财政激励之外,还存在另一种激励地方政府积极发展经济的支持力量,周黎安提出了"晋升锦标赛"理论。该理论认为,中国的经济分权是在中央保留垂直型政治管理体制的背景下进行的,中央政府对地方政府官员实行的以 GDP 增长为核心指标的政绩考核机制对激励地方政府官员发展经济的积极性有重要影响。所以,傅勇和王永钦等学者将财政激励和晋升竞争统一到一起,提出了"中国式分权"理论,该理论认为,改革开放后中国经济之所以能够保持长达 40 年的高速增长,其重要制度保障就是经济分权和政治集权相结合的分权体制。此种制度设计,一方面利用政绩考核对地方政府官员发展经济提供了强大动力,另一方面经济分权也为地方政府官员积极发展经济提供充足财力和政策工具。

【讨论】

外出务工人员随迁子女的财政经费负担问题

资料1:20世纪90年代以来,伴随城镇化进程的推进和城乡户籍二元结构的限制催生出进城务工农民及其随迁子女这一数量庞大的群体。2010年"全国第六次人口普查"结果显示,我国流动人口规模已达2.61亿人,较第五次人口普查相比,新增加了1.17亿人,其中大部分是进城农民工。根据国家统计局发布的《2017年全国农民工监测调查报告》,我国农民工群体规模达到2.8亿人,其中跨区域迁移的数量超过1.7亿人,这些流入城市务工农民的家庭和其子女也随之迁入。据统计,我国流动人口增速虽已开始减缓,但随迁子女的规模却呈现不断增长的趋势和特征,截至2017年底,全国义务教育阶段的农民工随迁子女共有1 460.63万人。作为我国义务教育现阶段弱势群体之一,随迁子女所面临的教育问题受到中央和各级政府的高度关注。

资料2:2003年,国务院首次明确农民工随迁子女义务教育经费的承担和管理的责任主体为流入地政府;2008年,中央财政为解决该群体义务教育就学问题较好的流入省份提供中央奖励金;2016年,中央政府通过义务教育财政转移支付,实现"两免一补"和生均公用经费基准定额资金随适龄儿童流动可携带,即"钱随人走",对随迁子女在公办学校与民办学校一视同仁,为解决随迁子女教育经费问题迈出了重大的一步。在2019年3月第十三届全国人民代表大会第二次会议《政府工作报告》中,对全国各地区政府提出了任务要求,"发展更加公平的、更有质量的教育,切实保障进城务工人员随迁子女的义务教育问题"。

资料3:由于义务教育阶段跨区域流动的随迁子女持续增加,各级政府对该群体的经费保障问题将面临巨大的财政压力,随迁子女在流入城市接受义务教育还存在许多现实困境,特别是广东等人口净流入省份,在保障该群体义务教育经费这一问题的解决更为凸显。广东作为我国义务教育阶段随迁子女数量居全国第一的省份,2017年广东省随迁子女总在校生人数达到446.09万人,占全省义务教育阶段在校生数的三分之一。其中,省内各市县财政是承担这一群体义务教育经费的主要投入主体。随迁子女在义务教育公办学校就学的占比上,与全国其他重点省份和中心城市相比,广东省在这一重要指标的比例并不高,仍有许多社会经济条件更为弱势的随迁子女不得不入读简易的打工子弟学校。

资料4:虽然制度确立和政策文件颁布对随迁子女在流入地就读起到了促进的作用,消除了部分的缺陷与弊端,政府承担随迁子女义务教育的责任意识逐渐强化,其就学状况得到显著改善,但实际的经费投入和支出责任是交由给地方,市县级政府对随迁子女群体义务教育支出远高于中央与省级政府。财政分权下各级政府经费分担的主要目的是高层级政府的财政投入能够更好地为国家公民提供高质量、符合偏好的基本公共服务,各级政府应切实保障随迁子女群体的义务教育的经费投入。但在当前义务教育财政制度框架下,中央和省级财政的分担作用并没有完全体现出来,上层政府转移支付力度不足以弥补基层政府对随迁子女义务教育投入的经费缺口。

讨论题1:政府为非本地户籍人口的随迁子女提供义务教育的理论基础是什么?

讨论题2:随迁子女义务教育经费实行多级政府共担的原因是什么?

讨论题3:随迁子女义务教育责任为什么不能由中央政府统一负责?

讨论题4:使用蒂伯特模型分析外出人口居住地政府为随迁子女提供义务教育可能对本辖区产生的经济社会影响?

核心概念:受益范围　地方性公共产品　斯蒂格勒分权定理　俱乐部理论　用脚投票　第二代财政分权　中国式分权

复习思考题

(1)地方政府存在的合理性依据是什么?

(2)贾鲁河发源于河南省郑州市,流经开封市,在周口市境内汇入沙颍河,该河是郑州市泄洪排涝的重要通道,贾鲁河的流域治理应由哪级政府负责,为什么?

(3)交通信号灯是城市基础设施的重要组成部分,如果交通信号灯统一由省级政府负责提供,你认为是否具有合理性?

(4)谈谈你对中国式分权理论解释我国经济社会现象适用性的认识?

第三章
地方财政体制的框架

【学习目标】

我国财政事权和财权划分为坚持党的领导、人民主体地位、依法治国提供了有效保障，调动了各方面的积极性，对完善社会主义市场经济体制、保障和改善民生、促进社会公平正义，以及解决经济社会发展中的突出矛盾和问题发挥了重要作用。通过本章内容的学习，使学生掌握地方财政体制框架的构成，了解政府间事权和财权划分的基本理论。

【重点与难点】

教学重点是事权和财权的划分及依据。教学难点是事权和财权的划分原则及其运用。

第一节　政府间的财政事权划分

财政事权是一级政府应承担的运用财政资金提供基本公共服务的任务和职责。合理划分中央与地方的财政事权，是政府有效提供基本公共服务的前提和建立现代财政制度的重要内容，是推进国家治理体系和治理能力现代化的客观需要。

一、政府间财政事权的划分原则

现代西方财政理论十分重视对公共产品的分析，公共产品的分析不仅引申出政府财政活动的必要性，同时为划分各级政府职责和协调政府间财政关系提供了理论依据。政府具有资源配置、收入分配和经济稳定与发展三大职能，已经成为西方财政理论界的普遍共识。他们认为，中央政府应主要承担事关国家全局利益的收入分配职能和稳定经济职能，而地方政府则主要行使地域性较强的资源配置职能。

在划分中央与地方财政支出方面，巴斯特布尔（C. F. Bastable）曾提出三个重要原则：第一，技术原则。中央政府应主要承担复杂的支出项目，地方政府则承担一般性的而又需要适时进行监督的支出项目。第二，利益原则。中央政府应主要承担事关国家范围内的整体利益的支出，地方政府则承担与地方利益有直接关系的支出。第三，行动原则。中央政府主要负责行动需要一致的项目,而地方政府则承担需因地制宜安排的支出。美国经济学者阿图·埃克斯坦(O. Eckstein)认为,决策程序问题是值得充分重视的。这主要是因为,与中央政府决策相比较,地方政府通过一项决策程序所需的时间更短。中央政府决策即便本身是科学的,但如果决策程序过长,时效性和外部环境也会出现偏差。而且,地方政府决策更能体现居民的偏好和符合本地居民利益,因而主张中央政府承担国防、外交、国家管理等项支出,而地方政府负责其他方面的支出。同时,埃克斯坦认为,公共产品的层次性问题是公共财政的重要内容。公共财政经济学最具有意义的问题之一便是,确定哪级政府最适合于处理哪项公共劳务。美国经济学者赛力格曼(Seligman)强调以效率为标准划分支出。同时,他还提出中央政府负责规模较大的支出,地方政府负责规模较小的支出。美国财政学者费雪(Ronald C. Fisher)在分析地方财政支出时认为,外溢性较小和地方性较强的公共产品,包括基础设施、警察、消防等,更适合于由地方政府提供。上述观点极大影响了西方各国财政支出的理论与实践,使得各级政府的财政支出与其职责范围之间形成了密切的对应关系。

二、事权划分中的"集权"与"分权"之辩

"集权"与"分权"孰优孰劣的争论,一直是事权划分方面的焦点问题。财政"分权学说"和"集权学说"的长期争议,在很大程度上影响着中央与各级地方各自支出范围的形成。从国际经验来看,公共产品受益范围理论已经在诸多国家事权范围和支出范围的实践中得到了印证。从各国中央到地方政府的横向比较来看,各国中央(联邦)政府的事权与支出范围大致相同,在省(州)和地方政府事权和支出范围的划分方面也不存在较大差异,这较为充分地发挥了中央和各级地方政府的功效。值得注意的是,由于各国预算支出科目存在某种程度的不同之处,因而使得若干国家之间在财政支出类别上略有差异,但这并未从整体上影响各国支出范围方面的可比性。从国内经验来看,财政集权与分权问题贯穿中国历史的不同阶段。财政集权和分权的矛盾,始终是决策者关注的焦点。改革开放以来,我国中央与地方的财政关系经历了从高度集中的统收统支到"分灶吃饭"、包干制,再到分税制的变化,财政事权和支出责任划分日益明确和清晰。特别是1994年实施的分税制改革,初步构建了中央与地方财政事权和支出责任划分的框架,为建立现代财政制度奠定了良好基础。

持集权有益论者的主要观点是:

(1)过度的分权体制可能会削弱中央(联邦)政府的宏观调控能力。如果大部分的财政收入和支出权力由各级地方政府掌管的话,那么中央政府便很难运用包括税率、补助等手段在内的财政政策工具来行使其应尽的职责。如果中央政府无法有效控制地方政府的投资规模和财政赤字的话,则地方的财政支出膨胀往往会形成对中央政府财政的压力,并有可能导致中央财政增加赤字或由中央银行增发货币。

(2)对于地区之间的经济社会发展不平衡问题进行协调,并不是地方政府的职责。在过度分权的财政体制下,中央政府没有足够财力用于地区间的收入再分配和调节区域间公共服务水平的差异,甚至无法保证落后地区居民享受到诸如基本的医疗设施、洁净生活用水、下水道及初等教育等最低限度的公共服务。

(3)在通常情况下,许多公共项目有着一定的外部性,如学校培养的一些学生在毕业后

会去其他地方工作并使后者受益（正外部性）；某些企业会在生产过程中产生污染，对其他地区居民的生活造成影响（负外部性）。如果在分权的条件下，各种项目均由地方政府决策，则地方政府很可能会因成本负担问题而减少正外部性公共产品的提供，而继续投资于具有负外部性的项目，这显然不利于达到资源的合理配置和社会效益最大化。

（4）许多公共项目同时具有外部性和"规模效益"，只有当公共项目服务于相当多的人口时，才会有较低的人均成本。比如，在一个 800 人的村庄里建造一所医院，其利用率很低且人均成本较高。若在有 8 万人的乡镇建造一所医院，则其利用率较高且人均成本也会大幅下降。在此情形下，就需要事权安排上的适当集中。

与集权论者相反，持分权论者的理论依据为：

（1）从对地方实际情况的了解看，地方政府要比中央政府处于更为有利的位置。如果有关地方公共产品和服务的各种类型的决策均由中央政府做出的话，就难免会造成效率低下乃至决策失误的问题。

（2）在通常情况下，各个地方居民对公共产品和服务的需求是不尽相同的。如果各种公共产品和服务均由中央政府提供，则统一提供的公共产品和服务的种类和水平很难有效地满足各个不同地方居民对各种公共产品的需要。

（3）在集权体制下，地方政府很少甚至没有决策自主权，地方政府官员往往只是中央政府行政命令的执行者，各地的税收、支出制度和政策均由中央政府确定，地方政府无法根据本地实际情况利用政策和制度创新来发展其社会经济。

对上述集权和分权利弊的对比分析可以看出，过度的集权和分权都有可能造成效率、公平和社会经济稳定等方面的问题，因而都是不可取的。在具体实践中，各国的财政关系基本上是集权与分权的结合，只是结合程度不同而已，而不存在绝对的集权或分权。各国都在寻求一种能适合自己国情的、财政集权与分权适度结合的财政关系。

【专栏 3-1】

国务院办公厅发布《关于进一步推进省以下财政体制改革工作的指导意见》

2022 年 6 月 13 日，国务院办公厅发布《关于进一步推进省以下财政体制改革工作的指导意见》（以下简称意见）。意见指出，合理划分省以下各级财政事权。结合本地区实际加快推进省以下各级财政事权划分改革，根据基本公共服务受益范围、信息管理复杂程度等事权属性，清晰界定省以下各级财政事权。适度强化教育、科技研发、企业职工基本养老保险、城乡居民基本医疗保险、粮食安全、跨市县重大基础设施规划建设、重点区域（流域）生态环境保护与治理、国土空间规划及用途管制、防范和督促化解地方政府债务风险等方面的省级财政事权。将直接面向基层、由基层政府提供更为便捷有效的社会治安、市政交通、城乡建设、农村公路、公共设施管理等基本公共服务确定为市县级财政事权。

意见指出，明晰界定省以下各级财政支出责任。按照政府间财政事权划分，合理确定省以下各级财政承担的支出责任。省级财政事权由省级政府承担支出责任，市县级财政支出责任根据其履行的财政事权确定。共同财政事权要逐步明确划分省、市、县各级支出责任，按照减轻基层负担、体现区域差别的原则，根据经济发展水平、财力状况、支出成本等，差别化确定不同区域的市县级财政支出责任。推动建立共同财政事权保障标准,按比例分担支出责任,研究逐步推进同一市县不同领域的财政支出责任分担比例统一。上级财政事权确需委托下级履行的,要足额安排资金,不得以考核评比、下达任务、要求配套资金等任何形式,变相增加下级支出责任或向下级转嫁支出责任。

第二节 政府间的税权划分

财权主要包括税权、费权、债权和国有资产收益权。由于政府财政收入的主要来源是税收,因而对税收权限的划分成为政府间财权划分的重点,规范中央和地方政府税收收入分配关系的根本性前提是对税权的划分。税权划分关系到多方利益主体,规范中央与地方的税收管理,正确处理好中央与地方税权的分割与配置至关重要,有利于协调和平衡中央与地方的利益关系,推动宏观经济平稳运行。

一、税权与税制结构

虽然不同学者对税权内涵及其具体涵盖的权力内容上的解释存在一定差异,但多数就税权的内容范围达成了一致,即认为税权由税收立法权、税收执法权和税收司法权共同构成。其中,税收立法权是基础权力,税收执法权是最常用权力,而税收司法权则是税收法治的保障性权力。税收立法权是指国家权力机关(或经授权机关)依据法定权限和程序制定、认可、修改、补充、废止税收法律和法规的权利,是税权的重要组成部分,主要包括税种的设置权、实施细则的制定权及解释权、开征停征权、税目税率调整权和税收减免权。税收执法权是在税收法律被制定后,税收法律进入实施阶段产生的执行税收法律规范的权力。税收司法权是税收正义的体现。从我国的司法程序角度看,税收司法权包括税收侦查权、税收诉讼权、税收审理权、税收判决权;根据司法案件的内容可以分为刑事诉讼案件司法权和行政诉讼案件司法权。

税制结构是指由若干不同性质和功能的税种组成的具有某种作用的税收体系,它反映着一个国家在一定历史时期内税收制度的总体布局及其内部构造。以税制结构内部税种的多少为标准,可以分为单一税制和复合税制。在仅课征一种税的单一税制条件下,虽然商品生产和流通会较少地受到税收的制约,并且税收征纳也相当简便,但它的缺陷在于税源单一、税负不均,有失普遍和公平的原则,也极易引起单方面的经济变化和波动。更重要的是,单一税制缺乏弹性,难以为各级政府分别提供不同层次的公共产品提供充裕的财力支持。在此情形下,税收在各级政府之间严格意义上的划分几乎不复存在。在两种以上的税共同存在、相互协调、长短互补的情况下,严格意义上的税收划分便有了可能。

二、税权划分的原则

一个国家税权划分奉行什么样的原则,直接决定着税权在中央与地方的配置方式,要实现税权在中央与地方的合理划分需要解决好税权划分的原则问题。目前,我国税权高度集中在中央政府层级,地方政府并无法律意义上的税权。近年来,随着分税制改革的不断推进,有不少学者已经提出,应该适当给予地方政府一定的税权,不仅包括从长期看给地方一定设税权的问题,还有当前税种选择权和税率调整权等无法回避的问题。

(一)公平和效率相结合原则

让政府间财政关系更具效率、公平和平衡是推进税权划分的重要目标。公平和效率关系的处理,直接关系到税权改革的效果乃至成败。公平原则是实现地方基本公共服务均等化,具体包括两方面内容:其一,横向公平原则,它要求课税前后具有相同福利水平的不同纳税人福利水平不变,表现为税收负担在不同成员之间的公平分配;其二,纵向公平原则,它要求根据纳税人福利水平不同缴纳不同税收,以更好体现量能负担原则。效率原则是税权分配的最优化,效率原则也包括两个方面的含义:一个是经济效率原则。考虑税权划分时以更有利于促进经济发展和调动政府积极性为标准做出选择。另一个是税收行政管理效率原则。公平和效率是辩证统一的,两者是相辅相成,相互促进的关系。

(二)集权与分权适度原则

中央与地方关系就是集权和分权的平衡。集权模式可以较为有效地解决分配秩序混乱和财力分散的问题,而分权模式则可以保障公共物品的有效提供等。在实行联邦制的发达资本主义国家大多按照地方自治的原则组建,地方政府享有较高的自治权和相对较独立的税权。集权模式具有较强的控制协调能力,可以通过再分配手段实现地区间的平衡协调。分权模式则可以通过地方政府的信息和资源优势提高其服务效率。在集权与分权适度的指导原则下,则应在中央占据主导地位的前提下,适当赋予地方一定的设税权。

(三)事权与财权、税权相统一原则

党的十九届四中全会提出,"优化政府间事权和财权划分,建立权责清晰、财力协调、区域均衡的中央和地方财政关系,形成稳定的各级政府事权、支出责任和财力相适应的制度",新的提法也为正确处理政府间财政关系提供了原则和方向。事权是划分财权的基础,财权是获取财力的制度保证,税权则是实现财权最主要的手段。只有合理划分中央与地方财政事权并合理配置财权税权,才能真正实现财力与事权相匹配的财政体制改革目标。在"事权-支出责任-财力-财权(税权)"的逻辑链条下,坚持事权与财权、税权相统一的原则,为政府履行事权提供坚实的物质保障。

(四)税收法定原则

党的十八届三中全会《决定》明确提出"落实税收法定原则",这是"税收法定原则"第一次被写入党的重要纲领性文件中,充分展现了党中央对税收法定原则的高度重视,凸显未来我国加强税收立法的"顶层设计"。税收法定原则的核心理念是民主和法治,其是落实依法治国的重要支点和建设法治国家的客观要求,是完善税法体系建设的精神引领和理念支撑,

因而税权划分必须坚持税收法定原则。

三、税权的横向划分和纵向划分

税权划分包括两个方面:一是税权的横向划分,主要是指税权在我国的权力机关、行政机关和司法机关内部及相互之间的划分。二是税权的纵向划分。主要包括中央政府与省一级政府之间的税权划分,以及省以下各级政府间的税权划分。一个国家的税权划分情况,无论是横向划分还是纵向划分,都可以以税权的内容为线索进行考量。

目前,我国税收立法权横向相对分散、纵向高度集中。我国税收立法权的行使主体主要包括全国人民代表大会、全国人民代表大会常务委员会、国务院以及国务院各部委等国家权力机关与国家行政机关。税收立法权的横向划分依据主要为《宪法》和2015年修订的《立法法》。我国在税收立法权的纵向划分上呈现核心权力中央高度集权,延伸权力相对分散的格局,地方政府实际不享有立法权的核心权力。

与税收立法权相比,我国的税收执法权无论在横向划分还是在纵向划分上都呈现相对分散的特点。税收执法权的横向划分现状为,在中央政府层面,税收执法权分散在国务院下属的国家税务总局和海关总署;在地方政府层面,税收执法权分散在税务系统和海关系统。税收执法权的纵向划分现状为,每一级税务机关在各自的职权范围内基本都享有相应的税收征管权、税收检查权、税收处罚权以及税务行政复议裁决权。

税收司法权的横向划分是指税收司法权在司法系统内部机关之间的划分。根据我国宪法,司法权的行使主体严格限定在司法机关内部,行政机关无权行使任何司法权。从机构的设置看,我国司法机关的主要机构包括:公安机关、检察机关和人民法院,简称公检法系统。税收司法权在公检法系统内部的划分现状为:公安机关行使税收刑事案件的侦查权及延伸权力;检察机关对重大税收刑事案件行使部分立案侦查权(涉嫌职务犯罪),对公安机关移送的税收刑事案件行使诉讼权;人民法院对税收刑事诉讼案件及税务行政诉讼案件行使审判权。税收司法权的纵向划分情况可以从涉税案件的级别管辖角度进行考量。我国人民法院纵向分设四级,最高级次为最高人民法院,其下依次设立高级人民法院、中级人民法院和基层人民法院,人民法院对案件的审理为二审终审制。税收案件的级别管辖是指上下级人民法院之间受理第一审涉税案件的分工和权限,税收刑事诉讼案件与税务行政诉讼案件的级别管辖划分略有差异,但基本原则一致,即基层人民法院管辖普通案件的第一审。以税务行政诉讼案件为例,根据《行政诉讼法》的规定,基层人民法院管辖一般的税务行政诉讼案件,中高级人民法院管辖本辖区内重大、复杂的税务行政诉讼案件,最高人民法院管辖全国范围内重大复杂的税务行政诉讼案件。

【专栏3-2】

适度调整税收立法权划分

在税收立法权横向划分上,逐步将税收立法权的核心权力向全国人大及其常委会集中。我国税收法律规范行政泛化、税收立法权受到行政权侵蚀的主要原因在于大部分税收法律规范的立法层级都比较低。税收立法权划分的优化应依照税收法定原则,将人大对行政机关的立法授权渐进式收回,在今后的"新"税种立法中,坚持人大立法,并适时抓住对"老"税种法规修订的机会,提升"老"税种的税收法律规范层次,以推进我国税收的法制化进程。

在税收立法权的纵向划分上,适度赋予地方权力机关部分税收立法权核心权力。税收立法权主要由权力机关行使,我国的权力机关在纵向级次上可以分为全国人大及常委会、省级人大及常委会、省以下各级人大。税收立法权横向应向权力机关集中,但是纵向上则需考虑向地方权力机关适度分权。因为从我国目前的财税体制划分看,地方政府的事权与财权极不匹配,同时地方权力机关的税收立法权核心权力缺位,造成地方政府"收不抵支"。另外,从立法效率考虑,地方政府在地方税立法上的信息可得性更高,有利于降低由于信息不对称而带来的立法效率损失。因此,在今后的税权划分中,应充分考虑将部分税种的税收立法权适度下放至地方权力机关。

第三节　政府间的财政转移支付

在财政政策工具和管理手段中,存在着四种形式的转移支付:一是政府对企业的转移支付,主要是指政府给予企业的各种补贴。在市场经济的条件下,政府对企业实行转移支付,通常是出于政策性原因的考虑。二是政府对居民个人的转移支付,是调节收入分配的重要手段。三是上级与下级政府之间的纵向财政转移支付。它是以政府间财政能力差异为基础和实现公共服务水平均等化为主旨,而实行的一种财政资金转移制度。四是同级政府之间的横向财政转移支付。横向财政转移支付是指同级地方政府间发生的资金平行转移,一般是富裕地区向贫困地区提供资金援助。

一、政府间财政转移支付的逻辑起点

政府间财政转移支付的逻辑起点,一直是学者们十分重视和不断探索的问题。这主要是因为,只有确立了科学可靠的理论依据,才能选择适当的转移支付手段和达到既定政策目标。综合来看,财政转移支付制度的存在与诸多因素有着密切关系。其中,纵向财政失衡、横向财政失衡、公共产品外部性和弥补分税方式不足等,是政府间财政转移支付的主要逻辑起点。

(一)纵向财政失衡

在多级财政体制中,当各级政府间既定的收入支出范围确定后,若某级政府面临财政赤字而其他级次政府出现财政盈余时,纵向财政失衡问题便产生了。纵向财政失衡的第一种形式是,如果将税基广、增长快和有利于实施宏观调控的税种划为中央收入,并将税源分散、与地方社会经济发展密切相关的税种划为地方收入,则中央政府往往掌握较多财力而地方财政收不抵支,这是常见的一种纵向失衡的形式。纵向财政失衡的第二种形式是,在财政实践过程中,也可能会出现地方财力相对较多而中央财力相对不足的状况。无论从公平还是从效率的角度看,这两种形式的纵向失衡问题都需要切实得以解决。而主要的解决办法,便是协调上下级政府之间的资金往来关系,运用财政转移支付政策和手段。

从历史经验来看,维护中央政府权威和限制地方政府过度扩张,是一个国家保证政令畅通、政局安定和经济协调稳定发展的重要举措。如果中央政府集中了更多的财力份额,地方政府将在一定程度上依赖于中央政府的财力,则中央政府就对地方政府形成了有效控制。当财权更多地上移至中央政府,而将更多的支出责任下移至地方政府时,就需要中央财政资金向地方的流动。如果完全由中央政府自己来使用和消耗本级财力,那么财政资金的使用效率和效果就会大打折扣。对于位于地方政府辖区内,但有明显正外部性的公共产品来说,中央政府可以拨款补助给地方政府,在由地方政府提供公共产品的同时,中央政府加强对补助金使用情况的积极指导和密切监督,可以极大增加公共产品的供给效率。从另一个侧面来看,中央政府拨款给地方政府,也是中央政府主动加强与地方政府协调和合作的表现。在体现中央宏观调控政策方面,转移支付形式具有如下特征:一是制度化和法律化。中央财政运用法律形式规范转移支付的用途、标准和数量,使中央政府的转移性财力分配做到有法可依、有章可循和客观公平,从而使得政策调节避免受到人为因素的消极影响。二是运用方式灵活。不同的转移支付形式有着显著差异的特定功能,中央政府可以依照调控目标选择不同的转移支付方式,从而为实现既定目标服务。三是政策性强。中央政府可以根据经济发展需要及既定产业政策来确定转移支付政策的方式、数量、比例和目标,进而优化经济结构、激发市场活力和促进经济的良性运转。

(二)横向财政失衡

从经济社会发展的视角来看,地区间经济发展均衡是相对而非绝对的。从财政收入方面来看,各地区的财源分配因各地区间经济基础、产业结构、收入水平等方面的不同而有显著差异。从财政支出来看,各地区的支出需求也因地区间发展程度、自然条件、人口规模和结构、行政管理规模等方面的不同而存在较大差异。一国不同地区之间经济发展程度差异在财政上的具体体现,往往是发达地区财政收入充裕,而落后地区税源狭小且财政状况拮据。但值得注意的是,落后地区却比发达地区更需要大量的基础设施方面的投资和更多的财政支出。当富裕的地区出现财政盈余而落后地区面临着财政拮据时,横向财政失衡问题就产生了。通常情况下,富裕地区能够为居民提供较高水准的公共服务,而贫困地区却难以提供最基本的公共服务。横向财政失衡状况的存在和加剧是不利于各地区均衡发展和社会共同进步的,这主要体现在,首先,横向财政失衡会导致贫困地区的人口向经济发达和社会福利条件好的地区流动,加剧地区间社会经济发展的不均衡。其次,横向财政失衡还会导致市场的分割和封锁。各地区为了本地利益和避免本地资源外流设置各种障碍,形成地区间的市场封锁和经济割据,从而不利于全国统一大市场的形成和发展。

在经济落后和税源有限的条件下,增税和发行公债等加重企业和居民负担的方式不是地方政府筹资的理想选择。与落后地区相比较,发达地区财政资金的边际效应是递减的。通过财政转移支付的方式,在扶持落后地区发展的同时,还可以有效提高财政资金的边际效用。但是,发达地区和落后地区之间的这种财政资金转移通常是无法自动形成,因为地方财政的收支活动都会以本地利益为出发点和归宿点。但中央政府代表着国家的整体利益,有责任运用转移支付方式协调各个地区之间的社会经济发展。

(三)公共产品的外部性

严格地讲,地方政府提供区域性公共产品的受益范围几乎不可能恰好被限定在地方政府的辖区之内。这就意味着,一方面,区域性公共产品的受益(或受侵害)范围很可能超出辖区界限,使其他地区在受益(或受侵害)的同时并不承担任何成本。另一方面,区域性公共产品的受益范围也许尚未达到地方政府辖区的界限,从而显现出公共产品数量不足和质量不佳的问题。对于地方政府来说,在公共产品的外部性显著存在和成本自担因素的共同作用下,其提供公共产品时所采取的策略便容易产生某种程度的扭曲和偏差。具体表现为:当公共产品存在着明显正外部性时,基于本地利益的考虑,地方政府可能高估公共产品成本而低估其效益,从而减少此类正外部性公共产品的提供。与此相反,当公共产品具有明显负外部性时,地方政府则容易高估公共产品效益,低估或忽视公共产品的提供成本,从而使具有负外部性的公共产品继续存在甚至有所增加。

公共产品提供中的扭曲和偏差,极大影响了区域性公共产品提供和居民的福利水平,也不利于地区间基本公共均等化的实现。在此情形下,通过纵向财政转移支付和横向财政转移支付,对具有外部性的公共产品的提供进行适当调节,是一种较为有效的干预方式。由此可见,公共产品外部性研究的理论意义,不仅在于揭示市场力对资源配置起基础性作用的经济体制条件下私人成本同社会成本的背离,否认了边沁的功利主义原则,而且也在于它为分析和界定区域性公共产品的受益范围提供了依据。外部性理论的政策性含义为:一是主张政府积极参与和干预社会经济运行;二是主张中央政府解决地方政府在提供具有外部效应的区域性公共产品时所可能产生的行为扭曲问题,从而实现资源配置优化。

(四)弥补分税方式的不足

财政转移支付制度的存在,是弥补税收划分方式不足的重要手段。在财政体制改革和实践中,单纯依靠税收分割很难达到政府间事权与财权的最佳协调。这是因为,第一,税收划分本身只是在中央与地方之间划分确定税收的归属,这仅构成了多级财政体制中各级政府间财政关系的一部分而不是全部,尚有支出划分、收支关系协调等复杂问题有待于在财政体制框架中加以处理。第二,无论从理论还是技术上讲,单纯的税收划分方式都难以使税收在各级政府之间的划分达到恰当和合理的地步,难以实现效率与公平的完美结合。在当今发达国家中,虽然其划分税收的方法和制度已经较为先进和健全,但在分税的同时却又无一例外地实行财政转移支付制度,以弥补分税方式本身的固有缺陷。

二、政府间财政转移支付制度的理论基础

政府间财政转移支付制度的理论最早是由著名经济学家庇古提出的,在庇古的基础上出现了财政联邦主义。此后,新剑桥学派经济学家卡尔多(N. Kaldor)的分配理论,奥茨的"分权定理",斯蒂格勒(George Stigler)的最优分权等理论奠定了政府间财政转移支付制度

的理论基础。

（一）庇古的财政转移支付理论

政府间财政转移支付的含义，最早是由著名经济学家庇古于 1928 年在其出版的《财政学研究》中提出的。庇古把国家经费分为消费经费和转移经费，其中转移经费主要用于支付本国人民内债利息、抚恤金、养老金、奖金等方面。转移支付的范围和作用，随着国家干预的加强而日渐扩大。财政联邦主义理论是在庇古的财政转移支付理论基础上发展起来的，它主要研究公共部门职能的合理分配和不同层次政府间财源的合理分配。20 世纪 80 年代以来，财政联邦主义理论逐渐得到丰富和发展，其分析方法也出现向政治经济学分析和公共部门制度分析发展的趋势，并出现了实验联邦主义和福利改革。不同层次政府的职能和它们之间通过转移支付等工具所形成的相互关系是财政联邦主义理论的主要研究内容，其为经济转轨国家和发展中国家政府间转移支付制度的构建奠定了理论基础。

（二）卡尔多分配理论

卡尔多（N. Kaldor）的分配理论认为，当投资率不断增高，收入分配不利于按劳分配而有利于按资本要素进行分配，这造成经济发展和投资过程中收入分配差距的不断扩大。劳动者的资本投入量较少，其仅靠劳动要素获取收入的规模和比例是有限的。资本拥有者由于拥有较多的资本投入，其依靠资本投入获取收入的规模和比例相对较高。具体而言，在国民收入既定时，资本投入的比例越高则其在国民收入分配中的比例越高，而劳动在国民收入分配中的比例就越低。因此，随着资本积累的规模和速度越来越快，收入分配差距将会进一步扩大，进而对社会公平和经济的可持续发展形成不利影响。要维护收入分配公平和控制收入分配差距，需要中央政府和各级地方政府的宏观调控。在区域经济发展方面，经济发达地区政府财政收入较多，其拥有的资本及其资本投资产生的收益比经济欠发达地区的政府的收益要可观得多。在此情形下，中央政府有必要通过政府间转移支付调节地区间的财力差异。

（三）奥茨的转移支付理论

美国经济学家奥茨（Wallace E. Oates）在其《财政联邦主义》一书中，基于受益原则提出了用以解释和指导公共支出责任划分的分权理论和转移支付理论。奥茨在做出系列假定后，提出了如下分权理论：对于某种公共产品来说，关于这种公共产品的消费被定义为遍及全部地域的所有人口，并且关于该物品的每一个产出量的提供成本，无论对中央政府还是对地方政府来说都是相同的。那么，让地方政府将一个"帕累托有效的产出量"提供给它们各自的选民，总是比中央政府向全体选民提供任何特定的并且一致的产出量要有效得多，公共服务的供应责任就应尽可能地由最低层次的政府来承担。主要原因在于，与中央政府相比，地方政府具有管辖区内选民偏好和当地公共产品提供成本的信息优势。另外，宪政约束和政治压力限制中央政府向一些地区提供比其他地区更高水平的公共产品，从而只能向所有地区提供同一水平的公共产品，无法考虑地区间的差异。

在上述财政分权理论的基础上,奥茨在1999年指出,关于转移支付的各种文献强调了不同级次政府之间转移支付的三种潜在作用:一是内部化财政溢出效应的收益;二是地区管辖区之间财政均等化;三是整体税收体系的改善。不同层次政府之间转移支付主要采取有条件转移支付(配套转移支付)和无条件转移支付。一般而言,用于内部化溢出效应的收益的转移支付多采用有条件转移支付,而用于地区管辖区之间财政均等化的转移支付多采用无条件的转移支付。

(四)斯蒂格勒的最优分权模式

美国经济学家斯蒂格勒(George Stigler)在《地方政府功能的合理范围》一文中指出,与中央政府相比,地方政府更接近于当地居民,更了解其愿望与需求。一国国内不同辖区的人们有权选择自己偏好的公共服务进行投票表决,即有权选择自己偏好的公共服务种类和数量。根据斯蒂格勒的理论,为实现资源配置的有效性与分配的公平性,决策应该在最低层次的政府进行。当然,政府层次不是越多越好或越少越好。当政府层次较多时,可能有利于政府接近民众,更好地了解当地居民的愿望和需求,更有效地提供适合当地居民偏好的公共产品。但过多层级的政府会导致辖区规模偏小,在多数情况下不能有效提供具有规模经济的公共服务。同时,政府级次越多,其财政关系就越复杂且协调难度较大,政策执行中的扭曲和漏损也越严重。斯蒂格勒在强调地方政府存在的合理性时,并未完全否定中央一级政府的作用。他指出,行政级别较高的政府对于实现资源配置的有效性与分配的公平性目标来说是必要的,尤其是对于解决分配上的不平等和地方政府之间的竞争与摩擦这类问题而言,中央一级政府可以通过转移支付方式来实现公平性目标。

【专栏3-3】

对口支援:一种中国式横向转移支付

我国现阶段的对口支援主要是由中央政府主导,经济发达地区政府给予边疆民族地区、欠发达地区、特殊困难地区或重大建设工程项目地区的政治、经济、文教科卫等支持,旨在缩小地区差距、促进经济发展、维护民族团结和保持国家稳定。它是多级政府乃至社会主体参与的活动,往往是多种投入要素融合、无偿有偿结合、涉及多个领域、具有政治经济社会多重意义的活动。

广义的对口支援包括无偿援助和带有支持性质的有偿经济合作,狭义的对口支援则仅包括无偿援助。从公共经济学视角看,对口支援是一种中国式横向转移支付。将其定义为一种横向转移支付,首先是由其行为主体关系决定的。对口支援是典型的上级决策、下级执行的活动,是在既有财政体制之下的区域间政府财力无偿转移和资源再配置。尽管上级政府主要是中央政府在其中发挥主导作用,但下级政府是实施主体,区域间政府是发生利益再分配的实质主体。正因如此,有的学者将其称为兄弟互助式援助。其次是由客体的内容和性质决定的。对口支援主要有支援方提供的救灾援助(设施建设为主)、经济发展援助、医疗卫生援助、教育科技援助等,基本属于支援方政府直接或通过受援地政府向当地企业和居民提供公共物品与服务,属于公共财政的职能范畴。尽管对口支援在实践中有时表现为纯粹的财力转移(如援建基础设施),更多时候表现为财力转移和人力物力援助的结合(如派遣干部和专业人员、给予项目支援),但都是政府财力牵动的要素流动,是一种跨区域、不同政府主体间的财政分配活动。再次,考虑到对口支援的主体主要是各级地方政府,资源分配规模以地区间资源转移部分为主,故略去非主体部分,将对口支援直接称为横向转移支付是可以成立和接受的,其对应的是上级尤其是中央政府主导决策并实施的纵向转移支付。

第四节　中国政府间财政关系

党的十八届三中全会确定了深化财税体制改革的目标是建立现代财政制度,2014年6月30日中共中央政治局审议通过《深化财税体制改革总体方案》,将这一任务明确为调整中央和地方政府间财政关系,合理划分政府间事权和支出责任,建立事权和支出责任相适应的制度。同时,财政是国家治理的基础和重要支柱,随着区域协调发展上升为国家战略,为加快推进区域协调发展,以及区域协同近期和远期目标的逐步实现,财政必将扮演着愈来愈重要的角色,其财政路径也会经历从竞争趋向于合作的演变。

一、中国财政事权划分的三个原则

大国政府间财政关系的处理要特别注意调动中央和地方的积极性,形成激励相容的财政体制。1994年中国初步建立了分税制财政管理体制,这基本适应了社会主义市场经济体制的需要。但需要注意的是,政府间财政关系要特别注意制度的稳定性,以充分发挥激励约束功能。财政部原部长楼继伟在2012年曾经提出,中央与地方政府事权划分应该考虑外部性、信息复杂性和激励相容三个原则。

(一)外部性原则

各项公共服务的提供,应该由控制着该服务提供的效益与成本内部化的最小地理区域的辖区来进行。只要不至于产生服务成本与受益在辖区内的不匹配,公共服务的供应责任就应该尽可能下放到最低层级的辖区。

(二)信息复杂性原则

在信息处理上,不同级别政府具有不同的比较优势。地方政府最重要的比较优势就在于它搜集和加工差异性信息的能力明显比中央政府强。因为地方政府熟悉基层事务,比中央政府容易识别信息不对称,因而信息处理越复杂和越可能造成信息不对称的事项应让地方管理。从信息的复杂程度出发,信息复杂程度越高的事务越适合由地方政府来管理。而信息复杂程度低一点,属于全局性的事务适合由中央来管理。

(三)激励相容原则

外部性原则和信息复杂性原则,较少考虑激励机制问题,实际上隐含各级政府都追求全局利益。但在现实中,地方政府掌握有限的财政资源安排公共服务,更多考虑当地居民的满意程度(局部利益)。因此,各级政府也服从于"经济人"假设。在此情形下,需要设计一种激励相容的体制,使得所有参与人即使按照自己利益去运作也能实现整体利益最大化。从政府角度而言,如果在某种制度安排下,各级政府都按划定的职能尽力做好自己的事情,就可以使全局利益最大化,那么这种制度安排就是激励相容的。不按照激励相容原则适当划分政府间事权,会造成经济社会运行的低效率。

二、从财政竞争到财政合作:财政行为演进的理论基础

财政合作是政府协同治理的重要内容和区域内经济利益的调整方式。囿于独立主体的限制,完全没有矛盾的地区间经济交往是不存在的。尤其在竞争性的区域主体之间,势必广泛存在追求各自利益最大化的政治动机和市场冲动。从理论角度看,区域内或空间上的财政合作必须存在如下条件或基础。

(一)空间异质性的存在

空间异质性,指的是所有空间区位中存在的现象以及事物均和别的区位中的现象以及事物存在差别,即"空间上的非平稳"。在很大程度上说,区域之间经济的发展若不存在明显差异,则可能衍生基于"瑜亮情结"引发的恶性竞争。而区域之间经济差异的存在可以更好地促进区域经济合作,其中财政合作是最有效的工具。

(二)存在明显的空间溢出效应

财政的空间溢出效应,即某一区位中政府主体的财政行为影响到其他区域的经济决策。具体而言,空间外溢效应往往精准影响要素禀赋、知识技能以及投资流向等方面,同时其溢出效应会由于地理距离加大而逐渐降低,如京津冀、长三角、珠三角等近距离的城市往往因这种空间溢出效应而达成区域合作。

(三)政府财政行为方向发展规律

财政竞争是政府间财政关系的主导,但为了保护财政竞争,财政合作必然逐渐增多。这主要是因为,财政竞争衍生的低效和浪费将抵消财政竞争带来的效率改进和积极成果。而财政合作则可以降低财政竞争的部分负外部效应,从而保护财政竞争的外部环境。就我国财政体制改革历程而言,分权式财政体制改革使得地方政府具有强大的动机去追求各自辖区利益最大化,利益驱动下的政府间财政竞争应运而生。但财政竞争不可避免催生了多种公共事务,此时地方政府之间的财政合作就显得格外关键。

(四)政府财政行为方向发展规律

分权化驱动地方政府为了增长而进行竞争,其中最倚重的手段就是财政竞争,其往往以牺牲社会福利换取短期经济高速增长。在可持续发展和绿色发展战略下,发展动能由片面追求"增长"逐步演进为全面"发展",这势必引导地方政府将财政竞争的目标调整到"为发

展而竞争",并最终实现从"生产型增长"向"福利型增长"的转变,财政行为必然由"为增长而竞争"调整到"为发展而合作"。近些年,世界各地及我国区域之间兴起的各类政府间合作,均印证了社会发展动能变迁的这一内在需要。

(五)经济一体化发展规律驱动

彼得·罗伯逊(Peter Robson)认为,区域经济一体化是一种手段和过程,成员之间互相合作和消除彼此的歧视,进而在经济政策工具的单边使用上协调一致。在现实的社会经济发展中,区域经济一体化不断从低级向高级发展。一体化过程是区域内经济主体的合作过程,合作既是一体化的原因也是必然结果。初级阶段的区域经济一体化合作重在市场合作和利益纠纷等,而高级阶段的区域经济一体化必然衍生公共需要和制度调整等公共事务。无论初级阶段还是高级阶段的区域合作,基本上都是以财政合作为载体和手段。

三、地方财政竞争中的协调与合作

1968 年美国经济学家 Richard N. Cooper 在其《相互依赖的经济学》中指出,地区间的经济社会发展是彼此依存和相互联系的,均有义务共同努力建设一个基于契约和协商的社会。美国学者 Adam M. Brandanburger 以及 Barry J. Nalebuff 于 1997 年将竞争与合作策略运用到区域发展的政府关系研究中,指出地方政府在发展区域经济时,会受到同一区域内其他地方政府的影响。由于各地政府之间利益及目标并非完全一致,各地方政府间的竞争与合作必然同时存在,而各地方政府间的合作是以"正和博弈"为预期的策略选择。

地方政府作为一个相对独立的经济管理者和干预者,基于提高地方经济利益的考量,地方财政之间的关系必然会从单纯的财政竞争走向"竞争性合作",即源于财政分权所带来的地方利益之争,地方政府之间的财政竞争必然存在,但因各方利益之间存在空间依赖关系,为减少经济社会发展中各地方政府间财政竞争而引发的效率损失,并期待获取更高和更长效的单体利益及区域整体利益,地方政府间会通过各方利益的交换程序、争端解决机制和公共决议等方式进行财政合作。虽然区域发展中地方财政合作也注重单体利益,但随着区域中各辖区间经济社会差距的缩小和地区间利益协调机制的完善,以及区域在世界经济社会发展中地位的上升,地方财政在区域内对于资源、人才、技术、资金等方面的相互争夺将会减弱,区域内各辖区间经济社会关系也愈加紧密,地方政府间单纯的单体竞争关系,将会逐渐协调为以提高区域整体竞争力为目标的"竞争性合作"关系,而非"合作性竞争"关系,这种关系不仅可以防止地方财政间恶性竞争和过度竞争的再次发生,还可以形成优势互补和合作共赢的区域发展新格局,实现"非零和博弈"中的"正和博弈"结果,既促进区域内各辖区的发展又有助于区域整体发展,符合区域协同发展的内在要求。

【专栏 3-4】

从竞争走向合作：粤港澳大湾区财政行为的推进路径分析

粤港澳大湾区是我国开放程度最高、经济活力最强的区域，在国家发展大局中具有重要战略地位。粤港澳大湾区在历史发展过程中具备自己特殊的现实条件和历史基础，决定了粤港澳三地必须进行财政合作，只有合作才能共赢。

在推进粤港澳大湾区从财政竞争走向财政合作的过程中，主要采取如下举措：第一，将财政合作嵌入"双循环"发展格局中。粤港澳大湾区有完整的产业链结构和完善的基础设施，通过"兄弟互助式"的财政合作，能将港澳发展融入国家"双循环"战略布局，进而拉动经济整体突破困境和开创新局面。第二，理顺竞争和合作关系。粤港澳大湾区推进财政合作，并不否定和抑制财政竞争。粤港澳大湾区三地政府应共同发挥财政政策及财政杠杆的均等化功能，消化跨境公共事务带来的负外部效应。第三，搭建大湾区财政合作平台。在深化前海深港现代服务业合作区、南沙粤港澳全面合作示范区等平台的基础上，粤港澳三地政府共同编制科技创新、基础设施、产业发展等领域的专项财政中长期规划或实施方案并推动落实。第四，建立区域财政合作利益共享与补偿机制。大湾区三地之间合作最重要的就是构建利益共享机制以及补偿机制，实现合作共赢的局面。该利益协调及补偿机制主要包括：税收利益分配机制、跨区域基本公共服务补偿机制、湾区利益协调组织及工作制度等。

核心概念： 财政事权　税权划分　财政转移支付　财政竞争　财政合作

复习思考题

（1）税权划分的原则是什么？

（2）政府间财政转移支付制度的理论基础是什么？

（3）区域间财政合作的条件或基础是什么？

第四章
地方财政支出

【学习目标】

　　学习目标:通过本章的教学,使学生了解地方财政支出的基本概念、分类和衡量指标,掌握购买性支出和转移性支出的基本内涵及其差异,理解我国地方政府财政支出的范围、改革逻辑及支出趋势。

【重点与难点】

　　学习重点是地方财政支出的分类、中国地方财政支出改革历程与方向。学习的难点在于合意性的地方财政支出规模、地方财政支出结构的动态优化、地方政府投资竞争。

　　在新时代高质量发展背景下,打造共建、共治、共享的社会治理格局离不开对财政这一国家治理基础和重要支柱的支撑。地方作为中国治理的基本单元,其政府承担着经济发展、社会安定和提供公共服务的职责功能。良好有序的财政秩序和稳健的财政收入是支撑地方政府各部门有效运转和地方政府提供公共产品的关键,其财政支出的规模和方向反映了地方政府的财政治理能力,也与辖区居民的民生福祉息息相关。

　　通过本章"财政支出"板块的学习,使得同学们能够认识到我国地方财政以人民为中心的思想。地方政府根据社会发展和客观经济环境变动而对地方财政支出规模和结构的动态性调整和优化也深刻地体现了实事求是的中心思想。同时,对中国地方财政支出改革历程演进、现存不足及改革动向的分析和展望则使得同学们能够立足当下对我国地方政府财政支出的现实进行剖析,启发同学们独立思考的能力。

第一节　地方财政支出的分类

　　地方政府财政支出是指地方政府为履行其政治、经济、文化和社会职能,执行社会公共政策,所付出的财政资金的总和,是地方政府维护社会安定、发展区域经济、参与经济活动的一项重要内容。按照不同的标准,地方政府支出可划分为不同的类型。

一、按照支出功能分类

2006 年之前,我国地方政府支出类、款、项科目是按照经费性质,如行政管理费、事业费、基本建设费等而进行设置的,滞后于市场经济条件下我国建设现代财政公共体系的总体要求,改革是箭在弦上。因此,经国家最高行政机关批准,财政部于 2006 年 8 月份公布了我国政府收支分类改革方案具体实施细则,并于 2007 年 1 月 1 日开始全面推行。

根据 2006 年《政府收支分类改革方案》相关内容,我国政府收支分类体系主要包括政府收入分类、政府支出功能分类和政府支出经济分类。其中,政府支出功能分类按照类、款、项三级科目设置,共分 17 类、170 多款、800 多项,综合、完整、清晰反映政府职能活动。具体来看,17 类政府支出具体包含如下内容:

(1)一般公共服务支出;(2)外交支出;(3)国防支出;(4)公共安全支出;(5)教育支出;(6)科学技术支出;(7)文化体育与传媒支出;(8)社会保障和就业支出;(9)社会保险基金支出;(10)医疗卫生支出;(11)环境保护支出;(12)城乡社区事务支出;(13)农林水事务支出;(14)交通运输支出;(15)工业商业金融等事务支出;(16)其他支出;(17)转移性支出。

上述 17 大类政府支出中,外交和国防主要是中央政府职能,相应的财政支出也由中央财政负担,地方此类财政支出较少。第(9)类社会保险基金支出虽属于地方政府支出,但不计入地方财政支出,而是另外归入社会保险基金支出中。

之后,为满足不断变化的经济形势和财政支出需要,政府相关部门又陆续对财政收支分类科目进行了动态调整和优化。如根据《中国财政统计年鉴(2021)》,2020 年全国财政支出项目按照功能分类共为 25 个类别,包括:(1)一般公共服务支出;(2)外交支出;(3)国防支出;(4)公共安全支出;(5)教育支出;(6)科学技术支出;(7)文化旅游体育与传媒支出;(8)社会保障和就业支出;(9)卫生健康支出;(10)节能环保支出;(11)城乡社区支出;(12)农林水支出;(13)交通运输支出;(14)资源勘探工业信息等支出;(15)商业服务业等支出;(16)金融支出;(17)援助其他地区支出;(18)自然资源海洋气象等支出;(19)住房保障等支出;(20)粮油物资储备支出;(21)灾害防治及应急管理支出;(22)其他支出;(23)债务付息支出;(24)债务发行费用支出;(25)预备费。

二、按照经济性质进行分类

地方政府财政支出按照经济性质可以划分为购买性支出和转移性支出,该种分类方法主要反映政府支出的经济性质和具体用途,科目设置类、款两级。

其中,购买性支出是指基于货币媒介,地方政府在产品市场和劳务市场购买产品和服务的支出行为。既包括办公人员经费、办公耗材支出,也包括地方政府投资活动中基于市场行为所进行的产品和服务购买支出。在地方政府财政购买性支出中,地方政府作为货物和服务的需求方,通过货币支出获得相应的产品和服务,因而其购买行为会直接影响市场产品供给及其价格,也会直接影响劳动力需求及其价格,并间接影响国民收入分配。

转移性支出是指地方政府出于社会公平、政策激励等目的,通过一定的规则和范式,而对辖区内的居民、企业、事业等相关单位给予的单向的、无偿的财政资金拨付行为,包括补助支出、捐赠支出和债务利息支出等,体现了政府的非市场再分配行为。不同于地方政府购买性财政支出,在地方政府转移性财政支出中,地方政府并未获得相应的产品和劳务服务,因而不是市场交易行为。在现代财政体制中,转移性支出及其比重的高低直接影响国民收入分配格局,有益于缩小贫富收入差距。但同时,由于转移性支出过程中,政府只是将财政资金无偿转移给受让者,并未发生相应的货物或劳务交换。因此,转移性支出并不计入辖区GDP 构成。

根据 2007 年实行的《政府收支分类改革方案》,我国政府财政支出按照经济性质可划分为 12 大类,具体为:(1)工资福利支出;(2)商品和服务支出;(3)对个人和家庭的补助;(4)对企事业单位的补贴;(5)转移性支出;(6)赠予;(7)债务利息支出;(8)债务还本支出;(9)基本建设支出;(10)其他资本性支出;(11)贷款转贷及产权参股;(12)其他支出。

三、按照支出责任分类

财政分权既是现代大国财政治理的典型特征,也是构建地方有为政府、优化资源配置和提升地方居民公共服务供给水平的有效保障。全面深化改革,构建中国特色社会主义现代财政制度的核心不仅在于提升财政收入端口的增长潜力,更在于合理划分财政支出责任。

一般认为,按照政府职能归属划分财政支出责任的理论依据在于"信息对称"理论和对地方政府及官员的激励理论,即相对于中央政府,地方政府对辖区内的公共产品供给规模、供给结构、供给偏好有更为完整的信息优势。同时,在晋升激励和对要素资源的竞争趋向下,地方政府及其官员有充分的动力优化公共支出结构,并提供辖区居民合意的公共服务供给。

据此,根据公平、效率和收益对称原则,所需信息量大、信息复杂且获取困难的基本公共服务或具有明确收益性边界的公共服务,其支出应归属于地方政府,而信息比较容易获取和甄别的,或者具有全国性公共产品性质的支出事项宜作为中央的财政支出事项。

根据上述分析,由中央政府负责安排的财政支出大致涵盖如下事项:中央政府机关及所属各部门的支出;中央对地方的各种税收返还、转移支付和专项拨款;国防、外交和司法支出;海洋海域资源探索及太空探索事项支出。由各级地方政府负责安排的财政支出则涵盖如下内容:地方政府承担的本级财政支出;对中央或上级政府的上解支出;对下级政府的各种税收返还、转移支付和专项拨款,以及地方负责的治安、司法、公共卫生、科技、教育、农林水利等支出事项。

【专栏 4-1】

谁来为学前教育买单?

2019 年 8 月 24 日,十三届全国人大常委会第十二次会议分组审议国务院关于学前教育事业改革和发展情况的报告。报告指出,当前我国学前教育领域存在普惠资源不足等问题,有委员呼吁"学前教育应是政府买单"。然而,在财政有限的情况下,学前教育也只能为义务教育让步。政府自身对学前教育承担的应是"兜底"的责任,即保证贫困地区的"有"和发达地区的安全。

报告指出,由于多种原因,目前学前教育仍是我国教育体系的薄弱环节,发展不平衡不充分的矛盾在学前教育领域表现还比较突出,与人民群众的期待还有一定差距。

数据显示,全国公办园仅占幼儿园总数的37.8%。伴随学前教育的发展,公办园在园幼儿占比不升反降,从2010年的53%下降到2018年的43%。

全国人大常委会委员蔡昉进一步指出,国家对学前教育的公共投入不足,目前占财政性教育投入比例偏小。"这和我们一个相对庞大的学前教育适龄儿童相比非常不匹配。"蔡昉说。

其中,以农村地区、少数民族地区、集中连片特困地区学前教育资源不足尤为明显。报告显示,全国还有4 000个左右的乡镇没有公办中心幼儿园,个别地方的学前三年毛入园率不足50%。

除公办幼儿园数量不足外,民办普惠幼儿园也遇到了难题。

全国人大教科文卫委员会副主任委员杜玉波解释称:"我们对普惠性民办园的扶持力度还不够,影响了民办园参加普惠性认定的积极性。很多地方补助标准太低,调研中有的地方反映,一些民办幼儿园转为普惠园后,保育费以前收两三千元,现在只能收几百元,政府的补助又远远不能弥补差额。"而在此种情况之下,许多幼儿园只能通过扩招班额或降低幼师人数等方式平衡收支,无形中降低了教育质量。

而在8月24日的分组审议中,常委会组成人员普遍认为,政府应加大对学前教育的财政投入。一些委员建议,政府应将学前教育纳入义务教育阶段。

委员张勇指出,美国、英国、墨西哥已经将学前教育纳入了义务教育,政府负担全部学前教育的经费。蔡昉从社会回报率方面阐述称,研究表明,教育阶段越靠前社会回报率越高,最高的是学前教育,其社会回报率高就意味着应该由政府来买单,而不是家庭买单。

到底谁来为学前教育买单呢?

资料来源:《北京商报》,2019年8月。

【专栏4-2】

加强突发公共事件应对的财政保障

突发公共事件是指对一个经济社会体系的基本价值、行为准则和运行架构产生的范围广泛、冲击严重以及影响深远的重大事件。突发公共事件具有不确定性大、急迫性高、专业性强、复杂程度高、外溢效应显著、决策要求非程序化等特征。

突发公共事件的应对和处置需要政府干预、专业技术以及综合资源的保障。政府干预是阻断危机冲击的主导方式,也是政府提供公共服务的重要体现。在重大突发公共事件治理中,需要强化政府部门的主体地位和政策权威,构建统一化的危机处置机制。当然,政府干预中需要着重强调应对的专业性以及资源的保障性。比如,传染病危机防控的专业性要求十分严苛,需要及时、充分、有效的专业评估和权威认定。另外,政府干预背后是诸多要素资源的调动,其中,最为紧急的是人员、救济物资的快速投入,而最为重要的是财政资源的调配使用。突发公共事件的应对需要政府财政保障资金的大规模投入,建立健全突发公共事件应对的财政保障体系是政府干预突发公共事件的物质基础。

　　针对突发公共事件的特殊性,需要建立以突发公共事件有效阻断、应对和处置为目标,以专业化应对为重点和以财政资源为保障的紧急处置计划和恢复重建安排。从国际经验看,突发公共事件应对的财政保障体系是政府基本职责发挥的重要基础,三大支柱工具分别是预备费、转移支付和税费降低。

　　预备费是各个国家应对重大突发公共事件的基本政策手段。日本突发公共事件救助基金由各级政府以过去三年普通税收入决算数平均值的 0.5% 预存。2011 年 3 月日本 9 级大地震中第一笔财政资金投入就来自预备费。印度建立的灾害救济基金机制也是一种预备费制度,基金分为中央层和邦政府层,分别出资 75% 和 25%。我国《预算法》中规定各级政府按照本级政府预算支出额的 1%～3% 设置预备费,用于当年自然灾害救灾开支及其他难以预见的特殊开支。其中,中央级预备费占比为 1.1%～3%。2008 年中央级预备费 350 亿元,占总预算的 2.65%,而汶川地震拨付高达 349.94 亿元。

　　转移支付是重大突发公共事件应对的核心财政支柱。突发公共事件具有不可预见性、急迫性等特征,而转移支付是填补重大突发公共事件应对和重建资金缺口的关键。比如,2002 年德国萨克森州(Saxony)发生百年未有的严重洪灾,联邦政府设置 70 亿欧元洪灾应对基金用于灾民救济及灾害应对,这是德国联邦政府少有的重大转移支付。2005 年卡特里娜飓风后,美国联邦政府承担了危机救助和重建的主导责任,两年共投入资金 1 160 亿美元,其中 948 亿美元直接来自联邦政府预算拨付。2011 年日本大地震发生之后,日本投入 32 万亿日元进行为期 10 年的重建与复兴计划,绝大部分来自中央政府的转移支付,部分项目地方政府承担的比例甚至低至 5%。

　　税费降低是突发公共事件灾后重建的主导性政策安排。强化财政政策的逆周期和结构性支持作用,加大减税降费的力度,提升微观主体的市场信心,是重大突发公共事件灾后重建和恢复的基本政策支撑。比如,2011 年日本大地震发生后,日本政府基于《国税通则》特别条款对受灾地区实行特别税收政策,新设企业 5 年内免税,对企业机器、设备、建筑和附属设施等新投资实行税收减免政策。2019 年,日本政府仍建议国会修改完善"复兴特区法",继续延长优待税收特例 3 年。而在美国,其小企业管理局为中小企业提供优惠贷款以应对灾害中没有保险覆盖的不动产、设备、存货等的损失,最高贷款额度为 200 万美元,最高期限长达 30 年。

　　面对重大突发公共事件,除了预备费、转移支付以及税费降低等核心政策之外,还有其他多种政策可配套运用,同时,还需要与公共危机应对举措、公共治理、社区服务以及货币金融等政策相统筹。从长期看,我国需完善覆盖突发公共事件防控、处置和恢复全程的高效、稳健的财政保障体系。

资料来源:中国社会科学网,作者郑联盛。

第二节　地方财政支出规模与结构分析

地方财政支出作为地方政府资源配置、收入分配、经济调节的重要手段,其规模和结构体现了地方政府的支出偏向、治理能力与经济绩效,也与居民福利水平息息相关。因此,探究地方财政支出规模及其结构,对于优化地方公共服务供给,推动地方财政高质量发展具有重要意义。

一、地方财政支出的规模

地方财政支出规模是指在一个预算年度内,地方政府安排的财政支出数量,是构成社会总需求的重要组成部分,其也概括性地反映了地方政府对经济的干预程度和地方政府的资源配置能力。

(一)地方财政支出规模的衡量标准

按照不同的衡量标准,可对地方政府财政支出规模划分为不同的类型。

1.按照时间节点划分

按照时间节点,可将地方政府财政支出规模划分为预算支出规模和决算支出规模。预算支出规模是指根据相关法定程序审核和批准的下一个年度的地方计划财政支出规模。而决算支出规模则是指经相关法定程序审核和批准的上一财政年度地方财政支出的最终结果。

2.按照绝对指标进行划分

财政支出的绝对指标是指一段时间或者一个预算年度内,地方财政支出的绝对额,通常是以本国货币来进行表示。按照所选用的基期价格水平的不同,又可进一步划分为基于名义价格的财政支出绝对数额和基于实际价格的财政支出绝对数额。

其中,基于名义价格的财政支出是指未经通货膨胀调整的当年的实际财政支出额度,而基于实际价格的财政支出绝对数额则是指经过通货膨胀调整的财政支出额度,表现为在纵向年份上财政支出数额的可比性。

基于地方财政支出绝对总额的变形,地方财政支出绝对指标还可以分为地方人均财政支出绝对额(财政支出总额除以常住人口)以及地方公共部门人均财政支出绝对额(财政支出总额除以地方政府雇员规模)。

3.按照相对指标进行划分

按照相对指标对地方政府支出规模进行衡量通常可划分为两种方式:即以地方财政支出占辖区 GDP 的比重,或以地方财政支出占全国财政支出的比重来进行表示。

按照相对指标衡量地方政府财政支出规模具有时序可比性、空间可比性等特点,也将通货膨胀扰动因素排除在外,反映了一定时期内地方政府对辖区资源的调动和配置能力。

同时,需要注意的是,如果一个地方政府财政支出占辖区 GDP 比重过高的话,则反映出该地方政府对辖区经济活动的高度干预,不利于激发民间资本和创新创业活力。而如果某地财政支出占全国财政支出的比重过高的话,则反映出该国经济分布具有明显的空间极化特征,不利于区域经济和公共财政的协调发展。

4. 按照增长率指标进行划分

常用的衡量财政支出规模的增长率指标有三种范式,即:

(1)财政支出增长率,具体包括年度财政支出增长率和年均财政支出增长率。其中,年度财政支出增长率=(报告期财政支出−基期财政支出)/基期财政支出,反映两个年度之间财政支出的增长波动情况。年均财政支出增长率=$n\sqrt{报告期财政支出/基期财政支出}-1$,反映两个年度之间,财政支出的年均增长波动情况。

(2)财政支出弹性,指财政支出增长率与辖区 GDP 增长率之比。具体表示为:

$$E = (\Delta Pub/Pub)/(\Delta GDP/GDP)$$

其中,ΔPub 表示辖区本年度财政支出较上一年度财政支出增长量,ΔGDP 表示辖区本年度 GDP 较上一年度 GDP 增长量,Pub 为上一年度财政支出额度,GDP 为上一年度区域生产总值。

财政支出弹性表明了财政支出增长率与区域 GDP 增长率的动态比较趋势。若 $E_g \geq 1$,表示财政支出增长率快于 GDP 增长率;若 $E_g = 1$,表示财政支出增长率与 GDP 增长率同步;若 $E_g \leq 1$,表示财政支出增长率慢于 GDP 增长率。

(3)财政支出边际倾向,指财政支出增长额与 GDP 增长额的比例关系。具体表示为:

$$MPG = \Delta G/\Delta GDP$$

财政边际支出倾向表明了 GDP 的增长额中用于增加财政支出的大小,从另一个角度反映了财政支出变化与 GDP 变化之间的关系。

(二)地方财政支出规模发展的一般趋势

1. 地方财政支出规模的基础理论与影响因素

影响地方政府财政支出规模的因素有很多,有政治的、经济的、文化的、社会的等多维因素,洪水、地震、海啸,乃至气温的变化等都会冲击地方政府财政支出规模。现有关于地方政府财政支出规模趋势的理论解读主要集中在下述三个方面。

瓦格纳的“公共财政扩张论”。德国经济学家阿道夫·瓦格纳(1835—1917)认为伴随着经济的发展、社会的进步,政府部门将承担越来越为庞杂的社会责任,而地方政府在其中扮演着关键角色,地方财政支出随之会不断增加。比如,随着经济的发展和社会进步,地方政府为越来越多的辖区居民提供义务教育、免费医疗、保障性的住房以及其他多种类型的公共服务供给等,进而导致地方政府公共财政开支逐步扩张。

瓦格纳认为,之所以地方政府财政会呈现出渐进扩张的态势,主要源于以下方面的原因:

（1）伴随着经济的发展，社会专业化生产分工越来越细，人们之间的经济联系和经济关系越发复杂，这就需要政府部门构建更为清晰和明确的法律和产权制度以保障市场经济中交易主体的合法权益，相应的政府部门规模也随之扩张。

（2）伴随着新的生产方式和交易方式的出现，由市场失灵导致的资源的非合理配置成为一种常态，如由数字经济和平台经济引致的垄断和收入极化、假冒伪劣商品的泛滥等，这个时候为优化资源配置，政府需要借助一定的规则和形式参与资源配置，如政府管制、公共企业、政府投资产业引导基金等，引致政府公共支出规模扩张。

（3）对外部经济效益项目的需求促使地方政府公共财政支出扩张。教育、公共卫生与疾病防控、污染治理、传统国粹等是具有明显正外部性的产品或优质品，这类产品私人部门一般不愿意充分进行投资，而地方政府出于公共利益和公共安全的考量，需要承担兜底责任，为经济发展和社会进步创造良好的环境保障和制度基础。

皮考克和威斯曼的"梯度增长理论"。皮考克和威斯曼基于英国1890—1955年公共支出的数据分析表明，公共支出增长并非呈现出直线型，而是表现为跳跃式的梯度增长特征，他们将其称为公共财政支出的梯度增长理论，地方财政支出扩张亦遵循此理论。

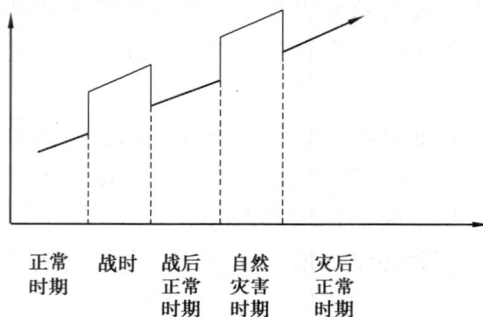

图4-1 公共财政支出的"梯度增长"理论

他们认为，公共财政支出之所以呈现出梯度增长，原因在于：在正常条件下，随着区域经济增长，居民收入和企业营业收入随之扩张，辖区税收提高，政府支出的增长与 GDP 的增长呈线性关系。但是一旦有某种重大外部事件的冲击，如战争、重大自然灾害等发生，政府旋即提高税收，公众在危急时刻也可以接受更高的税率，形成公共支出的梯度增长，并挤压私人支出。但是冲击过后，由于政府财政支出刚性及经济秩序恢复的慢韧性，税收收入虽然会略有下降，但是仍会高于冲击事件发生之前，地方政府的财政支出水平也会高于冲击事件发生之前。

马斯格雷夫和罗斯托的"经济发展阶段论"。美国著名的公共财政学家马斯格雷夫在20世纪50年代根据美国经济学家罗斯托（Rostow，1916—2003）的经济成长阶段理论提出了"公共支出增长的发展模型"。马斯格雷夫将罗斯托的经济成长五阶段理论：传统社会、为起飞准备前提、起飞、向成熟推进、大量消费时代，简化为经济成长三阶段理论：起飞、中期发展、成熟阶段。在区域经济发展的不同阶段，地方政府职能及其所扮演的角色并不相同，相应的地方政府公共财政支出在不同发展阶段表现为不同的特征。

一般而言，在经济发展的起飞阶段，市场经济活动较不活跃，企业大多处于初创阶段，地方交通基础设施不完善。因而,在这一阶段,地方政府投资会带动财政支出快速扩张。而到了经济发展的中期阶段,这一阶段,经济运行体系和地方软硬件环境建设初步成熟,地方政府消费支出会有所扩大,而投资扩张速度则有所减缓,同时这一时期,经济的贫富差距会逐步扩大,因而政府财政支出会较多地倾向于转向教育、卫生、福利等方面,对社会保障和收入再分配的转移性支出大大增加。乃至于经济发展成熟阶段,这一时期,地方社会、政治、经济运行体系已然成熟,居民更加关注于健康和公共服务供给质量及其制度保障,因而这一时期地方政府财政支出偏向于公共服务供给的规模和质量建设。

2.我国地方财政支出规模的演进趋势及其基本特征

自 1978 年改革开放以来,伴随着经济的发展和地方政府治理能力的提升,我国地方政府财政支出规模不断攀升,见表 4-1,1978 年我国地方财政支出的额度为 590 亿元,至 2020 年,地方政府财政支出额度为 210 492 亿元,增长幅度高达约 356 倍,年均增长约 15.02%,远远高于同期我国地方 GDP 增长水平。1978 年,地方财政支出占全国财政支出的比重为 52.58%,至 2020 年地方财政支出占全国财政支出的比重为 85.71%,远远超过中央财政支出比重,地方财政在全国财政体系中的地位可见一斑。不断增长的地方财政支出比重,一方面反映了我国地方政府强有力的财政治理能力,另一方面也凸显了地方政府公共服务和事权的不断扩张。从地方财政支出占全国 GDP 的比重可以看出,1978 年这一占比数字为 16.16%,之后地方财政支出占全国 GDP 的比重逐渐下降,至 1996 年,这一占比降为 8.08%,随后开始逐渐攀升,至 2020 年,地方财政支出占全国 GDP 的比重升至 20.72%。整个样本周期内,我国地方财政支出占全国 GDP 的比重呈现出明显的"U"形趋势。形成这种趋势的原因是多方面的,但核心也在于反映了我国财政治理过程中"放权—集权—分权"的政策演变。

表 4-1　中国地方财政支出占全国财政支出和 GDP 的比重

年份	全国 GDP(亿元)	全国财政支出(亿元)	地方财政支出(亿元)	地方财政支出/全国财政支出(%)	地方财政支出/全国 GDP(%)
1978	3 650	1 122	590	52.58%	16.16%
1980	4 552	1 229	562	45.73%	12.35%
1982	5 333	1 230	578	47.01%	10.84%
1984	7 226	1 701	808	47.48%	11.18%
1986	10 309	2 205	1 369	62.07%	13.28%
1988	15 101	2 491	1 646	66.08%	10.90%
1990	18 774	3 084	2 079	67.42%	11.07%
1992	27 068	3 742	2 572	68.73%	9.50%
1994	48 460	5 793	4 038	69.71%	8.33%
1996	71 572	7 938	5 786	72.89%	8.08%
1998	84 884	10 798	7 673	71.06%	9.04%

续表

年份	全国 GDP（亿元）	全国财政支出（亿元）	地方财政支出（亿元）	地方财政支出/全国财政支出（％）	地方财政支出/全国 GDP（％）
2000	99 776	15 887	10 367	65.25%	10.39%
2002	121 002	22 053	15 281	69.29%	12.63%
2004	160 714	28 487	20 593	72.29%	12.81%
2006	217 657	40 423	30 431	75.28%	13.98%
2008	316 752	62 593	49 248	78.68%	15.55%
2010	408 903	89 874	73 884	82.21%	18.07%
2012	534 123	125 712	107 188	85.26%	20.07%
2014	636 139	151 786	129 215	85.13%	20.31%
2016	744 127	187 841	160 351	85.37%	21.55%
2018	900 309	220 904	188 196	85.19%	20.90%
2020	1 015 986	245 588	210 492	85.71%	20.72%

数据来源：中国经济社会大数据研究平台。

上述从全国层面反映了我国地方财政总体支出规模水平，但是在我国大国区域异质性客观现实下，具体到各个省级层面，因地理区位、资源禀赋、经济发展水平、市场化程度等各不相同，地方政府财政支出规模可能具有一定的区域差异性。基于区域经济发展的阶段特征，表4-2分别选取了广东省、上海市、河南省、贵州省作为样本案例，对这4个省域1998—2020年地方政府财政支出水平进行分析。

从表4-2中可以看出，1998年，广东省地方财政支出规模为825.61亿元，为河南省财政支出规模的2.55倍，为同期贵州省财政支出规模的6.2倍，地方财政能力差距非常显著。到2020年，广东省财政支出规模为17 484.67亿元，而同期河南省财政支出规模为10 382.80亿元，贵州省财政支出规模为5 723.27亿元，广东省财政支出规模是河南省的1.68倍，是贵州省的3.05倍，虽然差距依然显著，但是我国地方政府间财政能力呈现出缩小态势。从财政支出占区域GDP比重来看，4个省份财政支出占本省GDP总体呈现出上升趋势，但是近年来表现出一定的平稳下降趋势，比如广东省2016年财政支出占GDP比重为16.37%，2018年这一比重下降为15.75%，2020年财政支出占GDP比重也仅为15.79%，较2018年变化幅度不大。贵州省财政支出占GDP比重在2012年达到40.87%的高值，但是之后便逐步下降，至2020年，这一比重下降为32.11%。同时，通过对比分析可以看出，贵州省财政支出占GDP比重显著高于其他3个区域数值。

表 4-2　1998—2020 年我国部分省份财政支出规模概况

年份	广东省		上海市		河南省		贵州省	
	地方财政支出（亿元）	财政支出/本省GDP	地方财政支出（亿元）	财政支出/本省GDP	地方财政支出（亿元）	财政支出/本省GDP	地方财政支出（亿元）	财政支出/本省GDP
1998	825.61	9.65%	480.70	12.55%	324.00	7.52%	133.10	15.51%
2000	1 070.30	9.90%	622.84	12.94%	445.53	8.82%	201.57	19.57%
2002	1 521.08	11.18%	862.38	14.88%	629.18	10.42%	316.67	25.47%
2004	1 853.00	9.93%	1 395.69	18.73%	880.00	10.46%	418.42	25.37%
2006	2 553.30	9.84%	1 813.80	17.11%	1 440.10	12.02%	610.60	26.97%
2008	3 756.70	10.24%	2 617.68	18.01%	2 283.90	12.88%	1 048.60	29.92%
2010	5 414.80	11.77%	3 302.89	19.24%	3 413.20	14.78%	1 640.20	35.64%
2012	7 388.00	12.96%	4 184.02	20.81%	5 006.40	17.29%	2 755.70	40.87%
2014	9 134.33	13.40%	4 923.44	20.89%	6 042.60	17.30%	3 542.13	38.23%
2016	13 447.42	16.37%	6 918.94	24.55%	7 456.64	18.42%	4 261.68	36.14%
2018	15 737.37	15.75%	8 351.54	25.56%	9 225.41	19.20%	5 017.32	32.68%
2020	17 484.67	15.79%	8 102.10	20.94%	10 382.8	18.88%	5 723.27	32.11%

数据来源：中国经济社会大数据研究平台。

（三）地方财政支出的最优规模

从上述表 4-1 和表 4-2 可以看出，我国地方政府财政支出的绝对规模在不断扩张，同时，其占全国 GDP 的比重总体达到了 20.72%，部分中西部偏远省份这一比值甚至超过了 40%。而基于支出法的地方经济总额可以分解为居民消费、企业投资、政府购买和净出口四大部类，这促使我们思考四大部类的合理构成以及地方政府财政支出的最优规模问题。

经典宏观经济理论研究表明，地方政府财政支出具有典型的"挤出效应"和"汲水效应"，其中"挤出效应"是指伴随着地方政府采取扩大政府投资、发行政府债券的扩张型财政政策。

在社会货币资金池供应总体稳定的情况下，地方政府的财政扩张政策会使得市场利率上升，从而提高货币市场的信贷利率，进而导致私人信贷规模收缩，这就是财政支出扩张对私人投资的"挤出效应"。挤出效应的大小取决于私人储蓄和投资对市场利率的反应程度和中央银行在公开市场上买进和卖出政府债券从而调整货币供给的程度。地方政府财政支出的"汲水效应"是指在地方经济发展的初始阶段或者在经济萧条时期，地方政府采用扩张公共投资、提升政府消费和转移性支出等诱导式的扩张性财政政策，以提升居民可支配收入，激活社会投资和经济活力。

现有关于财政支出最优规模问题的讨论主要是围绕着政府财政支出与经济增长的动态

关系展开,且有两种观点:一种观点认为政府财政扩张具有经济增长的递减效应,且政府支出规模的扩张往往会引致无效率支出的扩大,因而扭曲资源配置的效应随之扩大,导致经济增长受到阻碍。另一种观点认为政府财政支出的扩张提升了政府的私人产权保护功能,使得整个社会拥有更好的法律制度契约保护和良好的公共服务供给,进而改善了私人投资环境。

基于经验分析,Amey(1995)利用拉弗曲线(Laffer Curve)来描述政府财政支出与经济增长的非对称动态关系,Vedder 和 Gallway(1998)对这种非线性关系进行了检验,结果表明,政府财政支出与经济增长是不对称的,并将这种关系称为"Amey 曲线"(Amey Curve)。"Amey 曲线"表明,政府规模与经济增长之间呈现出一种"倒 U 型"关系。这表明,对于任何一个经济体,人们可以找到使经济增长速度最大化的最优政府财政支出规模。基于此,Vedder 和 Gallaway(1998)利用美国 1947—1997 年的相关数据和二次项回归方程,估计出此间美国政府的最优政府支出规模为 17.54%。Karras(1993)利用 18 个国家的经验数据,对 Barro 的政府规模内生决定模型进行了实证性检验研究,结果表明,部分代表性国家的最优政府财政支出规模约为 GDP 的 20%。

二、地方财政支出的结构

地方财政支出结构是指地方政府为履行其职能,按照一定的预算程序和规则,而对各类财政支出占比进行分配的情况。从社会资源的配置角度来说,财政支出结构直接关系到政府动员社会资源的程度,从而对市场经济运行的影响可能比财政支出规模的影响更大。不仅如此,地方财政支出结构的现状及其变化,表明了该地政府正在履行的重点职能以及变化趋势。

(一)地方财政支出项目分析

我国地方财政支出结构与财政支出科目分类相一致。2007 年之前,我国地方财政支出项目可细分为基本建设支出、企业挖潜改造资金支出、科技三项费用、流动资金、科教文卫经费、行政管理费用等,以 2005 年地方财政支出为例,科教文卫支出与公检法司支出占比之和超过 30%,支农支出位列第三,占比为 4.66%,社会保障支出占比为 4.48%,其他占比较高的还有城市维护建设支出、挖潜改造和科技三项费用支出。2007 年我国财政支出分类实行了较大改革,之后我国地方财政支出科目可细分为教育支出、社会保障和就业支出、农林水支出、城乡社区支出、卫生健康支出、一般公共服务支出、公共安全支出、交通运输支出等,以 2020 年地方财政支出为例,在 24 类地方财政支出类别中,教育支出额度为 34 686.30 亿元,占地方财政支出总额的 16.47%,占比排名第一。排名第二和第三的分别是社会保障和就业支出、农林水支出,其财政支出额度分别达到了 31 448.53 亿元和 23 445.14 亿元,占比分别为 14.93% 和 11.13%,其后城乡社区支出、卫生健康支出、一般公共服务支出、公共安全支出和交通运输支出占比也均超过了 5%,为地方财政支出的大类。上述数据反映了我国地方政府财政支出的核心关切和政府职能所在,且排名靠前的支出占比总体变化较为平缓,一定程度上反映了我国地方财政支出的平缓波动。

表 4-3　2012—2020 年我国地方财政主要支出项目及其占比

项目	2012 年		2014 年		2018 年		2020 年	
	支出额（亿元）	占总支出比重（%）	支出额（亿元）	占总支出比重（%）	支出额（亿元）	占总支出比重（%）	支出额（亿元）	占总支出比重（%）
教育支出	20 140.64	18.790%	21 788.09	16.862%	30 438.24	16.174%	34 686.30	16.472%
社会保障和就业支出	11 999.85	11.195%	15 268.94	11.817%	25 827.54	13.724%	31 448.53	14.934%
农林水支出	11 471.39	10.702%	13 634.16	10.551%	20 493.29	10.889%	23 445.14	11.133%
城乡社区支出	9 060.93	8.453%	12 942.31	10.016%	22 037.75	11.710%	19 868.66	9.435%
卫生健康支出	7 170.82	6.690%	10 086.56	7.806%	15 412.90	8.190%	18 873.41	8.962%
一般公共服务支出	11 702.14	10.917%	12 217.07	9.455%	16 871.01	8.965%	18 325.89	8.702%
公共安全支出	5 928.13	5.531%	6 879.47	5.324%	11 739.97	6.238%	12 026.99	5.711%
交通运输支出	7 332.57	6.841%	9 669.26	7.483%	9 969.05	5.297%	11 031.95	5.239%
住房保障支出	4 068.71	3.796%	4 638.31	3.590%	6 299.92	3.348%	6 499.50	3.086%
节能环保支出	2 899.81	2.705%	3 470.90	2.686%	5 870.05	3.119%	5 989.14	2.844%
科学技术支出	2 242.20	2.092%	2 877.79	2.227%	5 206.38	2.766%	5 801.86	2.755%
…	…	…	…	…	…	…	…	…
国防支出	210.54	0.196%	234.40	0.181%	210.76	0.112%	238.85	0.113%
债务发行费用支出	×××	×××	×××	×××	22.98	0.012%	24.84	0.012%
外交支出	1.44	0.001%	1.45	0.001%	2.99	0.002%	1.37	0.001%

数据来源：《中国统计年鉴（2012—2020）》。

（二）地方财政支出地区结构分析

因各省份之间在经济发展水平、人文特征、区域自然条件的不同，上述总体地方财政支出不足以反映地方政府财政支出之间的区域差异，更为客观的现实是我国区域政府财政支出存在一定的空间异质性和策略博弈。基于此，以2020年为例，表4-4分别给出了我国广东省、河南省、贵州省地方财政支出结构。

从表4-4可以看出，教育作为地方政府财政支出结构的重要内容，其支出占比均列第一位，但是在绝对支出额度上却表现出明显的东强西弱特征。广东省公共财政排在第二位的是一般公共服务支出，其占比为10.84%，而河南省公共财政支出排在第二位的为社会保障和就业支出，其占比为15.18%，农林水支出占比11.04%，排在第三位。贵州省财政支出排在第二位的农林水支出，占比17.85%，而排在第三位的为社会保障和就业支出，占比11.82%。从数据描述中可以看出，各省域财政支出既有一定的共性，也表现出一定的地域差异性。如各省份教育支出及社会保障和就业支出占比均较高，但是由于自然地理条件及产业结构的差异，贵州省及河南省的农林水支出占比均较高，但是广东省的农林水支出占比却相对较低。同时，由于广东省外向型经济较为发达，人口杂居现象突出，因而其公共安全支出占比相对较高，而同期的河南省和贵州省公共安全支出占比则相对较低。

表4-4　2020年我国部分省份财政支出额度及其占GDP比重

项目	广东省		河南省		贵州省	
	支出额（亿元）	占支出比重（%）	支出额（亿元）	占支出比重（%）	支出额（亿元）	占支出比重（%）
教育支出	3 510.56	20.14%	1 882.56	18.15%	1 073.34	18.70%
社会保障和就业支出	1 807.2	10.37%	1 575.03	15.18%	678.48	11.82%
农林水支出	1 125.81	6.46%	1 145.4	11.04%	1 024.31	17.85%
城乡社区支出	1 574.89	9.04%	1 063.83	10.26%	209.7	3.65%
卫生健康支出	1 772.99	10.17%	1 085.39	10.46%	565.66	9.86%
一般公共服务支出	1 889.53	10.84%	1 061.53	10.23%	497.36	8.67%
公共安全支出	1 428.11	8.19%	488.26	4.71%	273.71	4.77%

项目	广东省		河南省		贵州省	
	支出额（亿元）	占支出比重（%）	支出额（亿元）	占支出比重（%）	支出额（亿元）	占支出比重（%）
交通运输支出	652.43	3.74%	437.31	4.22%	341.5	5.95%
住房保障支出	543.33	3.12%	349.43	3.37%	183.65	3.20%
节能环保支出	517.76	2.97%	272.63	2.63%	146.15	2.55%
科学技术支出	955.73	5.48%	254.28	2.45%	113.19	1.97%
…	…	…	…	…	…	…
国防支出	16.81	0.10%	7.87	0.08%	3.89	0.07%
债务发行费用支出	1.03	0.01%	1.05	0.01%	1.05	0.02%
外交支出	0.06	0.000 3%	0	0.000 0%	0	0.000 0%

数据来源:《中国财政年鉴(2021)》。

(三)地方财政支出分层级分析

我国目前实行五级政府管理体制,政府支出实行"一级政府对应一级财政"的管理体制范式,其中除中央财政外,省级财政、市级财政、县级财政和乡级财政纳入地方财政管理。表4-5 显示了 2000—2020 年我国中央和地方财政支出的占比结构。

从表4-5 中可以看出,2000 年,全国财政支出额度为 15 886.50 亿元,其中中央财政支出 5 519.85 亿元,占比34.7%,地方财政支出 10 366.65 亿元,占比65.3%,到2020 年,全国财政支出额度为 245 679.03,其中中央财政支出 35 095.57 亿元,占比 14.3%,地方财政支出 210 583.46,占比也进一步提升到85.7%,从财政支出结构看,地方政府当之无愧是全国财政支出的重要主体,也反映了地方政府不断扩展的财政支出职能。

表 4-5　我国财政支出层级结构

年份	全国财政支出（亿元）	中央财政支出（亿元）	地方财政支出（亿元）	中央财政支出占比（%）	地方财政支出占比（%）
2000	15 886.50	5 519.85	10 366.65	34.7	65.3

续表

年份	全国财政支出（亿元）	中央财政支出（亿元）	地方财政支出（亿元）	中央财政支出占比（%）	地方财政支出占比（%）
2002	22 053.15	6 771.70	15 281.45	30.7	69.3
2004	28 486.89	7 894.08	20 592.81	27.7	72.3
2006	40 422.73	9 991.40	30 431.33	24.7	75.3
2008	62 592.66	13 344.17	49 248.49	21.3	78.7
2010	89 874.16	15 989.73	73 884.43	17.8	82.2
2012	125 952.97	18 764.63	107 188.34	14.9	85.1
2014	151 785.56	22 570.07	129 215.49	14.9	85.1
2016	187 755.21	27 403.85	160 351.36	14.6	85.4
2018	220 904.13	32 707.81	188 196.32	14.8	85.2
2020	245 679.03	35 095.57	210 583.46	14.3	85.7

数据来源：EPS 中国财政税收数据库。

以 2020 年浙江省财政支出为例，表 4-6 更为具体地给出了地方财政主要支出分级分项占比情况。从表 4-6 可以看出，2020 年浙江省财政支出总额约为 10 082.01 亿元，其中省级财政支出占比 6.708%，市级财政支出占比 21.167%，县级财政支出占比 62.113%，乡级财政支出占比 10.011%，县级和市级财政支出合计占省财政支出总额的 83.28%，承担了地方财政支出的绝大部分。

在浙江省财政支出中，教育财政支出额度最高，为 1 881.09 亿元，其中县级财政承担了总支出的 67.71%，市级财政承担了 15.89%，省级财政承担了 8.60%，乡级财政承担了 7.8%。省级财政支出占比最高的为金融支出和援助其他地区支出，其支出占比分别为 30.63% 和 23.34%，市级财政支出占比最高的三项分别为交通运输支出、金融支出和城乡社区支出，其占比分别为 33.28%、31.62%、29.93%，县级财政支出占比最高的为医疗卫生支出，其占比达到了 73.54%，而乡级财政支出占比较高的项目为农林水支出、一般公共服务支出和城乡社区事务支出，其占比分别为 25.60%、19.10% 和 14.41%。

表 4-6　2020 年浙江省财政主要支出分级分项占比情况

浙江省	财政支出（亿元）				占比（%）			
	省级	市级	县级	乡级	省级	市级	县级	乡级
一般公共服务支出	47.34	219.91	583.50	200.80	4.502%	20.913%	55.490%	19.096%
外交支出	0.00	0.00	0.00	0.00	0.000%	0.000%	0.000%	0.000%
国防支出	1.16	2.03	5.53	0.60	12.457%	21.768%	59.351%	6.423%

浙江省	财政支出（亿元）				占比（%）			
	省级	市级	县级	乡级	省级	市级	县级	乡级
公共安全支出	87.71	161.37	427.78	15.11	12.675%	23.321%	61.821%	2.183%
教育支出	161.83	298.98	1 273.64	146.64	8.603%	15.894%	67.708%	7.796%
科学技术支出	31.68	133.78	287.63	19.04	6.709%	28.335%	60.922%	4.034%
文化体育 与传媒支出	27.84	58.11	122.95	20.71	12.124%	25.309%	53.546%	9.021%
社会保障 和就业支出	65.40	225.85	764.45	74.31	5.788%	19.987%	67.650%	6.576%
医疗卫生支出	49.05	133.50	616.90	39.40	5.847%	15.914%	73.542%	4.697%
节能环保支出	4.01	48.74	142.68	25.16	1.817%	22.093%	64.683%	11.406%
城乡社区支出	1.16	305.77	567.51	147.23	0.113%	29.929%	55.548%	14.410%
农林水支出	51.44	71.82	445.84	195.79	6.725%	9.390%	58.287%	25.598%
交通运输	59.09	156.58	246.94	7.89	12.558%	33.279%	52.485%	1.677%
资源勘探 信息等支出	8.91	82.76	178.95	42.29	2.847%	26.449%	57.190%	13.515%
金融支出	16.10	16.62	18.29	1.54	30.630%	31.624%	34.811%	2.935%
援助其他 地区支出	9.21	9.69	20.49	0.07	23.340%	24.557%	51.926%	0.177%
住房保障支出	22.08	47.77	150.92	16.56	9.303%	20.129%	63.590%	6.977%
债务付息支出	8.86	46.45	161.54	2.20	4.045%	21.204%	73.748%	1.003%
本年支出 合计	676.34	2 134.08	6 262.25	1 009.34	6.708%	21.167%	62.113%	10.011%

资料来源：《浙江财政年鉴》，其中地级市直属乡镇数据未列出。

　　为清晰反映浙江省 2020 年地方财政收支概况，表 4-7 给出了浙江省地方财政收入分级分项目占比数据，从表 4-7 可以看出，2020 年浙江省全省财政税收总收入为 6 261.7 亿元，其中省级税收收入 139.01 亿元，市级税收收入 1 246.06 亿元，县级税收收入 3 114.11 亿元，乡级税收收入 1 762.56 亿元。浙江省全省非税收入总计 986.49 亿元，其中省级非税收入 155.69 亿元，市级非税收入 230.29 亿元，县级非税收入 563.51 亿元，乡级非税收入 37.01 亿元。浙江省全年收入合计 7 248.24 亿元，省级收入占比 4.066%，市级收入占比 20.368%，县级收入占比 50.738%，乡级收入占比 24.828%。从收支差额来看，2020 年，浙江省省级财政收支差额为-381.63 亿元，市级财政收支差额为-657.73 亿元，县级财政收支差额为-2 584.63 亿元,乡级财政收支差额为 790.23 亿元。总体来看,县级财政支出压力最大,市级财政压力次之,乡级财政支出压力最小。

表 4-7　2020 年浙江省财政收入分级分项目占比

浙江省	财政收入（亿元）				占比（%）			
	省级	市级	县级	乡级	省级	市级	县级	乡级
税收收入	139.01	1 246.06	3 114.11	1 762.56	2.220%	19.900%	49.732%	28.148%
增值税	64.77	408.83	986.70	856.86	2.795%	17.644%	42.582%	36.979%
企业所得税	66.00	213.40	574.44	291.17	5.764%	18.638%	50.169%	25.429%
个人所得税	4.21	70.82	280.66	113.10	0.898%	15.107%	59.868%	24.127%
资源税	0.00	0.36	3.42	9.06	0.000%	2.769%	26.625%	70.607%
城市维护建设税	1.41	92.81	153.14	109.38	0.396%	26.015%	42.927%	30.662%
房产税	1.07	40.60	107.51	84.94	0.456%	17.343%	45.921%	36.279%
印花税	0.90	23.22	46.18	32.44	0.878%	22.604%	44.944%	31.573%
城镇土地使用税	0.09	16.20	36.02	58.24	0.077%	14.651%	32.586%	52.686%
土地增值税	0.00	66.61	330.71	118.27	0.000%	12.920%	64.142%	22.938%
车船税	0.00	9.86	44.75	5.61	0.000%	16.378%	74.313%	9.310%
耕地占用税	0.00	9.83	74.32	9.16	0.000%	10.538%	79.641%	9.821%
契税	0.00	292.81	471.96	73.39	0.000%	34.935%	56.309%	8.756%
烟叶税	0.00	0.00	0.01	0.00	0.000%	0.000%	100.000%	0.000%
环境保护税	0.56	0.41	1.51	0.86	16.789%	12.378%	45.077%	25.756%
其他税收收入	0.00	0.29	2.79	0.08	0.152%	9.060%	88.274%	2.514%
非税收入	155.69	230.29	563.51	37.01	15.782%	23.344%	57.122%	3.752%

资料来源:《浙江财政年鉴》,其中地级市直属乡镇数据未列出。

（四）地方财政支出结构优化

地方财政支出结构反映了地方政府工作职能的重心和方向,在经济发展的动态演进以及外部环境客观冲击下,地方财政也应做出相应的动态优化和调整,以更好地满足其资源配置、收入分配和经济稳定职能。早在 2020 年,即"十三五"规划的收官之年,习近平总书记在中央经济工作会议上明确表示随着我国经济实力、科技实力、综合国力和人民生活水平跃上新的大台阶,积极的财政政策要大力提质增效,更加注重结构调整。这反映出中国在财政制度顶层设计层面更加注重根据现实经济发展阶段而对财政支出规模和结构做出优化调整。

美国作为发达国家的典型,其地方政府财政支出结构对我国地方财政支出结构优化具有一定的借鉴意义,表 4-8 给出了 2008—2018 年加利福尼亚州财政各分项支出占财政总支出的比例,从表中数据可以看出,在十个预算年度内,卫生与健康服务支出,基础教育支出,高等教育支出以及商业、消费者服务、住房和交通事项支出分别居于前四位,且仅卫生与健康服务支出和基础教育支出两项支出占比已超过 60%,高等教育以及商业、消费者服务、住房和交通事项支出两项之和占比约为 20%,财政支出结构明显偏向居民公共服务供给及商业服务等相关事项。

表 4-8　2008—2018 年加利福尼亚州财政各分项支出占财政总支出的比例

类别	2008—2009 年	2009—2010 年	2010—2011 年	2011—2012 年	2012—2013 年	2013—2014 年	2014—2015 年	2015—2016 年	2016—2017 年	2017—2018 年
立法、司法、行政	4.5	4.7	5.2	4.5	4.1	3.7	3.9	3.9	4.6	3.8
商业、消费者服务、住房和交通	10.6	9.9	11.7	11.1	9.3	10.2	7.6	7.7	7.6	7.2
自然资源	4.0	4.2	4.4	4.1	3.4	3.1	2.9	3.3	3.0	2.6
环境保护	1.1	1.1	1.2	1.2	1.0	1.8	2.0	2.0	2.0	1.6
卫生与健康服务	25.3	28.2	25.1	28.2	31.2	31.0	31.0	31.9	30.8	33.3
矫正与康复	7.3	7.3	6.8	7.2	7.8	7.6	7.7	7.7	7.8	7.7
基础教育(幼儿园到 12 年级)	31.0	30.2	31.0	29.6	28.6	28.2	29.5	29.3	30.1	29.2
高等教育	10.3	9.7	10.6	8.3	7.1	7.9	8.2	8.8	8.7	8.4
劳动力与劳动力发展	0.3	0.3	0.4	0.6	0.6	0.6	0.6	0.5	0.5	0.5
一般政府支出	5.5	4.3	3.7	5.3	7.0	5.8	5.9	4.2	4.9	5.6
合计	100	100	100	100	100	100	100	100	100	100

资料来源:宋生瑛.中美地方政府财政支出结构的比较研究[J].金陵科技学院学报(社会科学版),2020(3).

【专栏4-3】

地方政府存在投资冲动么? ——基于汽车产业投资的案例分析

近日,蔚来(安徽)控股有限公司宣布,已收到来自合肥市建设投资控股(集团)有限公司等投资者的第一期33亿元和第二期15亿元的现金投资,首期剩余的2亿元将根据约定付款时间由投资者在9月30日前支付。蔚来中国总部落户合肥已经落下实锤。继错失上海、北京等地的支持之后,合肥成为蔚来危机之际的金主。蔚来也成为当前融资困难之际为数不多通过地方政府缓解了资金难题的造车新势力。对比博郡、拜腾、赛麟等"失败案例",蔚来可以说是一名幸运儿。同时,合肥也成为这一轮竞赛中率先发力的城市。

与蔚来中国项目同时推进的还有大众对江淮的控股和入股国轩高科,其中合肥乃至安徽省政府都发挥了重要作用。安徽进一步加强了其在新能源汽车领域的投资和布局。

获得大众青睐的江淮汽车的拓展步伐也没有停止。日前,江淮汽车与亳州市政府在江淮汽车集团总部签署《江淮汽车中高端MPV项目投资协议》。根据协议,亳州市将在资金、政策、政府采购等方面,全力支持新项目落地,打造全系列、专业化的MPV生产基地,以稳定和增加就业,促进地方经济的发展。

威马汽车发布消息称,威马汽车与温州城发集团签署战略合作协议,双方将共同打造智慧城市,主要围绕5G智能驾驶产业、新基建等方向。此外,双方还将在V2X车路协同设施建设、智慧充电网络建设、智慧停车网络以及"车、位、桩"一体化管理平台等众多领域达成深度战略合作。按照官方协议,威马汽车与温州城发集团将共同建设智慧充电网络,这套网络基于直流高速充电技术打造,通过威马即客行、第三方充电桩平台实现数据互通,"车、位、桩"的一体化管理和运营,从而提升城市管理效率。此外,双方还将共同推进温州的V2X车路协同设施建设,加速落地温州城市应用场景的车辆调度、短程接送、园区摆渡车、Robotaxi等服务。温州正在通过威马加速发展地方汽车产业。

稍早之前,河南国投投资资本对绿驰汽车60%股份的收购表明河南也在通过投资造车新势力加速地方产业的发展。地方政府对汽车产业的热情并没有受到资本市场趋冷因素的过度影响。曹鹤表示,眼看着氢燃料电池汽车即将成为下一个地方政府争夺的焦点,甚至已经出现"过度热情"的问题。一位汽车行业资深管理专家就多次强调,目前,氢燃料电池汽车还未进入大规模市场推广的阶段,一定要警惕地方政府对氢燃料汽车发展的过度热情。

蔚来中国总部落户合肥已经落下实锤;江淮得到亳州市政府支持,发力高端MPV市场;威马与温州达成战略合作协议,共同打造智慧城市……当造车新势力集体"爆雷",地方政府对汽车产业的投资热情却并未衰减,反而有加速新一轮汽车产业竞赛的势头。为何地方政府对发展汽车产业热情不减?

资料来源:中国汽车报网,2020年。

第三节　中国地方财政支出的改革

一、中国地方政府财政支出改革历程

改革开放之前,我国实行高度集权的财政管理体制,地方政府缺乏做事的积极性和主动性。1978 年改革开放,财政作为支持经济改革的突破口,"包干制"财政体制有力地支持了地方经济改革和发展。1993 年,国务院发布《国务院关于实行分税制财政管理体制的决定》(国发〔1993〕85 号),决定从支出责任、收入权属、税收返还、转移支付、地方上解等原体制事项处理和其他配套改革等 6 个方面推进央地财政关系改革。分税制初步建立了央地公共财政管理体系的框架,在强化中央治理能力的同时,也极大地激发了地方的积极性。但是,省级以下地方财政权属责任和分配关系仍未做出明确规定。同时,随着经济社会的发展,1994 年分税制与推进财税改革和国家治理现代化要求相比,越来越不适应。

为筑牢现代财政制度的基础,国务院于 2016 年 8 月印发了《国务院关于推进中央与地方财政事权和支出责任划分改革的指导意见》(国发〔2016〕49 号),首次系统性提出从事权和支出责任划分即政府公共权力纵向配置角度推进财税体制改革。这是当前和今后一个时期科学、合理、规范划分各级政府提供基本公共服务职责的综合性、指导性和纲领性文件。

在遵循政府职能原则、受益对称原则、行政效率原则、权责利相统一原则、激发有为政府、财权和事权相统一六大原则的基础上,该指导意见明确了我国中央与地方财政事权和支出责任划分改革的主要内容,具体包括:

(一)推进中央与地方财政事权划分

1. 适度加强中央的财政事权

坚持基本公共服务的普惠性、保基本、均等化方向,加强中央在保障国家安全、维护全国统一市场、体现社会公平正义、推动区域协调发展等方面的财政事权。

2. 保障地方履行财政事权

加强地方政府公共服务、社会管理等职责。将直接面向基层、量大面广、与当地居民密切相关、由地方提供更方便有效的基本公共服务确定为地方的财政事权,赋予地方政府充分自主权,依法保障地方的财政事权履行,更好地满足地方基本公共服务需求。

3. 减少并规范中央与地方共同财政事权

逐步减少并规范中央与地方共同财政事权,并根据基本公共服务的受益范围、影响程度,按事权构成要素、实施环节,分解细化各级政府承担的职责,避免由于职责不清造成互相推诿。并逐步将义务教育、高等教育、科技研发、公共文化、基本养老保险、基本医疗和公共卫生、城乡居民基本医疗保险、就业、粮食安全、跨省(区、市)重大基础设施项目建设和环境保护与治理等体现中央战略意图、跨省(区、市)且具有地域管理信息优势的基本公共服务确定为中央与地方共同财政事权,并明确各承担主体的职责。

4. 建立财政事权划分动态调整机制

在条件成熟时,将全国范围内环境质量监测和对全国生态具有基础性、战略性作用的生态环境保护等基本公共服务,逐步上划为中央的财政事权。对新增及尚未明确划分的基本公共服务,要根据社会主义市场经济体制改革进展、经济社会发展需求以及各级政府财力增长情况,将应由市场或社会承担的事务交由市场主体或社会力量承担,将应由政府提供的基本公共服务统筹研究划分为中央财政事权、地方财政事权或中央与地方共同财政事权。

(二)完善中央与地方支出责任划分

1. 中央的财政事权由中央承担支出责任

属于中央的财政事权,应当由中央财政安排经费,中央各职能部门和直属机构不得要求地方安排配套资金。中央的财政事权如委托地方行使,要通过中央专项转移支付安排相应经费。

2. 地方的财政事权由地方承担支出责任

属于地方的财政事权原则上由地方通过自有财力安排。对地方政府履行财政事权、落实支出责任存在的收支缺口,除部分资本性支出通过依法发行政府性债券等方式安排外,主要通过上级政府给予的一般性转移支付弥补。地方的财政事权如委托中央机构行使,地方政府应负担相应经费。

3. 中央与地方共同财政事权区分情况划分支出责任

根据基本公共服务的属性,体现国民待遇和公民权利、涉及全国统一市场和要素自由流动的财政事权,如基本养老保险、基本公共卫生服务、义务教育等,可以研究制定全国统一标准,并由中央与地方按比例或以中央为主承担支出责任;对受益范围较广、信息相对复杂的财政事权,如跨省(区、市)重大基础设施项目建设、环境保护与治理、公共文化等,根据财政事权外溢程度,由中央和地方按比例或中央给予适当补助方式承担支出责任;对中央和地方有各自机构承担相应职责的财政事权,如科技研发、高等教育等,中央和地方各自承担相应支出责任;对中央承担监督管理、出台规划、制定标准等职责,地方承担具体执行等职责的财政事权,中央与地方各自承担相应支出责任。

(三)加快省以下财政事权和支出责任划分

省级政府要参照中央做法,结合当地实际,按照财政事权划分原则合理确定省以下政府间财政事权。将部分适宜由更高一级政府承担的基本公共服务职能上移,明确省级政府在保持区域内经济社会稳定、促进经济协调发展、推进区域内基本公共服务均等化等方面的职责。将有关居民生活、社会治安、城乡建设、公共设施管理等适宜由基层政府发挥信息、管理优势的基本公共服务职能下移,强化基层政府贯彻执行国家政策和上级政府政策的责任。省级政府要根据省以下财政事权划分、财政体制及基层政府财力状况,合理确定省以下各级政府的支出责任,避免将过多支出责任交给基层政府承担。

具体到目前,我国已在基本公共服务领域、医疗卫生、科技、教育和交通运输等诸多领域出台《中央和地方财政事权和支出责任划分改革方案》,中央和地方政府事权正在一步步规范化、法律化。

同时,为进一步建立健全科学的财税体制,优化资源配置、维护市场统一、促进社会公平、实现国家长治久安。2022 年 6 月,国务院印发了《关于进一步推进省以下财政体制改革工作的指导意见》,《意见》提出,进一步推进省以下财政体制改革要坚持统一领导、全面规范,因地制宜、激励相容,稳中求进、守正创新。《意见》明确了五个方面重点改革措施。一是清晰界定省以下财政事权和支出责任。合理划分省以下各级财政事权,明晰界定省以下各级财政支出责任。二是理顺省以下政府间收入关系。参照税种属性划分收入,规范收入分享方式,适度增强省级调控能力。三是完善省以下转移支付制度。厘清各类转移支付功能定位,优化转移支付结构,科学分配各类转移支付资金。四是建立健全省以下财政体制调整机制。建立财政事权和支出责任划分动态调整机制,稳步推进收入划分调整,加强各类转移支付动态管理。五是规范省以下财政管理。规范各类开发区财政管理体制,推进省直管县财政改革,做实县级"三保"保障机制,推动乡财县管工作提质增效,加强地方政府债务管理。《意见》有利于调动省级政府在财政领域作为的能动性,厘清省以下各级政府之间财权事权的错位矛盾。

具体到省级以下层面地方政府,中国地方政府也在逐步探索合理的财政支出责任合理框架,各省相继出台了一些法规和政策意见以明确和优化地方政府财政支出责任。如河南省 2017 年出台了《河南省人民政府关于推进省以下财政事权和支出责任划分改革的实施意见》(豫政〔2017〕37 号),以实现财政事权和支出责任在省以下各级政府间的科学、清晰、合理配置。2021 年 12 月,河南省办公厅进一步出台了《省与市县共同财政事权支出责任省级分担办法》,明晰省级财政与市级区域财政的支出责任主体地位。浙江、安徽、云南、山东、陕西等省份也均出台了相应的省以下财政事权和支出责任划分改革意见及实施方案。

二、中国地方政府财政支出改革不足

在推进财政分权和建立现代财政管理体制的路途上,虽然我国中央与地方,以及地方不同层级政府财政已然进行了诸多的改革和实践,但是距离建立完整而明晰的现代地方财政管理体制还存在着一定的距离,问题主要表现在以下层面:

(一)财政支出结构相对固化

由于过去多年财政收入高速增长带来支出粗放增长,制度惯性叠加机构预算最大化冲动导致财政支出结构固化。财政支出主要用于保障政府运转和人员开支,财政支出缺乏调整和改革空间,固化原有支出格局;各部门预算分配相对固化,部门支出只增不减,支出结构缺乏科学调整机制。财政支出结构相对固化,进一步增大了财政收支压力,影响财政治理作用的发挥。财政支出结构优化和调整面临部门利益等既得利益约束。

（二）债务负担过重

地方债是为地方政府解困的手段而非经济的启动剂。经济的增长随着房地产泡沫的破裂走上了债务经济的道路，即靠借债来发展经济。目前地方政府的卖地收入在减少，债务还在增加，构成中国区域经济增长中的潜在"灰犀牛"。

（三）土地财政依赖

一段时间以来，地方政府过分依赖土地收入，不仅带来了城市规模的无序扩张和土地资源浪费，而且引发了房地产价格暴涨，地方经济结构畸形发展，也带来了地方政府负债居高不下，债务风险不断攀升。"土地财政"收入模式不仅不可持续，而且已成为今后发展的障碍。

（四）税式支出缺少预算管理，财政支出管理覆盖面仍需提升

目前，大部分税式支出未纳入预算管理，影响了预算整体性。税式支出与地方一般性财政支出、财政部门和税务部分之间都缺乏通盘考虑，税式支出效果也尚未建立科学合理的绩效评价体系，难以促进税式支出政策持续改进。

（五）财政支出效率提升面临较大挑战

政府主导的以投资为主体的拉动经济发展模式的效率正在下滑，既不可持续，未来的投入成本也会越来越高。当政府驱动占用过多资源时会挤出市场主导投资，市场主导投资占比下降及政府投资上升会导致经济整体效率下降，使中国实现高增长目标更加困难，并进一步要求政府公共投资来刺激，导致恶性循环。

（六）财政决策缺乏社会组织参与，降低决策质量效率及政策受益感

中国地方财政支出政策很多都带有浓厚的行政命令色彩，政府主导，企业或者居民等微观主体参与感不强，因而在一定程度上导致政策无法有效对接企业或居民需求或痛点，降低政策获得感和受益感。

三、中国地方政府财政支出改革方向

（一）清晰界定省以下财政事权与支出责任

清晰合理的财政事权与支出责任划分是深化财税体制改革、建立现代财政制度的重点与难点。目前，省以下财政事权与支出责任的划分仅体现在医疗卫生、教育等领域，且多为总体性要求与原则性的规定，划分的合理性与规范性还有待进一步提升。清晰界定省以下财政事权与支出责任，应坚持中央和地方分税制的基本框架，遵循体现基本公共服务受益范围，兼顾政府职能和行政效率，激励地方政府主动作为等健全政府间财政关系的基本原则，充分调动地方政府的积极性，着力形成激励约束相容、权责匹配内洽的机制。

（二）理顺省以下政府间收入关系

政府间收入关系的合理划分是履行支出责任的基本保障,也是推进财政体制改革的必然要求。近年来,省以下政府间收入关系改革明显滞后于财政事权与支出责任划分改革,政府间收入关系的不规范与不稳定以及与支出责任之间的错配划分在很大程度上制约了基层政府的治理能力。鉴于此,充分考虑政府间收入划分与支出责任划分的内在逻辑性,理顺省以下政府间收入关系,建立合理有效的收入划分机制,契合财政体制改革纵深推进的客观要求,对于完善现代财政制度大有裨益。

（三）完善省以下转移支付制度

首先,加强制度设计,结合财政事权与支出责任、政府间收入划分,完善省以下转移支付体系,增强财政体制改革整体性与系统性。其次,优化省以下转移支付结构。加强省以下一般转移支付特别是均衡性转移支付力度,建立省以下均衡性转移支付规模合理增长机制,加大对财力薄弱地区的支持力度,健全转移支付定期评估机制,推动资金向革命老区、民族地区、边疆地区、欠发达地区,以及担负国家安全、生态保护、粮食和重要农产品生产等职责的重要功能区域倾斜,促进区域协调发展。最后,完善县级财政转移支付,加大对县域财力倾斜和支持力度,保障县域政府履行职能的财力需求。

（四）防范化解地方政府债务风险

一方面,按照属地原则和管理权限压实地方各级政府风险防控责任,深入推进债务规范化管理。在坚持债务限额与偿债能力匹配的前提下,明确举债和风险防控责任,坚持"谁家的孩子谁抱"原则,并严格落实"举债必问效、无效必问责"的债务资金绩效管理机制,激励地方政府承担起债务责任主体和管理主体的责任。另一方面,完善防范化解隐性债务风险长效机制,坚决遏制隐性债务增量,稳妥化解隐性债务存量。

【专栏4-4】

民生仍是财政支出"重头戏",从财政支出力度感受惠民温度

财政资金取之于民、用之于民

2021年,全国教育支出3.76万亿元,比上年增长3.5%;社会保障和就业支出3.39万亿元,比上年增长4%;卫生健康支出1.92万亿元;中央财政安排衔接推进乡村振兴补助资金1 561亿元……2021年,"真金白银"保障多项关乎百姓利益的政策落地见效。

"财政部始终坚持以人民为中心的发展思想,统筹人民需要和财力可能,持续加强基础性、普惠性、兜底性民生建设。"刘昆说。

财政直达资金发挥"一竿子插到底"的优势,坐上"直通车",直接惠企利民。2021年,中央财政共下达直达资金预算指标2.8万亿元,实际支出2.67万亿元。

资金精准滴灌效果明显,用于养老、义务教育、基本医疗、基本住房等基本民生方面的支出近2万亿元,直接用于就业方面的支出超过510亿元,相关直接惠企支出累计超过6 000

亿元,惠及各类市场主体 166 万余家。

"今年,我们将认真总结已有的经验做法,进一步扩大直达资金范围,完善直达资金管理制度,强化资金监管,确保直达资金规范安全高效使用,更好服务经济社会发展大局。"许宏才说。

财政支出保障重点 政策发力更加靠前

科技攻关、生态环保……围绕经济社会发展重点领域,财政支出精准发力,力度不断加强,推动构建新发展格局迈出新步伐。

"2021 年,全国科学技术支出 0.97 万亿元,同比增长 7.2%,有力支持集成电路、新能源汽车等产业发展和关键核心技术攻关。"刘昆说,另一方面,创新完善政策机制,改革完善中央财政科研经费管理,出台新的税费优惠政策,启动"专精特新"中小企业奖补政策,支持实行"揭榜挂帅"机制等,激发科研人员和企业创新创造活力。

生态环境保护方面,2021 年全国财政生态环保投入 8 210 亿元,出台支持长江全流域建立横向生态保护补偿机制的实施方案,强化税收在生态环境方面的调控作用,完善政府绿色采购政策。

地方政府专项债券是积极财政政策的一大重要工具。许宏才表示,当前,我国经济面临新的下行压力,这就要求财政政策发力适当靠前。

据介绍,财政部已在去年底向各地提前下达了 2022 年新增专项债务限额 1.46 万亿元。今年 1 月,地方已组织发行了新增专项债券 4 844 亿元,全部用于交通、市政、产业园区基础设施、保障性安居工程等重点领域。

"下一步,我们将指导督促地方加快资金使用进度,尽快形成实物工作量,更好发挥对经济的有效拉动作用。"许宏才说。

资料来源:新华网,2022 年。

核心概念:地方财政支出　购买性支出　转移性支出　地方政府性基金预算支出　地方社会保障支出　地方政府投资

复习思考题

(1)地方财政支出规模的衡量指标有哪几类?

(2)地方政府投资的最有边界在哪儿?

(3)地方政府投资为什么重要?

(4)试述我国中央和地方政府在财政支出责任间的划分。

(5)试述改革开放以来,中国地方财政支出的改革历程。

第五章
财政支出绩效概述

【学习目标】

使学生掌握财政支出绩效评价的主要内容,学习我国的财政支出绩效评价体系。

【重点与难点】

重点是学习财政支出绩效评价的概念、内容和流程。难点是了解我国地方财政支出绩效评价的运用范畴,掌握我国地方政府财政支出绩效评价的特点。

在相当长的一段时间内,我国财政管理存在"重收入、轻支出""重分配,轻管理"的倾向,忽视了资金分配效果、资金使用效率以及产出结果监督和考核,造成资源配置的低效率。随着财政改革的日益深入和拓展,通过推进部门预算、国库集中收付、收支两条线、政府采购、政府收支分类改革,财政实践中轻支出、轻管理的状况正在得到纠正。当前财政支出管理的重心转向怎么分配才能让绩效最大化,是我国财政管理改革面临的重大任务。

第一节　财政支出绩效概述

一、绩效与财政支出绩效的内涵

(一)绩效的内涵

从语义学上看,绩效是指"成绩,成效"。"成绩"是指"工作或学习的收获",它强调对工作或学习结果的主观评价;"成效"是指"功效或效果",它强调工作或学习所造成的客观后果和影响。绩效包括质和量两个方面,不仅要求数量指标,更重视质量品位,要求提升服务水平,保证服务质量。而且,绩效兼具客观和主观的因素,绩效首先是公共行为的客观效果,是一种客观存在,同时这种行为产生的效果大小必须要经过社会和公众的主观评价,这种评价又是一种主观感觉,具有主观性。绩效这一概念的运用,最早是在企业管理领域,后来又被引入到公共管理中,如今在学术界和实务领域已发展成为热门词汇。Murphy(1991)认为绩效是与一个人在其中工作的组织或单元的目标有关的一组行为。OECD(1994)认为绩效是实施一项活动的效率、经济性和效力,以及活动实施主体对预定活动过程的遵从度以及该项活动的公众满意程度。关于绩效的概念,不同的组织、不同的研究者给出的定义有所不同,但对绩效的核心认识还是比较一致的:即绩效是经济性、效率性和效果性的统一,即所谓"3E"原则。

1. 经济性(Economy)

经济性强调以最低费用取得一定质量的资源,支出是否节约。关注的主要问题是:是否采取有效措施,以最好的价格获得资源,在多大程度上合理使用这些资源,有无浪费,投入组合和工作组织方式是否采取了最佳方式。

2. 效率性(Efficiency)

效率性衡量的是投入成本和获得之间的相对情况,即是否在给定预期产出的情况下达到成本最少或者是否以一定的投入取得最大的产出。重点关注的是:工作组织方法是否合理,项目是否可以以另一种更合理的方式进行,以尽可能地降低成本,在部门分工和人员职责划分中是否存在不必要的重叠和冲突。

3. 效果性(Effectiveness)

效果性是财政支出预期目标的实现程度及实际影响。主要关注以下问题:政策目标的实现程度,以及使用者或受益者满意程度。

绩效评价要从被评价对象的过程、结果、行为、能力等多个层面综合考虑,同时还要结合活动成本投入和其最终产出,而选择上述经济、效率、效果三方面可以比较全面地衡量上述内容。在"3E"原则的基础上,还有学者提出"五原则"评价法,即加上公平和责任两个原则。第一,公平。把公平原则列入绩效评价中,它关心的主要问题在于"接受服务的团体或个人都受到公平的待遇,弱势群体是否能够享受到更多的服务"。因此,公平标准强调的是政府提供公共服务的平等性。第二,责任。责任标准强调的是公共组织在决策和执行过程中对公众的要求做出积极的回应,而不是以追求公共组织自身需要满足为目的。公共组织的回应是一个公共管理过程,在这一过程中制定公共服务政策要符合公众的利益。这五项原则相辅相成、共同构建了绩效评价的综合评价体系。

(二)财政支出绩效

财政支出绩效是对财政支出活动总体的描述与评价,即财政支出所达到的产出和结果,它全面反映了财政支出活动的经济性、效率性和效益性。但产出和结果这两个概念是不同的,应加以区别。

表 5-1　财政支出活动的产出和结果

财政支出项目	产出	结果
犯罪控制项目工作	巡逻时间 对求助电话的应答 犯罪调查 破案数量	减少犯罪的行为 减少犯罪导致的死亡 减少犯罪导致的财产破坏和损失
公路建设项目	项目设计 建成的公路里程 重建的公路里程	公路容量增加 提高车流量 减少旅程耗时
艾滋病预防工作	应答热线电话 测试艾滋病抗体的研讨会 治疗艾滋病患者 接待患者的咨询并进行指导	增加艾滋病相关的知识和治疗方法 减少危险的行为 减少 HIV 携带者 降低艾滋病的发病率和流行性 减少因艾滋病而死亡的人数 减少在 HIV 检测中呈阳性的婴儿的数量

　　财政支出的绩效应当体现在以下 4 个方面:一是财政支出预算安排的合理性。财政支出预算安排是整个财政支出活动的前端环节,财政支出预算安排必须有其合理性,这是财政支出活动能有效进行的前置条件。首先,财政支出预算安排要遵循地方财务系统运行规定,将财政资金运用到公共财政应当重点关注的项目和政策中,让财政支出落入到公共财政应当发展的事业范围内。其次,财务支出预算安排不仅要把握支出方向,还要控制支持力度,财政资金安排在各个项目和政策上应松弛有度,对于急需用钱的重点项目给予重点支持。此外,财政支出预算安排还要注重支出结构的合理性,不能顾此失彼。二是财政资金支出使用过程的合规性。在我国财政资金管理体系中,财政支出使用过程即财政预算支出的执行过程。执行过程的规范性就是按照规定的用途去使用财政预算资金,倘若出现支出项目或资金用途的变更和终止等情况,要及时按规定去调整预算或制止违规行为,保障财政支出的规范性。三是财政资金使用的效率性。它以支出使用环节为重点,考察支出活动的产出同所消耗的财力等要素的比较关系。四是财政支出结果的有效性。即财政支出在多大程度上达到了预期的政策目标。一般来说,财政支出的效益也要从不同领域的多个方面来体现,可以表现为经济效益和社会效益,也可以表现为近期效益和远期效益。

　　财政支出绩效从宏观上来看,包括经济绩效、社会绩效和政治绩效三个层面的含义。经济绩效的体现不仅在于财政支出可以支持经济长期有效发展,而且体现在财政支出结构上的优化。社会绩效是经济发展基础上的社会进步,主要体现在人民生活体验提高、公民基本保障改善,社会公共产品的供给数量和质量显著提高,就业、医疗、教育、治安、公民素养等社会要素的普遍改善等。政治绩效主要体现在制度安排和制度创新方面的改进,通过制度创新改进决策机制和决策成本,实现公平与效率的原则。

二、财政支出绩效评价的含义

对财政支出绩效评价的内涵的认识,一是"行为说",是指财政部门和预算部门(单位)根据设定的绩效目标,运用科学、合理的绩效评价指标、评价标准和评价方法,对财政支出的经济性、效率性和效益性进行客观、公正的评价。各级财政部门和各预算部门(单位)是绩效评价的主体。这里的预算部门(单位)是指与财政部门有预算上缴或拨款关系的国家机关、政党组织、事业单位、社会团体和其他独立核算的法人组织。二是"制度说",认为财政支出绩效评价就是依据一些指标体系,借助于一定的分析工具,对财政支出的效果进行分析和评价的制度。总的来看,财政支出绩效评价是面向政府支出的全流程的一种管理思路,也是一种管理手段,更是一种提升管理绩效的有效工具。它与财政监督、绩效预算的区别在于:

(一)绩效评价与财政监督

绩效考核和财务的管理工作两者息息相关,同时又有不同之处。财政监督指国家财政部门在财务管理活动中,根据有关法令要求对中央国家机关、企事业组织及其他机构的财务收支情况及其他相关情况所实施的审计、稽核和监督管理的行为。财政监督的适用范围十分宽泛,涵盖了对预算、税收、国有资产、公司财务会计管理和预算外经费等领域的监管。监督管理的工作重心主要放在财政投入的合法性和安全上面,主要强调了对财务资金分配与使用过程中违规违纪行为的监管、矫正、处罚的震慑效果,却并没有关注这笔资金使用分配的经济、质量、效率等问题。而资金绩效考核,绩效评价不再仅仅是要重视资金的"用对"问题,更要强调资金的"用足、用好"问题如何。

(二)绩效评价与绩效预算

绩效预算是一种与传统预算相区别的预算模式,主张政府预算安排要与政府中长期战略安排相匹配,以预期目标为前提,并根据目标测量成本效率安排预算的方案、其核心是政府财政支出效率的评价,具体来说就是把资源分配的增加与绩效的提高紧密结合的预算系统。绩效预算将绩效管理引入到政府预算管理系统中,使得在后续的评价政府行为可以从量和质两个方面进行分析,以考核政府的职能实现程度和财政效率,是绩效预算得以实施的主要工具和载体。绩效预算中政府绩效评价体系的目标、结构、评价指标、评价标准的确定,同时也为财政支出绩效评价提供了测定依据。

三、财政支出绩效评价与社会经济组织绩效评价的区别

政府财政部门和社会经济组织与对其支出进行绩效评价,但两者之间在绩效评价上存在许多差别。

(一)两者衡量效益的标准不同

由于社会经济组织从事生产经营活动的目的是盈利,因此在进行效益分析时,衡量某项支出是否有效益,其标准很简单,就是经济效益。只要该项支出带来的收益大于其所花费的

成本,就视为有效益,收益比成本大得越多,效益越高;而在财政支出效益分析中,衡量效益的标准就没有那么简单了。由于政府职能的范围非常广泛,财政支出的内容相应地非常丰富。不同的财政支出项目使用方向不同,其所获得的效益也不一样,有些支出项目有直接的经济效益,而有些支出项目却只有社会效益,还有些支出项目既有一定的经济效益,又有一定的社会效益。因此,在财政支出效益分析中,衡量某项支出是否有效益,其标准是双重的,既要考虑支出的经济效益,又要考虑支出的社会效益,而且当经济效益与社会效益发生冲突时,财政支出应坚持社会效益优先、兼顾经济效益的原则。

(二)计算"所得"与"所费"的范围不同

社会经济组织在进行效益分析时,只计算自身的各项成本费用与收益,不考虑其他人为之付出的成本费用及从中获取的利益。而财政支出效益分析则不仅要计算自身的成本费用与收益,而且必须将外部性等因素考虑在内,站在全社会的高度来核算各项支出的成本效益。

(三)择优的标准不同

社会经济组织在进行效益分析、确定某项支出是否应该进行时,其择优标准很简单,即自身经济利益最大化;而财政的择优标准却不是自身经济利益最大化,而是社会整体利益的最大化。因此有些支出项目,就财政自身而言效益很差,甚至是赔本的,但由于其给社会带来的社会效益或经济效益很大,财政仍然要安排该项支出。

四、财政支出绩效评价的方式和主要内容

(一)财政支出绩效评价的方式

绩效评价分为单位自评、部门评价和财政评价三种方式。

1. 单位自评

单位自评是指预算部门组织部门本级和所属单位对预算批复的项目绩效目标完成情况进行自我评价。

2. 部门评价

部门评价是指预算部门根据相关要求,运用科学、合理的绩效评价指标、评价标准和方法,对本部门的项目组织开展的绩效评价。

3. 财政评价

财政评价是财政部门对预算部门的项目组织开展的绩效评价。

(二)财政支出绩效评价的内容

1. 财政支出项目和政策绩效评价

主体通常是财政部门、审计部门、项目实施单位及其主管部门,评价对象是财政支出项

目和政策的效益。其特点是涵盖内容多、不同评价对象间差异大、评价标准多样化、评价效应不确定性强。为此对财政支出项目和财政支出政策进行绩效评价,对于合理安排经费、谋定长期有效财政政策、提高资金使用效率有着举足轻重的地位。

2. 单位财政支出绩效评价

主体通常是财政部门、审计部门和主管部门,评价对象是主管部门所属二级和基层预算单位的财政支出效益。单位财政支出绩效评价是部门财政支出绩效评价的基础,单位作为财政部门预算管理的基层单位,其支出效益直接反映为财政支出的总体效益,因此是财政部门预算管理的重要内容之一。

3. 部门财政支出绩效评价的主体及对象

部门财政支出绩效评价的主体通常是各级人民代表大会、政府、财政部门和审计部门,评价对象是各个政府部门(使用财政经费的一级预算单位)的财政支出效益。部门财政支出绩效评价是财政支出综合绩效评价的基础。

4. 财政支出综合绩效评价

主体通常是各级人民代表大会、政府监督机构、财政政策研究机构等,评价对象是财政支出的整体效益,是部门财政支出效益的综合反映。综合绩效评价对象具有整体性,其范围可以是整个国家的财政支出,也可以是某一区域内发生的财政支出。根据我国财政管理级次可将财政支出综合绩效评价进一步划分为国家财政支出效益综合评价、中央财政支出综合绩效评价、地区(又分为省、市、县、乡四级)财政支出综合绩效评价。

五、财政支出绩效评价的指标体系、标准及方法

(一)财政支出绩效评价的指标体系

对于绩效评价指标的设计,可以从两个层面上来展开。一是根据评价对象的适用性来进行设计,这可以分为共性指标和个性指标。共性指标主要是指在实施绩效评价时,每一个评价对象都要采用的通用指标。具体包括衡量预算执行情况、资产管理状况、财务管理状况方面的指标,以及衡量绩效目标完成程度的财政支出社会效益、经济效益等方面的指标。个性指标是指在实施绩效评价时,针对每一个评价对象的特点和目标,通过了解、收集相关资料、信息,来专门设计的有针对性的绩效评价目标。二是根据绩效评价的目标和全过程方面来进行设计,这可以分为初始指标和终极指标。初始指标可以具体细化为投入类、过程类、产出类以及效果类等几个方面的指标。投入类指标是指政府部门在提供公共产品和服务时所投入的人力、物力、财力等各种指标,反映和衡量是政府投入资源的多少;过程类指标是指在财政支出过程中质量控制和执行预算计划的程度等指标,反映和衡量的是财政支出活动是否符合规定;产出类指标是指公共产品和服务的数量或完成的工作量等指标,反映和衡量的是财政支出的产出状况如何;结果类指标是财政支出所达到预期目标程度的指标,反映和衡量的是财政支出的结果与社会公众的预期相符合程度的大小。终极指标也可以具体细化为经济类、效率类以及效果类等几个方面的指标。经济性指标主要用于反映和衡量财政支

出项目是否实现了成本最小化，这需要通过投入类指标和过程类指标的相互比较，并依据相应的标准得出。效率类指标主要用于反映和衡量既定的财政资金投入是否获得了满足社会公共需要的最大产出，这需要通过投入类指标和产出类指标相互比较得出。效果类指标主要用于反映和衡量财政支出项目的产出结果满足和实现社会公众的需求、偏好和价值观程度的大小。根据《项目支出绩效评价管理办法》（财预〔2020〕10号），财政部结合我国的实际情况，针对项目支出，设计了4个一级指标、9个二级指标、17个三级指标，形成了较为完善和具体的项目支出的绩效评价指标框架，具体见表5-2。

表 5-2 项目支出绩效评价指标体系框架

一级指标	二级指标	三级指标	指标解释	指标说明
决策	项目立项	立项依据充分性	项目立项是否符合法律法规、相关政策、发展规划以及部门职责，用以反映和考核项目立项依据情况。	评价要点： ①项目立项是否符合国家法律法规、国民经济发展规划和相关政策； ②项目立项是否符合行业发展规划和政策要求； ③项目立项是否与部门职责范围相符，属于部门履职所需； ④项目是否属于公共财政支持范围，是否符合中央、地方事权支出责任划分原则； ⑤项目是否与相关部门同类项目或部门内部相关项目重复。
	绩效目标	立项程序规范性	项目申请、设立过程是否符合相关要求，用以反映和考核项目立项的规范情况。	评价要点： ①项目是否按照规定的程序申请设立； ②审批文件、材料是否符合相关要求； ③事前是否已经过必要的可行性研究、专家论证、风险评估、绩效评估、集体决策。
		绩效目标合理性	项目所设定的绩效目标是否依据充分，是否符合客观实际，用以反映和考核项目绩效目标与项目实施的相符情况。	评价要点： （如未设定预算绩效目标，也可考核其他工作任务目标） ①项目是否有绩效目标； ②项目绩效目标与实际工作内容是否具有相关性； ③项目预期产出效益和效果是否符合正常的业绩水平； ④是否与预算确定的项目投资额或资金量相匹配。

续表

一级指标	二级指标	三级指标	指标解释	指标说明
决策	绩效目标	绩效指标明确性	依据绩效目标设定的绩效指标是否清晰、细化、可衡量等，用以反映和考核项目绩效目标的明细化情况。	评价要点： ①是否将项目绩效目标细化分解为具体的绩效指标； ②是否通过清晰、可衡量的指标值予以体现； ③是否与项目目标任务数或计划数相对应。
	资金投入	预算编制科学性	项目预算编制是否经过科学论证、有明确标准，资金额度与年度目标是否相适应，用以反映和考核项目预算编制的科学性、合理性情况。	评价要点： ①预算编制是否经过科学论证； ②预算内容与项目内容是否匹配； ③预算额度测算依据是否充分，是否按照标准编制； ④预算确定的项目投资额或资金量是否与工作任务相匹配。
		资金分配合理性	项目预算资金分配是否有测算依据，与补助单位或地方实际是否相适应，用以反映和考核项目预算资金分配的科学性、合理性情况。	评价要点： ①预算资金分配依据是否充分； ②资金分配额度是否合理，与项目单位或地方实际是否相适应。
过程	资金管理	资金到位率	实际到位资金与预算资金的比率，用以反映和考核资金落实情况对项目实施的总体保障程度。	资金到位率 =（实际到位资金/预算资金）×100%。 实际到位资金：一定时期（本年度或项目期）内落实到具体项目的资金。 预算资金：一定时期（本年度或项目期）内预算安排到具体项目的资金。
		预算执行率	项目预算资金是否按照计划执行，用以反映或考核项目预算执行情况。	预算执行率 =（实际支出资金/实际到位资金）×100%。 实际支出资金：一定时期（本年度或项目期）内项目实际拨付的资金。

一级指标	二级指标	三级指标	指标解释	指标说明
过程	资金管理	资金使用合规性	项目资金使用是否符合相关的财务管理制度规定,用以反映和考核项目资金的规范运行情况。	评价要点: ①是否符合国家财经法规和财务管理制度以及有关专项资金管理办法的规定; ②资金的拨付是否有完整的审批程序和手续; ③是否符合项目预算批复或合同规定的用途; ④是否存在截留、挤占、挪用、虚列支出等情况。
	组织实施	管理制度健全性	项目实施单位的财务和业务管理制度是否健全,用以反映和考核财务和业务管理制度对项目顺利实施的保障情况。	评价要点: ①是否已制定或具有相应的财务和业务管理制度; ②财务和业务管理制度是否合法、合规、完整。
		制度执行有效性	项目实施是否符合相关管理规定,用以反映和考核相关管理制度的有效执行情况。	评价要点: ①是否遵守相关法律法规和相关管理规定; ②项目调整及支出调整手续是否完备; ③项目合同书、验收报告、技术鉴定等资料是否齐全并及时归档; ④项目实施的人员条件、场地设备、信息支撑等是否落实到位。
产出	产出数量	实际完成率	项目实施的实际产出数与计划产出数的比率,用以反映和考核项目产出数量目标的实现程度。	实际完成率=(实际产出数/计划产出数)×100%。 实际产出数:一定时期(本年度或项目期)内项目实际产出的产品或提供的服务数量。 计划产出数:项目绩效目标确定的在一定时期(本年度或项目期)内计划产出的产品或提供的服务数量。

续表

一级指标	二级指标	三级指标	指标解释	指标说明
产出	产出质量	质量达标率	项目完成的质量达标产出数与实际产出数的比率,用以反映和考核项目产出质量目标的实现程度。	质量达标率=(质量达标产出数/实际产出数)×100%。 质量达标产出数:一定时期(本年度或项目期)内实际达到既定质量标准的产品或服务数量。既定质量标准是指项目实施单位设立绩效目标时依据计划标准、行业标准、历史标准或其他标准而设定的绩效指标值。
	产出时效	完成及时性	项目实际完成时间与计划完成时间的比较,用以反映和考核项目产出时效目标的实现程度。	实际完成时间:项目实施单位完成该项目实际所耗用的时间。 计划完成时间:按照项目实施计划或相关规定完成该项目所需的时间。
	产出成本	成本节约率	完成项目计划工作目标的实际节约成本与计划成本的比率,用以反映和考核项目的成本节约程度。	成本节约率=〔(计划成本−实际成本)/计划成本〕×100%。 实际成本:项目实施单位如期、保质、保量完成既定工作目标实际所耗费的支出。 计划成本:项目实施单位为完成工作目标计划安排的支出,一般以项目预算为参考。
效益	项目效益	实施效益	项目实施所产生的效益。	项目实施所产生的社会效益、经济效益、生态效益、可持续影响等。可根据项目实际情况有选择地设置和细化。
		满意度	社会公众或服务对象对项目实施效果的满意程度。	社会公众或服务对象是指因该项目实施而受到影响的部门(单位)、群体或个人。一般采取社会调查的方式。

(二)财政支出绩效评价标准

财政支出绩效评价标准是在所掌握信息数据的情况下,根据财政支出绩效评价的对象的特征,对财政支出绩效评价指标进行分析并用于衡量财政支出绩效目标完成度的尺度,是评价工作的基本准绳和标尺,是最后进行评价计分的依据,它决定了评价目标能否实现以及评价结果是否公平准确。支出绩效评价标准的取向和设定影响到最终的支出绩效评价结果,评价标准的设立和取向在财政支出绩效评价中有着重要地位,同时是建设我国财政支出绩效评价体系的重要步骤。在科学、合理的指标体系下,绩效评价标准不但要注重本身的合理性、规范性、科学性,还要兼顾到评价对象的整体特征,使得绩效评价科学、规范的同时能准确反映评价对象的整体情况。

　　财政支出绩效评价标准按可计量性分为定量标准和定性标准,定量标准和定性标准根据标准的取值基础不同,又分为行业标准、计划标准、经验标准和历史标准 4 种类型;按时效性可分为当期标准和历史标准;按标准形成的方法可分为测算标准和经验标准;按区域可分为国际标准和国内标准。此外,还可以分为政府标准、社会公众标准及民间机构标准等。

(三)财政支出绩效评价的方法

　　1. 成本—效益比较法

　　针对财政支出确定的目标,在目标效益额相同的情况下,对支出项目中发生的各种正常开支、额外开支和特殊费用等进行比较,以最小成本取得最大效益为优。成本—效益比较法主要适用于效益是经济的、有形的、可以用货币衡量的支出项目。

　　2. 目标预定与实施效果比较法

　　通过比较财政支出所产生的实际结果与预定的目标,分析完成(或未完成)目标的因素,从而评价财政支出绩效。

　　3. 最低成本法

　　在某项公共支出不易观测或计算其效益大小的情况下,可采取比较多个功能和目的相近的方案,评价和选择成本最低的方案。在无法取得有关项目的预期收益时,分析比较项目的投入,费用或成本最低即为最优。

　　4. 因素分析法

　　通过列举分析所有影响收益及成本的内外因素,综合分析评价的方法。这种方法注重考察财政支出项目的直接费用与间接费用,将各种费用因素尽量列举出来,并同时将各种可能的直接收益和间接收益列举出来,进行综合分析。因素分析法的关键在于权重的分配,即如何通过合理配比使得整个评价过程客观全面,并且符合不同项目的实施特点。

　　5. 历史动态比较法

　　将历史上各时期的公共支出按一定原则和类别分类排列,分析比较,确定公共支出效率变化的情况。

　　6. 横向比较法

　　将相同或近似的支出项目通过比较其在不同地区间的实施执行情况来分析判断支出的绩效。

　　7. 专家评议与问卷调查法

　　通过若干相关领域的专家对财政支出绩效进行分析,同时,设计不同的调查问卷,发给一定数量人员填写,最后汇总分析各方意见进行评价判断。

第二节 财政支出绩效评价流程

一、事前绩效评价

事前评价是指根据相关的法律、法规、通行标准等,从项目自身、经济发展、社会进步角度出发,对实施项目的必要性、实施条件、社会需求、技术条件、经济效益、社会效益和环境影响等方面进行综合考核和评价,从而分析研究项目是否可行的过程。事前评价目的是审查项目立项的可行性,为决策提供建议,解决"做正确的事"的问题。预算管理中的事前绩效评价体现在预算编制阶段的预算绩效目标管理中。

(一)绩效目标的设定

设定绩效目标的依据,首先要与本单位的战略目标做到有机结合,本单位的战略目标是绩效目标设定的基础。应根据本单位战略目标的阶段性特征,具体分解到每个预算年度中去,在此基础上提出本单位的年度绩效目标,从而确保绩效目标的设定与本单位在当前阶段的战略目标保持一致。其次设定绩效目标要采取统一性和灵活性相结合的方式。各单位的绩效目标总体上应该具有可比性,应具有共性绩效目标;但与此同时由于不同的单位承担着不同的职能和工作任务,战略目标肯定也存在着比较大的区别,因此绩效目标的设定也要体现出单位的个性特征。

绩效目标的内容,从产出的角度看,包括单位提供公共物品的数量、质量和成本;从效果的角度看,包括财政支出所产生的经济效益、社会效益、生态效益以及社会公众的满意程度等。绩效目标的具体设定情况见表5-3。

(二)对绩效目标进行审核

审核主要内容是:设定的绩效目标是否明确、清晰;绩效目标与部门职能的关系,是否设计了与绩效目标相关联的绩效指标;绩效目标是否科学,制定的绩效目标是否过高或过低,为实现绩效目标所制定的措施可操作性如何。绩效目标审核的方式,对于一般项目,由财政部门按照常规程序进行审核,重大项目要组织各方面专家进行评审。

(三)绩效目标的批复

在部门预算编制的"二下"阶段,绩效目标要同时批复给预算部门,预算部门再将绩效目标批复给所属的预算单位。

表 5-3　绩效目标设定表

项目绩效目标	长期目标		年度目标		
	一级指标	二级指标	指标内容	指标值	备注
长期绩效指标	产出指标	数量指标			
		质量指标			
		时效指标			
		成本指标			
		……			
	效益指标	经济效益指标			
		社会效益指标			
		环境效益指标			
		可持续影响指标			
		……			
	服务对象满意度指标	具体指标			
	……				

续表

项目绩效目标	长期目标		年度目标		
	一级指标	二级指标	指标内容	指标值	备注
年度绩效指标	产出指标	数量指标			
		质量指标			
		时效指标			
		成本指标			
		……			
	效益指标	经济效益指标			
		社会效益指标			
		环境效益指标			
		可持续影响指标			
		……			
	服务对象满意度指标	具体指标			
	……				
其他说明的问题					

二、事中绩效评价

预算绩效管理的事中绩效评价体现在预算执行阶段的绩效跟踪监控管理中。

绩效运行跟踪监控管理是对绩效目标的预期实现程度开展的控制和管理活动。绩效运行跟踪监控管理的主要内容包括:一是绩效目标完成情况。具体包括:预算单位公共服务的预期完成程度及趋势;预算支出带来效果的预期实现程度及趋势;社会公众满意度预期实现程度及趋势;实现绩效目标所需要的人力、物力、财力等资源的配置和完成情况。二是实施情况。包括工作的实际开展情况,实施计划的实际进展情况等。三是资金情况。包括资金的到位率、资金使用的合规性、财务监控的有效性等。绩效监控主要有预算部门自行监控和财政部门重点监控两种方式。各预算部门应将预算运行跟踪的现状向财政部门及时报送,根据绩效运行的情况,财政部门要及时向预算部门反馈意见,提出相应的调整建议,确保预算执行工作的规范性、科学性和有效性。

三、事后绩效评价

(一)绩效评价实施

绩效评价实施是对各预算部门和单位支出情况进行的客观、公正的评价,是整个预算绩效管理的核心工作。绩效评价实施具体包括的内容是:确定绩效评价内容;选择绩效评价方法;设计绩效评价指标;撰写绩效评价报告。关于绩效评价方法和绩效评价指标已经在上文进行了说明,此处不再赘述。

1. 确定绩效评价内容

绩效评价的内容包括绩效目标的设定情况,资金投入和使用情况,绩效目标的实现程度及效果,为实现绩效目标所采取的措施等内容。

2. 撰写绩效评价报告

绩效评价报告要保持客观公正,实事求是地反映预算单位或项目绩效目标的实现程度,形成准确的评价结果。内容包括:实际绩效与绩效目标之间的比较分析,预算支出后完成任务的情况是否达到绩效目标,是否产生了社会公众所需要的社会效益以及公共需要的满足程度;对年度绩效评价结果进行诊断分析并对绩效目标没有实现的原因进行解释说明;对于被认为不合实际或不可行的未完成目标的项目或行动提出相应的对策及建议。

(二)绩效评价结果应用

强化绩效评价结果的应用,是财政支出绩效评价工作能够取得成效的关键环节。如果缺乏对"结果负责",就有可能使整个绩效评价工作流于形式。各部门应按要求将部门评价结果报送本级财政部门,评价结果作为本部门安排预算、完善政策和改进管理的重要依据;财政评价结果作为安排政府预算、完善政策和改进管理的重要依据。原则上,对评价等级为优、良的,根据情况予以支持;对评价等级为中、差的,要完善政策、改进管理,根据情况核减预算。对不进行整改或整改不到位的,根据情况相应调减预算或整改到位后再予安排。

第三节　地方财政支出绩效评价改革

一、中国财政支出绩效评价改革历程

我国财政支出绩效评价改革发端于 2003 年,改革历程可以分为两个阶段。

第一个阶段是萌芽探索和试点推进阶段。2003 年,党的十六届三中全会提出"建立预算绩效评价体系",预算绩效管理改革也正式提上议事日程,同年财政部也选取了少量项目开展绩效评价试点工作。但在地方政府层面整体上处于低位徘徊期,推进预算绩效管理工作的力度不大,只有少数省份开展了试点工作。2004 年广东省财政厅设立绩效评价处,围绕专项资金开展绩效评价。2005 年浙江省出台了《浙江省财政支出绩效评价实施意见》(浙财绩效字〔2006〕2 号),提出了以项目评价为重点,组织方式上采取项目单位自评和主管部门及财政部门组织评价相结合。2008 年上海市闵行区引入美国项目评级工具(PART),正式开展绩效评价工作。2009 年,财政部出台了《财政支出绩效评价管理暂行办法》,对绩效评价的原则、依据、指标、方法、具体报告内容及结果应用进行明确规范,地方各级政府的绩效管理工作有了高层次的新依据和范本。此后,预算绩效相关的地方政策也陆续被各个省份推出。总的来看,这一阶段出台的预算绩效管理的相关政策以财政支出绩效评价为主,侧重于事后评价;内容上是粗线条的宏观指导,缺乏明确细化的业务指导规范。但各级政府和各预算部门追求绩效的理念初步形成,为预算绩效管理改革的全面推进奠定了理念植入和制度及技术构建的前期基础。

第二个阶段是全面推进阶段。2011 年至今,我国预算绩效管理工作进入全面推进的新阶段。在中央层面,预算绩效管理的相关机构开始逐步设立。2011 年 3 月,国务院成立由监察部牵头的政府绩效管理工作部际联席会议,负责组织和指导政府绩效管理工作。与此同时财政部也专门设立相关机构,负责组织和指导全国预算绩效管理工作。同年 4 月,财政部第一次全国预算绩效管理工作会议召开,提出了全面推进预算绩效管理工作的目标,即建立覆盖所有财政性资金,贯穿预算管理全过程的具有中国特色的预算绩效管理体系。同年 7 月,财政部《关于推进预算绩效管理的指导意见》出台,提出要建立"预算编制有目标、预算执行有监控、预算完成有评价、评价结果有反馈、反馈结果有应用"的预算绩效管理机制。该文件的出台,标志着我国预算绩效管理由过去单纯强调事后的绩效评价向全过程的预算绩效管理转变。2014 年,新修订的《预算法》首次将绩效写入法律,使得预算绩效管理有法可依。2018 年,中共中央、国务院颁布《中共中央国务院关于全面实施预算绩效管理的意见》,对全面实施预算绩效管理进行顶层设计,预算绩效管理从政府、部门、单位、政策和项目全方位推进;从预算绩效目标、绩效运行监控、绩效评价和结果运用全过程展开;构建全覆盖的预算绩效管理体系。该文件的出台,规范了预算绩效管理流程和绩效标准体系,绩效管理科学性和规范性得到强化,对政府的激励和问责效用进一步加强,预算绩效管理制度进一步健全。地方政府预算绩效管理的推进节奏与中央层面预算绩效管理重大政策出台时间保持一致。2011 年,各省份全部实施预算绩效管理,特别是 2018 年以后各个省份快速响应中央政府关于预算绩效管理的决策部署,密集出台了相关政策措施,全面实施预算绩效管理在各地方政府迅速铺开。

【专栏 5-1】

政府决算中的绩效评价信息公开

2021 年的中央部门决算与往年相比较,绩效信息公开范围更广、力度更大,项目绩效自评结果、重点项目绩效评价报告公开数量继续增加,并首次对国有资本经营预算绩效评价情况进行说明。财政部有关负责人介绍,2021年随同中央决算向全国人大常委会报送的项目绩效自评表的数量增长到586个,比上年增加93个。财政部聚焦科技、文化等重点领域,对72个项目开展财政重点绩效评价,涉及资金1.3万亿元,项目数量和资金规模大幅增加。同时,首次将中央本级基建投资项目、中央本级国有资本经营预算项目、地方政府专项债券项目等纳入评价范围,新增工业和信息化部、生态环境部、农业农村部等部门开展整体支出绩效评价试点。今年财政部选择36个重点项目绩效评价报告,随同2021年中央决算报告提交全国人大常委会参阅,报告数量比上年增加7个,涉及资金6 000多亿元。根据《国务院关于2021年中央决算的报告》要求,将对绩效评价较低的项目和考核结果较差的部门,在安排2022年预算时按照一定幅度分档压减,同时推动解决存在的问题,形成评价、反馈、整改、提升的良性循环。

有关专家认为,经过连续多年向社会公开,中央部门决算公开已经形成了一套完整的制度性要求。从发展趋势看,中央部门决算公开的内容更为细化,越来越有针对性,是增强财政透明度,构建规范透明预算制度的重要环节,也将为地方部门决算公开起到良好的示范作用。增加决算公开内容,扩大绩效评价信息公开范围,能更加充分地展示预算资金的产出和效果,及时反映积极财政政策的执行情况,有利于促使各部门重视财政资金使用绩效,助力当前稳增长政策落地见效。

二、我国地方政府财政支出绩效评价改革的实践情况

(一)总体情况

1.组织机构逐步健全

为切实推动财政支出绩效评价工作开展,目前累计33个省份、40多个地市、200多个县成立了绩效管理专门机构,绩效管理人员力量不断充实,为开展绩效评价工作奠定了坚实的基础。

2.规章制度不断完善

围绕着部门整体支出、项目支出、投资基金、政府债务等领域,部分省份出台了绩效管理办法。上海市分别出台了《上海市市级预算部门(单位)整体支出绩效管理办法》和《上海市项目支出预算绩效管理办法》,广东、河南、天津、江苏、浙江围绕绩效运行监控出台了相关的制度规定,北京、浙江、青岛等出台了事前绩效评估办法,四川省出台了PPP投资基金绩效评价办法,陕西省出台了政府债务管理方面的绩效评价办法。这些规章制度明确规定了绩效评价的对象、范围、内容及工作程序,为顺利开展绩效评价工作提供了制度保障。

3.工作流程不断规范

财政支出绩效评价工作贯穿于预算管理的全流程,形成事前、事中、事后全过程的绩效管理的闭环系统,使部门战略规划、绩效目标与指标保持逻辑一致,确保部门战略规划、预算绩效目标及绩效指标、绩效结果的确认紧密结合起来,使之具有高度的相关性。保障预算资

金的使用与预算部门自身的职能相符合,使得预算部门工作重点聚焦于自身使命、持续性的服务改进。

(二)典型模式

1. 广东

广东省是地方政府推进财政支出绩效评价工作的破冰之地之一,2003 年开展财政支出绩效评价试点,2004 年设立了全国第一个省级财政支出绩效评价机构。广东财政支出绩效评价在不断探索取得了显著成效。

(1)强化制度建设。从综合性制度、专项管理办法和业务操作规范三个层面抓好制度建设,对财政支出绩效评价工作的开展起到了规范性作用。

(2)构建多维度绩效指标体系。指标体系的设计的特色在于:一是体现了事前和事后评价相结合,两套指标体系各有侧重,又相互呼应。二是体现了主观和客观评价相结合,既有主观的评价标准,又有客观的评价标准,能综合反映项目的整体情况。三是体现了绩效提升和规范管理相结合。既突出了评价项目的绩效目标是否明确,又包含了大量的关于合规性和制度基础要求的绩效目标。

(3)注重绩效管理信息系统建设。实现了事前评估、绩效目标、绩效监控、绩效评价和绩效管理结果应用的在线申报、在线审核、在线跟踪、在线反馈和在线查询;实现了绩效指标库的入库、调整、退库等动态管理;实现了对第三方机构邀请通知、申报意向、选择确定、匹配项目、工作进展、反馈问题、提供结果的全过程跟踪管理。

2. 北京

北京市以事前绩效评价为引领,以全成本预算绩效管理为基石,走在了地方政府财政支出绩效评价改革的前沿。

(1)优化事前绩效评价工作。一是构建定量化绩效评价指标体系。从立项可行性、投入经济性、绩效目标合理性、实施方案可行性、筹资合规性 5 个维度设计绩效评价体系。二是强化多方参与机制。邀请人大代表、专家、第三方机构参与绩效评价全过程,强化社会监督,推进科学民主决策。三是优化工作程序,明确绩效评价准备阶段、实施阶段、总结及应用阶段的工作重点。

(2)实施全成本预算绩效管理。成本在整个过程中被监管和控制,实现了"预算编制核成本、预算执行控成本、预算评价考成本"的全流程绩效管理机制。在预算编制阶段,以事前绩效评价为依据,在项目立项时就注重合理控制项目成本,注重增强项目产出效益,在前端实现项目投入成本量化;在预算执行阶段,对预算执行进度和项目绩效目标完成情况实行"双监控",及时发现项目执行中出现的问题和偏差,督促有关单位及时纠正,保障高效按期实现绩效目标;在项目决算阶段,预算部门严格依据设定的绩效目标对项目资金使用情况进行成本效益分析,实行绩效评价结果与政策调整以及预算安排"双挂钩"。

3. 上海闵行区

上海闵行区财政局在预算管理中引入 PART 指标体系,用于预算编制和项目事后评价环节。PART(Program Assessment Rating Tool),即"项目评级工具",是美国总统预算与管理办公室自 2003 年起推出的一种有利于在确定预算时更好地考虑项目绩效的评价方法。大体做法是:由 4 个部分近 30 个问题组成指标体系,回答时,每一个问题均采用"是/否"形式,并附简短说明;每个问题均有一定权重,通过计算总体得分,将评价结果分为 5 个等级:有效、基本有效、将近有效、无效和成效未知。

在预算编制环节,所有预算单位都要根据 PART 指标表进行自评。在自评基础上,财政部门组织专家评审。在事后评价环节,设置的 PART 指标体系分为共性指标和个性指标。评价结果等级分为优、良、中、差、绩效无法显示五个等级,按综合得分的高低确定。评价工作实行自评与重点评价相结合,预算单位必须按规定开展自评,财政和主管部门每年选取部分项目进行重点评价。

4. 河南鹤壁

为促进部门绩效管理提质增效,鹤壁市财政局印发了《鹤壁市市直部门预算绩效管理工作考核办法(试行)》,推行部门整体预算绩效管理。根据部门"三定"规定和工作职责,围绕预算投入与管理、产出与效果、社会评价、加减分四大类一级指标,科学提炼最能体现履职尽职效果的核心指标,形成部门整体支出绩效评价指标体系。绩效评价指标体系全部采用定量化指标、公式化评分,将每条指标细化到指标内容、计算公式、指标权重、指标解释、统计口径、数据来源、评分方式、评分规则。统一绩效评价标准,对不同绩效评价指标固定数据来源途径,保证其客观性;对共性指标确定统一的指标来源,实现横向可比;对预算增加而职能不变的部门,构建反向调整公式,相应调减部门评价得分。

三、地方政府财政支出绩效评价改革存在的问题及改革对策

(一)地方政府财政支出绩效评价改革存在的问题

1. 事前绩效评价阶段

(1)绩效目标设置内生化

目前,我国预算绩效目标的设置权虽然一定程度上受到财政部门的限制,但预算部门在绩效目标的设置上仍拥有较大的自由度。其合理性在于预算部门对各项支出情况最为了解,按照申请资金和设定目标相对应的原则也能够激发预算部门对结果和产出负责的观念。其弊端在于预算部门从其自身利益出发,绩效目标的设置过于随意,科学性和有效性难以得到保证,最终影响到财政资金的优化配置。其具体表现是:一是绝大多数绩效目标都存在目标设置不明确、不具体,与预算部门职能相关度低,与预算项目的匹配度偏低。有些绩效目标的设置既适用于部门整体,又适用于某个项目;既适用于 A 部门,又适用于 B 部门;既适用于过去,又适用于未来。这样的绩效目标可以概括为三无目标:无项目特色,无部门特征,无时效特点。这就导致设置的绩效目标既不具备实现保障预算部门规划与国家发展战略相匹配的指导意义,也无约束和引导按照公共政策优先次序配置公共资源的实际功能,更无助于事后绩效评价工作的有效开展。二是设置的绩效目标细化量化程度不够。采取"大幅提高"

"较好实现""显著增强"诸如此类的定性类语言进行描述,而没有从数量、进度、幅度、效率、质量等方面对工作完成情况进行表述,无法体现量化客观的原则。三是设置的绩效目标过于随意和简单,目的是片面追求目标任务的轻松完成。

(2)绩效目标审核形式化

由于受到评价机构单一、审核时间较短以及指标体系不完善等因素的影响,绩效目标审核难以实现多部门、多维度的工作要求,导致绩效目标审核形式化的问题时有发生。人大对预算的监督审查取得了一定的成效,但其实质性作用还未得到充分的发挥,尤其是绩效目标缺少立法机构的有效审议。突出表现是:人大预算审查力量不足,财经委人员多为兼职,具备预算审查专业知识的人才较为缺乏。同时,对人大的预算审查职能重视程度不够,审议重点更多侧重收支平衡而非预算支出政策及其绩效目标的合理性上,再加上审议时间较短,就造成绩效目标审议程序性大于实质性,在一定程度上流于形式。

2. 事中绩效评价阶段

一是在理念上,对事中绩效监控的重视程度不够,注重结果导向而忽视了过程管理,造成预算执行和绩效监控两张皮的现象较为突出。预算执行中,只反映支出进度而不能看到绩效进展信息。对绩效目标是否偏离缺乏有效的监控机制。二是绩效监控以静态为主,往往依赖于线下检查,尚未构建全方位、全过程的常态化的绩效监控。三是事中绩效监控的反馈机制单一。仅仅是财政部门向主管部门的单向反馈,部门间绩效信息难以畅通,无法形成绩效监控各参与主体间的良性互动。四是尚未形成事中绩效监控的合力。突出表现是各级人大的绩效监控难以发挥实效,独立第三方的绩效监控力量培训还不到位。

3. 事后绩效评价阶段

激励相容机制不完善的突出问题是机制设计存在缺陷,正向激励机制相对单一孤立,负向惩戒机制也处于刚刚起步的阶段,尚未构建完善的绩效责任框架。首先,目前的预算绩效目标结果应用机制存在问题,不利于良好预期的形成。一般来说,不同的绩效评价结果应得到不同的反馈,从而体现激励作用。但现实情况是,绩效评价结果和预算安排的因果联系还不紧密,部分重点项目中的支出绩效评价结果无法达到预期标准,预算资金也很难削减。基于此,因为有政策保障,一些重点财政支出项目对奖惩激励不灵敏,与之相对应的是,一般项目的支出由于绩效管理的严格而对预算调整持以消极对待的态度,绩效激励的效果大打折扣。其次,绩效评价指标体系设计存在缺陷,难以保障激励预期的有效实现。现行的绩效评价指标体系缺乏时效性,现实指导意义不凸显。绩效评价指标更多是对静态的数据以及信息进行的评价,不能得到及时的反馈。部分虚假的信息会使评价结果失真。财政部颁布的有关绩效评价方案的指标设计更多的是在评价"绩效管理的落实情况"而非真正的资金绩效。评价体系的高分,并不意味着预算产出的效果是好的。基于成本收益的考虑,预算部门可能就会通过"文字功夫"回应财政部门的工作要求,而不会真正加强绩效管理,自然无法激励预算部门。

(二)改革对策

1. 强化顶层设计

一是完善组织架构。财政支出绩效评价涉及多个层次不同的主体,包括人大、财政部门、预算部门以及资金使用单位。管理权、组织权和实施权作为绩效管理的"三权"分散于各个主体之间。具体来说,财政部门是财政支出绩效评价的主要的组织和推动者,预算部门需要对绩效目标设置以及资金分配决策的科学性、公平性以及可行性负责,资金使用单位对资金使用的合规性以及完成绩效目标的情况负责。从我国现实国情出发,构建由人大主导、政府部门协同、第三方实施的财政支出绩效评价模式具有较强的可行性。因此,要改变实践中基本上还是财政部门唱"独角戏"的状态,在全面实施预算绩效管理的背景下,要建立财政部门、预算部门、人大等多部门参与的跨部门绩效管理机构,打通绩效管理整个环节。

二是完善法律法规。财政支出绩效评价改革是政府治理的根本性变革,多数国家预算绩效管理工作的实施都是在法律框架下进行的。例如美国出台的《政府绩效和成果法案》、新西兰出台的《财政责任法案》、澳大利亚出台的《预算诚实法案》等,都为本国的财政支出绩效评价改革工作的开展提供了法律规范。迄今为止,我国还未出台财政支出绩效评价改革领域的法律法规,主要是靠财政部门制定的规范性文件并且这些文件更多的都是一些原则性规定,造成中央和地方以及各地方之间在财政支出绩效评价改革方面存在着政策不一致的现象,无法做到协调一致。因此,应尽快推动财政支出绩效评价改革的立法。

2. 强化绩效目标管理

(1)科学设置绩效目标

科学设置预算绩效目标,明确了财政资金用到了什么地方,产出和效果是什么,判断实现该目标需要花费的最优成本。绩效目标设置是否科学规范直接影响事前绩效评估、绩效运行监控和绩效评价等工作的质量和效果。绩效目标的设计和论证,是有效解决当前预算编制随意性和人情分配的有效机制。绩效目标设置应遵循 SMART 规则,即明确的(Specific)、可度量的(Measurable)、有挑战性的(Ambitious)、现实的(Realistic)和有时间限制的(Time-Bound)。

政府作为非营利性公共组织,其最终目标并不追求经济效益,而在于实现战略目标,完成其社会职责与使命,实现社会整体利益的最大化。绩效管理是一个识别、测量和开发个人及组织绩效,并使其与组织战略目标保持一致的可持续过程。预算绩效管理通过引入战略规划,将政策、规划和预算有机结合起来。中期财政规划的目的之一在于保障公共资源能够按照国家战略的优先次序来进行配置,从而保证资源配置符合财政总体和长远目标的要求。其与预算绩效管理存在高度的相关性,均强调预算管理上的战略性和计划性,以结果为导向,控制支出规模。绩效目标设置的出发点是确定与目标达成相符合的资金需求,而准确进行绩效目标设置的前提是预算部门对职责履行、任务完成形成较为清晰和合理的预判,预算资金不仅要符合经济原则上的成本收益绩效,更要符合社会公众需求。绩效目标的设置本身还存在对中长期延续性的需求,因此如果考虑到预算项目支出普遍存在的跨年度属性,预算决策过程如果不能从中期角度对支出进行优先性排序,或者无法将当期预算决策与未来年度的支出需求紧密联系起来,其绩效目标的设定将是不尽如人意的。实际操作中,存在着长期绩效目标与指标设置采用将年度绩效目标与指标按 3 年或 5 年简单相加的做法,是非常不科学的。正确的做法应该是在设置预算绩效目标时,要充分体现中期财政规划和预算部门的战略规划,在此基础上确定中长期绩效目标,进而分解成年度目标,实现年度预算安排与本部门事业发展规划的有效匹配,确保预算资金能够有效履行部门职能。

从技术层面来说,预算绩效目标的设置要有适当的难度和较强的明确度。预算部门要综合考虑各种影响因素,使目标设置的难度与其面临的外部经济社会发展环境、职能转变、资源条件、自身业务能力相适应,力争目标的设置具有一定的挑战性,但同时也是符合实际和可接受的。预算绩效目标的设置要结合部门的工作职责具体明确,能够从数量、质量、效益、效果等方面实现可衡量性,这就需要更多地使用定量指标。在使用定性指标的场合,也需要特别注意保证指标的清晰度,尽量能够采用分级分档的描述方式。总之,绩效目标设置要突出每个预算部门和项目的个性和自身特点,避免目标设置的笼统性和趋同性。

(2)强化绩效目标审核管理

一是完善预算绩效目标审核制度。围绕预算绩效目标评审财政部门要专门制定管理制度,对绩效目标审核的规程、内容、标准等做出统一规定,在审核模式以及具体操作方面可以做出引导性规定,鼓励探索和创新。

二是实现预算绩效目标审核主体的多元化。改变单一财政部门审核绩效目标的做法,实现由财政部门组织,人大、审计、相关业务管理部门、第三方机构共同参与组成预算绩效目标评审组,强化绩效目标审核主体的代表性和权威性。应在财政部门明确专门机构和人员,具体负责绩效目标与预算编制的审查工作,从根本上增强预算编制的合理性、预算执行的规范性和追责问效的可追溯性。

三是切实增强预算绩效目标可行性审核的操作性。可行性审核是绩效目标审核的一个最大难点。实践中有些地方可行性审核的做法是采取集中会审的方式,首先由资金使用单位讲解和答辩,最后由评审组进行集中评议。这种方式虽然能够确保审核的科学性和权威性,但突出问题是审核的依据不充分,可操作性并不高。建议在审核中增加绩效说明的要求,以书面方式报告绩效目标设置的依据。具体内容包括论证资料,相关历史数据、保障措施等。评审组通过查阅上述绩效说明资料能够更深入了解相关情况,增强预算绩效目标可行性审核的操作性,避免审核的形式化。

(3)建立预算绩效目标实现程度与预算执行同步的跟踪制约机制

在预算执行过程中定期采集相关信息,对绩效目标的实现情况进行跟踪监控,采取有效措施对目标偏离的情况进行纠正。当绩效目标运行偏离较大时,预算相应也要暂缓执行,分析绩效目标运行与预算执行存在的问题并加以解决。当绩效目标发生调整时,预算也要根据需要同步做出调整。

3. 优化绩效结果反馈和运用机制

OECD 新绩效预算模式强调绩效信息与预算决策紧密联系,各国在实践中也致力于将两者进行挂钩。依据绩效信息对预算分配的影响程度的由强到弱依次可以分为绩效预算分为"完全影响型""参考型""报告陈述型"三种类型。其中,完全影响型是最理想的模式。但绩效信息与预算资金分配之间未必保持着强烈的因果关系,也不存在公平的或自动的一种挂钩方式。仅仅以绩效评价结果来决定财政资金的分配,也不能够保证一定是科学的做法。在实践中,绩效信息对各国预算分配决策的影响也十分有限。将绩效信息视作管理工具运用于预算协商过程,作为影响预算分配的一个考虑因素是多数国家的通行做法,停留在参考型甚至是"报告陈述型"的阶段。根据我国实际,在绩效结果运用时,应注重理性分析和政治考量之间的权衡,强调绩效信息在预算过程各环节的有效使用。构建完善的激励约束机制,充分发挥绩效信息的作用,并将此作为下一年度预算安排的重要依据,逐步实现绩效评价和预算编制、预算部门资金分配的有机结合,更好地落实绩效目标,推动政府部门改进工作。同时要避免预算拨款与绩效评价结果的机械挂钩,防止出现预算拨款决策背离政策重要性的高风险。

核心概念:绩效　财政支出绩效评价　绩效评价目标　绩效评价指标　评价标准

复习思考题

(1)试述财政支出绩效评价的原则。

(2)试述财政支出绩效评价的流程。

(3)财政支出绩效评价改革的难点是什么？你有什么建议？

第六章
地方财政收入

【学习目标】

使学生掌握地方财政收入的构成,能够分析规模与结构存在的问题,了解地方财源建设的途径。

【重点与难点】

重点学习地方财政收入的构成和地方财源建设。难点是了解地方财源建设的途径。

地方财政收入是地方政府履行职能的物质保障。某种程度上,地方财政收入的规模直接决定了地方财政支出、地方政府活动的范围和规模,从而对地方经济增长和社会发展有着重要的影响。尤其是近几年,为推动供给侧结构性改革,激发微观主体活力,我国实施大规模减税降费政策,对地方财政收入的规模和结构产生了直接的影响,以此也深刻影响地方经济的高质量发展。本章内容分为三节:第一节对地方财政收入的构成进行分析,构建对地方财政收入的整体认识;第二节运用公开的统计数据,分析我国地方财政收入的规模和结构问题;第三节了解我国地方财源建设的途径。

第一节　地方财政收入的构成

从我国地方财政收入实际情况来看,地方政府的收入有多种来源。按照《2018 年政府收支分类科目》功能分类,我国地方财政收入分为税收收入、社会保险基金收入、非税收入、贷款转贷回收本金收入、债务收入和转移性收入。从全口径的角度看,地方政府的所有收入分别纳入地方一般公共预算、地方政府性基金预算、地方社保基金预算和地方国有资本经营预算四本预算中。下面分别对税收收入、社会保险基金收入、非税收入、转移性收入等进行简要介绍。

一、税收收入

地方政府的税收收入包括两类:第一类是纯粹的地方税;第二类是共享税中分成归地方的收入。完全的地方税:城市维护建设税(不含铁道部门、各银行总行、各保险公司总公司集中交纳的部分)、房产税、城镇土地使用税、土地增值税、车船税、耕地占用税、契税、烟叶税、印花税(不包含证券交易印花税)、环境保护税、海洋石油资源税以外的其他资源税。共享税:增值税50%部分,纳入共享范围的企业所得税40%部分,个人所得税40%部分,证券交易印花税3%部分。具体构成见表6-1。

表6-1　地方政府税收收入构成

收入来源	分享比例(%)			备注
中央和地方共享收入	增值税	中央	50	2016年5月1日,我国开始全面实施"营改增",为保障地方政府财力,全面"营改增"后,中央调整了增值税的共享比例,实施中央和地方"五五分享"比例。《国务院关于印发全面推开营改增试点后调整中央与地方增值税收入划分过渡方案的通知》(国发〔2016〕26号)确定的2~3年过渡期到期后,继续保持增值税收入划分"五五分享"比例不变。《国务院关于印发实施更大规模减税降费后调整中央与地方收入划分改革推进方案的通知》(国发〔2019〕21号)第二条"主要改革措施"第(一)项规定,保持增值税"五五分享"比例稳定。
		地方	50	
	所得税	企业所得税 中央	60	除铁路运输、国家邮政、中国工商银行、中国农业银行、中国银行、中国建设银行、国家开发银行、中国农业发展银行、中国进出口银行以及中海油、中石油、中石化缴纳的所得税作为中央收入外,其他企业所得税和个人所得税收入由中央和地方按比例分享。
		企业所得税 地方	40	
		个人所得税 中央	60	
		个人所得税 地方	40	
	资源税	海洋石油资源税 中央	100	资源税按照不同的资源品种划分。海洋石油资源税作为中央收入,其他资源税作为地方收入。
		海洋石油资源税 地方	0	
		其他资源税 中央	0	
		其他资源税 地方	100	
地方固定收入	城市维护建设税	地方	100	不含铁道部门、各银行总行、各保险公司总公司集中交纳的部分。
	房产税、城镇土地使用税、土地增值税、车船税、耕地占用税、契税、烟叶税、印花税(不包含证券交易印花税)、环境保护税等。			

税收始终是各级政府的主要收入来源,对地方政府亦是。从理论上讲,首先,地方政府作为一级政府,其职能活动需要有稳定可靠、规范的财政收入来源,而税收是最恰当的形式;其次,地方政府作为地方公共权力的代表,有权向辖区内的居民和企业征税;最后,地方政府向其辖区内的个人和企业的生活和生产提供了公共产品和公共服务,根据成本和收益对称原则,有理由向辖区内的居民和企业征税。因此,税收作为地方政府财政收入的主要来源是应有之义。

从表6-2可知,第一,税收收入是地方财政收入的最主要以及最稳定的收入来源,2000—2020年,地方税收收入占地方财政收入的比重一直稳定在70%以上,尤其是2012年以前一直稳定在80%以上。第二,以2012年为分界线,地方财政收入中来自税收收入的比重呈不断下降的态势。2011年,经国务院批准,财政部、国家税务总局联合下发营业税改增值税试点方案。从2012年1月1日起,在上海交通运输业和部分现代服务业开展营业税改增值税试点,2016年3月18日召开的国务院常务会议决定,自2016年5月1日起,中国将全面推开营改增试点,将建筑业、房地产业、金融业、生活服务业全部纳入营改增试点,作为地方税主体税种的营业税退出了历史舞台。随着"营改增"改革的进行,地方税收收入占财政收入的比重在2016年达到了历史最低点,只占到74.2%。全面营改增后,为推动供给侧结构性改革、激发微观主体活力、促进经济高质量发展,我国继续实施了一系列大规模的减税降费政策,特别是深化增值税改革和修订个人所得税法,被视为税制改革的重大跨越,减税效果明显。据财政部数据统计,"十三五"期间新增减税降费累计超过7.6万亿元,规模空前。2020年全年新增减税降费超过2.5万亿元,全年组织税收收入(已扣除出口退税)13.68万亿元。由此可见,2012年以来地方税收收入占财政收入的下降也是政府为微观主体减轻税收负担的直接体现。

表6-2　地方税收收入与地方财政收入的比较(2000—2020年)

年份	地方财政收入 (亿元)	地方税收收入 (亿元)	地方税收收入 占财政收入比重(%)
2000	6 406.06	5 688.86	88.8
2002	8 515	7 406.16	87.0
2004	11 893.37	9 999.59	84.1
2006	18 303.58	15 233.58	83.2
2008	28 649.79	23 255.11	81.2
2010	40 613.04	32 701.49	80.5
2012	61 078.29	47 319.08	77.5
2014	75 876.58	59 139.91	77.9
2016	87 239.35	64 691.69	74.2
2018	97 903.38	75 954.79	77.6
2019	101 080.61	76 980.13	76.2

续表

年份	地方财政收入 （亿元）	地方税收收入 （亿元）	地方税收收入 占财政收入比重（%）
2020	100 143.16	74 668.06	74.6

注：地方财政收入为本级收入，不包括国内外债务。

资料来源：根据历年《中国统计年鉴》数据整理。

【专栏6-1】

减税降费

以习近平同志为核心的党中央统筹国内国际两个大局，注重宏观政策跨周期和逆周期调节，深入推进减税降费，有效助力市场主体缓解经营压力、增强创新动力、深挖发展潜力，成效显著。2022年，党中央、国务院又部署实施新的组合式税费支持政策，持续巩固和拓展减税降费成效，对进一步稳定市场主体预期、提振市场发展信心，服务"六稳""六保"大局、推动经济高质量发展具有重要意义。

近年来实施的减税降费政策，呈现三个明显特点：一是规模力度大。"十三五"期间新增减税降费累计超过7.6万亿元，2021年新增减税降费约1.1万亿元。二是优惠方式多。既有减税降费，又有缓税缓费；既有小微企业普惠性减税等政策性措施，又有降低增值税税率等制度性安排；既有中央统一实施的政策，又有"六税两费"减免等地方自主实施的措施。三是惠及范围广。减税降费既利企业又惠个人，既利经济又惠民生，各类市场主体、广大人民群众充分分享减负红利。实践证明，减税降费为稳定经济发展基本盘、推动经济高质量发展注入强劲动力、贡献积极力量。

2022年实施新的组合式税费支持政策，最大限度释放红利。实施的新的组合式税费支持政策呈现出规模性、连续性、精准性、组合式等特点。一是体量上突出规模性。2022年退税减税规模将达到2.5万亿元，其中留抵退税约1.5万亿元，规模之大前所未有，超出社会普遍预期，充分反映党中央、国务院的魄力和决心。超预期的政策安排将带来稳预期的战略性效果，对缓解企业当前困难和推动长远发展都具有重大意义。二是导向上突出连续性。近年来实施的减税降费政策，无论是规模还是幅度，中小微市场主体、制造业都是最主要的受益群体。实施新的组合式税费支持政策继续聚焦这一重点，保持政策的连续性和稳定性，并呈现出年年加力、步步扩围、层层递进的特点。三是方式上突出精准性。针对受疫情影响重、就业容量大的服务业等特殊困难行业，加大"保"的力度，实施暂停铁路和航空企业预缴增值税、免征公共交通运输服务增值税等政策，体现了对困难行业的"精准滴灌"。四是搭配上突出组合式。政策既有阶段性措施也有制度性安排，既有普惠性政策也有特定领域帮扶举措，既有退税也有减税、免税、缓税等多种支持方式，多种政策工具协同发力，提升政策效能。

2022年，税务部门将按照党中央、国务院决策部署，以更大决心、更实举措、更高标准落实好新的组合式税费支持政策，切实提高政策落实的针对性、实效性，确保该减的减到位、该免的免到位、该缓的缓到位、该退的退到位,让市场主体和人民群众有实实在在的获得感,更好服务经济社会高质量发展。

资料来源:《中国税务》2022 年第 5 期。

二、社会保险基金收入

社会保险是由政府举办的、主要由单位和职工缴费筹资的社会保障计划,其缴费收入是政府重要的财政收入。社会保险基金收入是一种强制性的专款专用的财政收入形式,其收入专项用于政府社会保险计划的开支。表6-3 显示了2005—2020 年社会保险基金的收入及累计结余情况。

从社会保险基金收入的规模看,2005 年社会保险基金收入为 6 975.2 亿元,社会保险基金累计结余 6 073.7 亿元,2020 年社会保险基金收入为 75 512.5 亿元,社会保险基金累计结余 94 378.7 元,2005—2020 年社会保险基金收入和社会保险基金累计结余总体在不断增加,这一点从表6-3 可以明显观察到。

从社会保险基金收入的结构看,社会保险基金由养老保险基金、失业保险基金、医疗保险基金、生育保险基金①构成。以 2020 年数据为例,养老保险基金收入占社会保险基金收入的 65.2%,失业保险基金收入占社会保险基金收入的1.3%,医疗保险基金收入占社会保险基金收入的33%,工伤保险基金收入占社会保险基金收入的 0.6%。可以看出,养老保险基金收入是社会保险基金收入中贡献率和规模最大的,其次是医疗保险和失业保险,最后是工伤保险,这一点从表6-3 也可以明显观察到。一方面,养老保险和医疗保险基金筹资渠道主要是财政补助,相对稳定,同时,国家近几年不断完善失业保险制度安排,其发展速度也呈现一定的上涨势头。另一方面,由于社会保险制度碎片化,工伤保险在一定程度上加大了社会保险基金收支压力,发展速度相对较为缓慢。当然,随着我国人口老龄化的加剧,养老保险基金收支压力不断加大,导致社会保险基金收支压力也不断增大。因此,社会保障部门应做好养老保险基金收支安排,积极进行养老保险基金储备,保证养老保险基金及时发放,这对维持社会保险制度有序运行和社会稳定具有重要的意义。

表 6-3　2005—2020 年社会保险基金收入及累计结余　　　　单位:亿元

年份	社会保险基金收入	基本养老保险基金收入	失业保险基金收入	医疗保险基金收入	工伤保险基金收入	生育保险基金收入	社会保险基金累计结余
2005	6 975.2	5 093.3	340.3	1 405.3	92.5	43.8	6 073.7
2006	8 643.2	6 309.8	402.4	1 747.1	121.8	62.1	8 255.9
2007	10 812.3	7 834.2	471.7	2 257.2	165.6	83.6	11 236.6
2008	13 696.1	9 740.2	585.1	3 040.4	216.7	113.7	15 225.6

---

① 2019 年 3 月 6 日,国务院办公厅印发《关于全面推进生育保险和职工基本医疗保险合并实施的意见》,决定全面推进生育保险和职工基本医疗保险合并实施,2019 年底前实现两项保险合并实施。

续表

年份	社会保险 基金收入	基本养老 保险基金收入	失业保险 基金收入	医疗保险 基金收入	工伤保险 基金收入	生育保险 基金收入	社会保险 基金累计 结余
2009	16 115.6	11 490.8	580.4	3 671.9	240.1	132.4	19 006.5
2010	19 276.1	13 419.5	649.8	4 308.9	284.9	159.6	23 407.5
2011	25 153.3	16 894.7	923.1	5 539.2	466.4	219.8	30 233.1
2012	30 738.8	20 001	1 138.9	6 938.7	526.7	304.2	38 106.6
2013	35 252.9	22 680.4	1 288.9	8 248.3	614.8	368.4	45 588.1
2014	39 827.7	25 309.7	1 379.8	9 687.2	694.8	446.1	52 462.3
2015	46 012.1	32 195.5	1 367.8	11 992.9	754.2	501.7	59 532.5
2016	53 562.7	37 990.8	1 228.9	13 084.3	736.9	521.9	66 349.7
2017	67 154.2	46 613.8	1 112.6	17 931.6	853.8	642.5	77 312.1
2018	79 254.7	55 005.3	1 171.1	21 384.2	913.0	781.1	89 775.5
2019	83 550.4	57 025.9	1 284.2	24 420.9	819.4		96 977.8
2020	75 512.5	49 228.6	951.5	24 846.1	486.3		94 378.7

注:①2007 年及以后城镇基本医疗保险基金中包括城镇职工基本医疗保险和城镇居民基本医疗保险;

②2019 年起,基本医疗保险基金包含生育保险基金;

③工伤保险累计结余中含储备金;

④2010 年及以后基本养老保险基金中包含城镇职工基本养老保险和城乡居民基本养老保险。

资料来源:《中国统计年鉴 2018》。

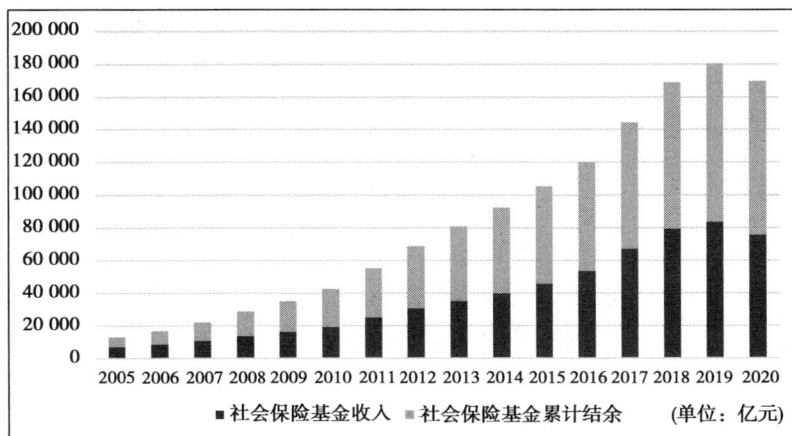

图 6-1 社会保险基金收入及累计结余(2005—2020 年)

资料来源:《中国统计年鉴 2021》。

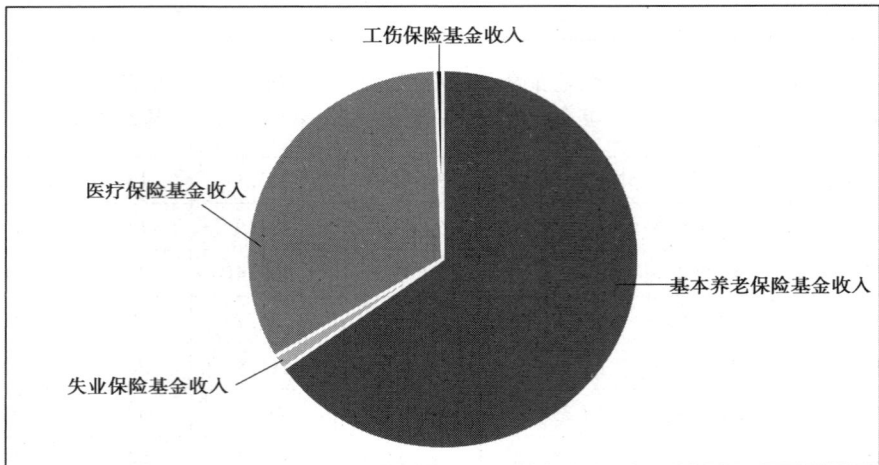

图 6-2 社会保险基金收入构成(2020 年)

资料来源:《中国统计年鉴 2021》。

三、非税收入

非税收入是指各级政府及其所属部门和单位依法利用行政权力、政府信誉、国家资源、国有资产或提供特定公共服务征收、收取、提取、募集的除税收和政府债务收入以外的财政收入。具体包括:政府性基金收入、专项收入、行政事业性收费收入、罚没收入、国有资本经营收入、国有资源(资产)有偿使用收入、捐赠收入、政府住房基金收入和其他收入。

(一)政府性基金收入

政府性基金收入是指各级政府及其所属部门根据法律、行政法规规定并经国务院或财政部批准,向公民、法人和其他组织征收的政府性基金,以及参照政府性基金管理或纳入基金预算,具有特定用途的财政资金。政府性基金收入主要是为了支持特定基础设施建设和社会事业发展,纳入政府性基金预算。

(二)专项收入

专项收入是纳入一般公共预算管理的有专项用途的非税收入。专项收入有着专门的用途。与地方政府相关的专项收入包括教育费附加收入、场外核应急准备收入、地方教育附加收入、文化事业建设费收入、残疾人就业保障金收入、教育资金收入、农田水利建设资金收入、育林基金收入、森林植被恢复费和水利建设专项收入。专项收入因其具有专门的用途,对体制改革、经济发展和社会稳定,对政府职责的履行等都有着不可替代的作用。

(三)罚没收入

罚没收入是执法机关依法收缴的罚款(罚金)、没收款、赃款和没收物资、赃物的变价款收入。罚没收入的目的不是为了增加政府收入,而是为了对违法违规的行为进行惩戒,维持良好的社会秩序。

（四）捐赠收入

捐赠收入是按《财政部关于加强非税收入管理的通知》（财综〔2004〕53号）规定的以政府名义接受的收入。包括：

（1）国外捐赠收入。反映来自外国政府和非政府机构的捐赠收入。

（2）国内捐赠收入。反映以各级政府、国家机关、实行公务员管理的事业单位、代行政府职能的社会团体以及其他组织名义接受的非定向捐赠货币收入，不包括定向捐赠货币收入、实物捐赠收入以及以不实行公务员管理的事业单位、不代行政府职能的社会团体、企业、个人或者其他民间组织名义接受的捐赠收入。

（五）政府住房基金收入

政府住房基金收入是按《住房公积金条例》等规定收取的收入。包括：

（1）上缴管理费用。住房公积金管理机构按照《住房公积金管理条例》规定，从住房公积金增值收益中上缴同级财政的管理费用。

（2）计提公共租赁住房资金。住房公积金管理机构从住房公积金增值收益中计提用于公共租赁住房的资金。

（3）公共租赁住房租金收入。按照《财政部国家发展改革委住房城乡建设部关于保障性安居工程资金使用管理有关问题的通知》规定取得的公共租赁住房收入。

（4）配套商业设置租售收入。政府投资建设廉租住房和公共租赁住房项目中配建的商业设施出租出售收入。

（5）其他政府住房基金收入，除上述项目以外的其他住房基金收入。

（六）行政事业性收费收入

行政事业性收费收入是指国家行政和事业单位为居民或团体提供特殊服务或实行行政管理时所收取的手续费和工本费，如居民身份证工本费、法院诉讼费、护照费、签证费、公证费、企业注册登记费、商标注册费、教师资格证工本费、学位证书工本费、普通话水平测试费、外语计算机等级考试证书工本费、婚姻登记证书工本费、银监会的机构监管费和业务监管费等。地方政府的费收入是地方政府提供准公共产品的部分补偿，因此，费收入也是地方政府的一项重要收入。世界上许多国家的政府财政收入中也都有费收入。当然，承认收费的必然性和合理性并不意味着现实经济生活中所有收费都是合理的。这就涉及收费标准的确定问题。理论上，可以从受益原则来鉴定一项收费的合理性，但实践中，如何来制定政府收费的合理标准呢，成本原则是一个重要原则。因为公共部门不能像私人部门那样追求利润目标，所以高于公共服务成本的收费就是不合理的。因此，政府性收费应尽量以成本为标准，服务项目不发生追加成本而设立收费项目或超越成本上限的收费就是"乱收费"行为。

表6-4显示了2010—2020年全国行政性事业收费和地方行政性事业收费，从规模上看，从2010年到2016年，全国行政性事业收费和地方行政性事业收费的绝对规模都在不断增

加,但从 2017 年开始,近几年来全国行政性事业收费和地方行政性事业收费的绝对规模在不断下降,也与近几年我国大规模减税降费政策有很大关系。再从地方行政性事业收费占全国行政性事业收费的占比来看,见表 6-4,从 2011 年开始,地方行政性事业收费占全国行政性事业收费的占比稳定在 90% 左右。由此可见,我国的行政事业性收费收入是地方政府的重要收入来源。行政事业性收费广泛存在于居民日常生活和企业生产经营中。过去由于财政缺口较大,行政事业性收费一度项目繁多、标准偏高。近年来随着财力的增强和政府公共服务职能的强化,2013 年以来,按照中央政府的统一部署,我国开始深入推进收费清理改革,取缔和停止执行没有依据、越权设立或擅自提高征收标准、扩大征收范围的收费,公布全国性、中央部门和单位及省级收费目录清单。财政部、国家发展改革委发布《关于清理规范一批行政事业性收费有关政策的通知》,自 2017 年 4 月 1 日起,取消或停征 41 项中央设立的行政事业性收费。经过持续清理规范,截至 2022 年 6 月 30 日,中央设立的行政事业性收费由 185 项减少至 50 项,减少幅度约 73%。其中,涉企收费由 106 项减少至 32 项,减少幅度约 70%;政府性基金由 30 项减少至 20 项,减少幅度约 33%。总体来看,政府性收费项目已大幅减少,企业缴费负担明显减轻。

表 6-4 全国和地方行政性事业收费收入(2010—2020)

年份	全国行政性事业收费(亿元)	地方行政性事业收费(亿元)
2010	2 996.39	2 600.37
2011	4 039.38	3 635.36
2012	4 579.54	4 202.34
2013	4 775.83	4 497.35
2014	5 206.00	4 840.37
2015	4 873.02	4 412.08
2016	4 896.01	4 416.50
2017	4 745.27	4 305.20
2018	3 925.45	3 520.89
2019	3 888.07	3 483.38
2020	3 838.65	3 419.43

资料来源:根据历年《中国统计年鉴》数据整理而得。

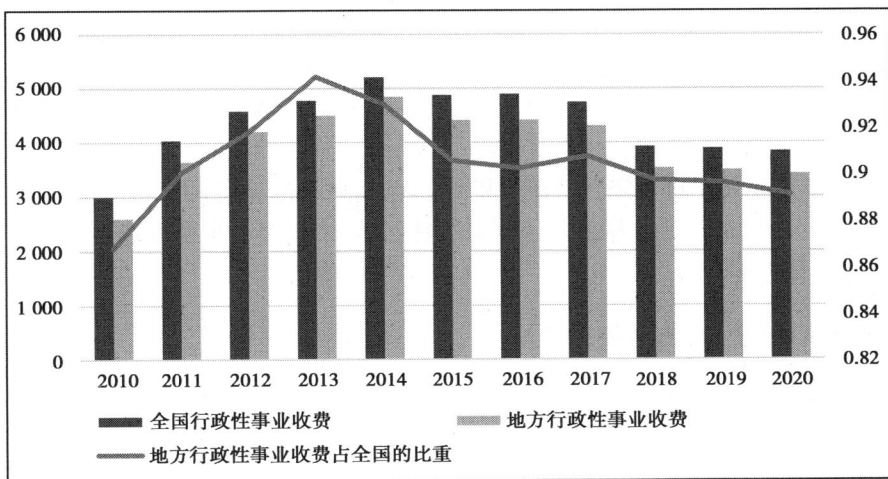

图 6-3　全国、地方行政性事业收费及地方行政性事业收费占全国的比重(2010—2020)

资料来源:根据历年《中国统计年鉴》数据整理而得。

【专栏6-2】

财政部:185 项行政事业性收费减至 50 项,减少幅度约 73%

2022 年 6 月 30 日,国新办举行国务院政策例行吹风会,邀请国家发改委、工信部、民政部、财政部等部门相关负责人出席介绍涉企违规收费专项整治行动有关情况,并答记者问。财政部税政司司长贾荣鄂在吹风会上介绍,2013 年以来,按照党中央、国务院决策部署,财政部会同有关部门综合采取清理、降标、规范、治乱等方式,取消、停征和减免了一大批行政事业性收费和政府性基金项目。

目前,中央设立的行政事业性收费由 185 项减少至 50 项,减少幅度约 73%。其中,涉企收费由 106 项减少至 32 项,减少幅度约 70%;政府性基金由 30 项减少至 20 项,减少幅度约 33%。

同时,财政部在门户网站公布了行政事业性收费、政府性基金目录清单“一张网”,并实时更新,方便社会公众查询、监督,实现“阳光收费”。

贾荣鄂表示,总的来看,一系列降费减负措施取得了较好的成效,在减轻市场主体负担、支持实体经济发展方面发挥了积极的作用。

(七)国有资本经营收入

国有资产按性质可以划分为 3 种。

(1)经营性国有资产,是指以保值为基础,以增值为目的,直接投入生产经营过程中的国有资产。经营性国有资产具有增值性的特点,即通过对经营性资产的运用,可创造出新的价值。

(2)非经营性国有资产,是指不直接投入生产经营过程,由国家机关、军队、社会团体、文化教育、学校和科研机构等行政事业单位占有使用的国有资产。非经营性国有资产具有非增值性的特点,即非经营性国有资产的占有使用不是为了自身价值的增值,而是为政府履行行政管理职能和社会管理职能提供物质基础。

(3)资源性国有资产,是指在人们现有的知识、科技水平条件下,对某种资源的开发,能带来一定经济价值的国有资源。

国有资本经营收入来自于经营性国有资产。根据财政部制定的《2018年政府收支分类科目》,国有资本经营收入反映各级人民政府及其部门、机构履行出资人职责的企业(即一级企业)上缴的国有资本收益。

(八)国有资源(资产)有偿使用收入

国有资源(资产)有偿使用收入来自于非经营性国有资产和资源性国有资产。根据《2018年政府收支分类科目》,国有资源(资产)有偿使用收入反映有偿转让国有资源(资产)使用费而取得的收入。

四、转移性收入

(一)转移性收入的构成

转移性收入是指政府间的转移支付以及不同性质资金之间的调拨收入。一般公共预算、政府性基金预算、国有资本经营预算和社会保险基金预算中都有转移性收入。

一般公共预算中的转移性收入包括以下款级科目。

(1)返还性收入。反映下级政府收到上级政府的税收返还收入。具体包括:增值税税收返还收入、消费税税收返还收入、所得税基数返还收入、成品油税费改革税收返还收入、增值税"五五分享"税收返还收入(反映实行增值税收入划分过渡方案后,下级政府收到的上级政府返还的增值税"五五分享"税收返还收入)。

(2)一般性转移支付收入。反映政府间一般性转移支付收入。

(3)专项转移支付收入。反映政府间专项转移支付收入。

(4)上解收入。反映上级政府收到下级政府的体制上解和专项上解收入。

(5)上年结余收入。反映各类资金的上年结余。

(6)调入资金。反映不同性质资金之间的调入收入。具体包括:调入预算稳定调节基金、从政府性基金预算调入一般公共预算、从国有资本经营预算调入一般公共预算。

(7)债务转贷收入。反映下级政府收到的上级政府转贷的债务收入。

(8)接受其他地区援助收入。反映受援方政府接受的可统筹使用的各类援助、捐赠等资金收入。

在分税制财政体制下,转移性收入对于弥补地方财力差额,平衡地方财政收支,增加地方财政收入具有重要作用。同时,中央财政也可以利用转移支付手段,实现自己的政策目标,如支持教育、医疗卫生、节能环保、社会保障等民生事业发展。

政府性基金预算中的转移性收入包括以下款级科目:政府性基金转移收入、上年结余收入、调入资金和债务转贷收入。

国有资本经营预算中的转移性收入包括以下款级科目:国有资本经营预算转移支付收入。

社会保险基金预算中的转移性收入包括以下款级科目:上年结余收入、社会保险基金上解下拨收入。

(二)转移性收入的规模

转移性收入是地方政府财政收入的重要来源,尤其是在分税制财政体制下,由于收入集中在中央,而支出分散在地方,转移性收入对于弥补纵向财政不平衡,平衡地方差异具有非常重要的作用。表6-5显示了2010—2020年地方一般公共预算收入、地方本级收入、地方转移性收入以及地方转移性收入占地方一般公共预算收入的比重、地方转移性收入占地方财政支出的比重。2010年,地方一般公共预算本级收入40 609.8亿元,中央对地方转移支付32 349.63亿元,地方一般公共预算收入72 959.43亿元;2015年,地方一般公共预算本级收入82 982.66亿元,中央对地方转移支付55 181亿元,地方一般公共预算收入138 163.66亿元;2021年,地方一般公共预算本级收入111 077.08亿元,中央对地方转移支付82 215.94亿元,地方一般公共预算收入193 293.02亿元。从绝对规模上来看,中央对地方转移支付是不断增加的。

表6-5　地方一般公共预算收入、地方本级收入及地方转移性收入(2010—2021)

年份	地方一般公共预算收入(亿元)	地方本级收入(亿元)	地方财政支出(亿元)	地方转移性收入		
				总量(亿元)	占地方一般公共预算收入比重(%)	占地方财政支出比重(%)
2010	72 959.43	40 609.8	73 884.43	32 349.63	44.34	43.78
2011	92 333.82	52 433.86	92 733.68	39 899.96	43.21	43.03
2012	106 460.8	61 077.33	107 188.34	45 383.47	42.63	42.34
2013	117 156.51	68 969.13	119 740.34	48 037.64	41.00	40.12
2014	127 464.18	75 859.73	129 215.49	51 604.45	40.49	39.94
2015	138 163.66	82 982.66	150 335.62	55 181	39.94	36.71
2016	146 681.12	87 194.77	160 351.36	59 486.35	40.55	37.10
2017	156 665.64	91 447.54	173 228.34	65 218.1	41.63	37.65
2018	167 578.49	97 904.5	188 196.32	69 673.99	41.58	37.02
2019	175 440.47	101 080.61	203 743.22	74 359.86	42.38	36.50
2020	183 361.09	100 143.16	210 583.46	83 217.93	45.38	39.52
2021	193 293.02	111 077.08	211 271.54	82 215.94	42.53	38.91

资料来源:根据财政部官方网站数据整理而得。

从转移性收入占地方一般公共预算收入的比重来看,如表6-5和图6-4所示,2010年为44.34%、2011年为43.21%、2012年为42.63%、2013年为41%、2014年为40.49%、2015年为39.94%、2016年为40.55%、2017年为41.63%、2018年为41.58%、2019年为42.38%、2020年为45.38%、2021年为42.53%,占比平均在40%以上,一定程度上能够看出地方财政对中央转移支付的依赖性。但从变化趋势看,转移性收入占地方一般公共预算收入的比重总体是在不断下降的,说明地方政府的自主财力在逐年缓慢提高。不过,转移性收入在地方政府的一般公共预算收入中依然占有非常重要的地位。

从转移性收入占地方财政支出的比重来看,如表6-5所示,2010年为43.78%、2011年为43.03%、2012年为42.34%、2013年为40.12%、2014年为39.94%、2015年为36.71%、2016年为37.10%、2017年为37.65%、2018年为37.02%、2019年为36.50%、2020年为39.52%、2021年为38.91%,占比平均在35%以上,地方财政支出的1/3以上来源于中央对地方的转移支付。

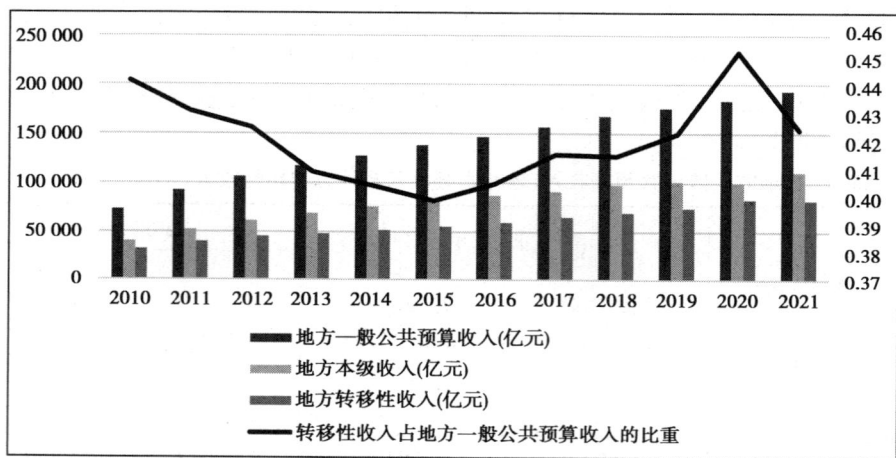

图6-4 地方一般公共预算收入、本级收入、转移性收入及转移性收入占比(2010—2021)
资料来源:根据财政部官方网站数据整理而得。

(三)转移性收入的结构

从地区结构看,各个地方的财政支出来自转移性收入的比重有很大的差异。转移性收入的多少,既取决于现行财政体制关于各级政府的收支范围的划分,更取决于各地方的经济发展水平和财政收入能力。经济发达地区由于经济基础强、财源较多,自有财力比较充足,财政收入规模大,中央转移支付占其地方财政收入的比重较低,如表6-6所示,2020年,北京、上海、江苏、浙江、广东等经济发达地区转移性收入占一般公共预算收入的比重分别为16.13%、10.53%、16.62%、10.73%、11.51%,远远低于表6-5所示的全国平均水平(45.38%),同时财政支出对转移性收入的依赖也较低,转移性收入占财政支出的比重分别为14.82%、10.23%、13.19%、8.64%、9.65%,低于全国平均水平(39.52%)。而经济欠发达地区的省份,经济基础决定了地方政府有限的自有财力难以应对本地区庞大的财政支出,存在较大的收支缺口,转移性收入在地方一般公共预算收入的比重较高,如西藏、青海、黑龙江、甘肃等地区的比重分别为89.96%、82.87%、77.04%、77.03%,转移性收入占财政支出的比重也相应比较高,分别为89.52%、74.60%、70.97%、70.44%。

表 6-6　分地区转移性收入(2020 年)

地区	转移性收入	一般公共预算收入(亿元)	转移性收入占一般公共预算收入的比重(%)	财政支出(亿元)	转移性收入占财政支出的比重(%)
北京	1 054.74	6 538.63	16.13	7 116.18	14.82
天津	612.88	2 535.99	24.17	3 151.35	19.45
河北	3 938.11	7 764.57	50.72	9 022.79	43.65
山西	2 229.36	4 525.93	49.26	5 110.87	43.62
内蒙古	2 756.09	4 807.29	57.33	5 270.16	52.30
辽宁	2 911.75	5 567.5	52.30	6 014.17	48.41
吉林	2 455.82	3 540.84	69.36	4 127.17	59.50
黑龙江	3 867.45	5 019.96	77.04	5 449.41	70.97
上海	829.02	7 875.32	10.53	8 102.11	10.23
江苏	1 805.17	10 864.16	16.62	13 681.55	13.19
浙江	870.96	8 119.2	10.73	10 082.01	8.64
安徽	3 637.04	6 853.05	53.07	7 473.59	48.67
福建	1 475.49	4 554.53	32.40	5 216.1	28.29
江西	2 965.86	5 473.4	54.19	6 674.08	44.44
山东	3 026.92	9 586.85	31.57	11 233.52	26.95
河南	5 065.41	9 234.25	54.85	10 372.67	48.83
湖北	4 782.84	7 294.38	65.57	8 442.88	56.65
湖南	4 110.25	7 118.91	57.74	8 403.13	48.91
广东	1 681.80	14 605.65	11.51	17 430.79	9.65
广西	3 380.63	5 097.57	66.32	6 179.47	54.71
海南	979.60	1 795.66	54.55	1 972.46	49.66
重庆	2 080.45	4 175.3	49.83	4 893.95	42.51
四川	5 707.99	9 968.88	57.26	11 198.54	50.97
贵州	3 165.77	4 952.57	63.92	5 739.5	55.16
云南	4 168.30	6 284.99	66.32	6 974.02	59.77

续表

地区	转移性收入	一般公共预算收入（亿元）	转移性收入占一般公共预算收入的比重（%）	财政支出（亿元）	转移性收入占财政支出的比重（%）
西藏	1 979.28	2 200.27	89.96	2 210.92	89.52
陕西	2 870.01	5 127.32	55.97	5 930.32	48.40
甘肃	2 932.75	3 807.3	77.03	4 163.4	70.44
青海	1 441.95	1 739.94	82.87	1 932.84	74.60
宁夏	970.59	1 390.03	69.83	1 480.36	65.56
新疆	3 463.67	4 940.89	70.10	5 533.16	62.60

资料来源：根据财政部官方网站数据整理而得。

第二节　地方财政收入的规模与结构

上述已经对地方财政收入的总体框架有了基本了解，接下来本章将引用一系列公开统计数据对地方财政收入的规模和结构进行分析。

一、地方财政收入规模及衡量指标

财政收入规模是指在一定时期内（通常为1年），国家以社会管理者、国有资产所有者或债务人等多种身份，通过税收、国有资产收益和公债等多种收入形式占有的财政资金的绝对量或相对量。

（一）财政收入的绝对指标及其衡量标准

财政收入的绝对指标是指一定时期内以一国货币单位表示的地方财政收入的实际数额。从静态考察，财政收入的绝对量反映了一国或一个地区在一定时期内的经济发展水平和财力集散程度，体现了政府运用各种财政收入手段调控经济运行、参与收入分配和资源配置的范围和力度；从动态考察，即把财政收入规模的绝对量连续起来分析，可以看出财政收入规模随着经济发展、经济体制改革以及政府机制在调控经济运行、资源配置和收入分配中的范围、力度的变化趋势。

衡量地方财政收入有两个统计口径：一是地方一般预算收入；二是地方财政总收入。

地方一般预算收入（地方本级财政收入）= 地方税收收入+收费收入（预算内）+国有资本投资收益+其他收入

地方财政总收入＝地方一般预算收入＋中央税收返还与补助收入（转移性收入）

(二)财政收入的相对指标及其衡量标准

财政收入的相对指标是指在一定时期内财政收入与有关经济和社会指标的比例。体现财政收入规模的指标主要是相对量,即财政收入与国民经济和社会发展的有关指标的关系。衡量财政收入相对规模的指标通常有两个。

一是地方财政收入占 GDP 的比重;二是地方财政收入占全部财政收入(包括中央财政收入和地方财政收入)的比重。

相对指标一方面可以全面衡量地方本级收入在全国财政收入中的重要性,另一方面反映了一定时期内地方本级收入在整个国民经济活动中的份额和比例。

(三)影响财政收入规模的因素

财政收入规模是衡量国家财政能力和政府在社会经济生活中职能范围的重要指标,纵观世界各国历史,保持财政收入持续稳定的增长始终是各国政府的主要财政目标。但是财政收入的规模及增长速度要受到各种政治、经济条件的制约和影响。财政收入的规模具有客观性,是多种因素共同作用的结果。制约财政收入规模的因素主要有以下几个方面。

1. 经济发展水平

经济发展水平对财政收入的影响是最为直接的。经济发展水平从总体上反映了一个国家的社会产品的丰富程度和经济效益的高低,只有经济发展水平提高,才能使财政收入的总额增大。从世界各国的实际情况看,发达国家在财政收入规模的绝对值和相对数两方面均高于发展中国家。

2. 生产技术水平

生产技术水平内涵于经济发展水平之中,也是影响财政收入规模的重要因素。较高的经济发展水平以较高的生产技术水平为支柱。生产技术水平是指生产中采用先进技术的程度,它对财政收入规模的制约有两个方面:一是技术进步导致生产速度加快、生产质量提高,技术进步速度越快,社会产品和国民生产总值的增长也越快,财政收入的增长就有充分的财源;二是技术进步必然带来物耗降低,经济效益提高,剩余价值所占的比例扩大。由于财政收入主要来自剩余产品价值,所以技术进步对财政收入的影响更为直接。

3. 收入分配政策

制约财政收入规模的另一个重要因素是政府的分配政策和分配体制。经济决定财政,财政收入规模的大小归根结底受生产发展水平的制约。经济发展水平是分配的客观条件,而在客观条件既定下,还存在通过分配进行调节的可能性。所以,在不同国家(即使经济发展水平相同)和一个国家的不同时期,财政收入规模也是不同的。分配政策对财政收入规模的制约主要表现在两个方面:一是收入分配政策决定剩余产品价值占整个社会产品价值的比例,进而决定财政分配对象的大小;二是分配政策决定财政集中资金的比例。

二、我国地方财政收入规模

(一)绝对规模

改革开放以来,随着我国经济的发展,地方财政收入的绝对规模在不断增加。如表 6-7 所示,1978 年,地方本级财政收入为 956.49 亿元,2021 达到 111 077.08 亿元,总体增长 116 倍左右。地方财政收入持续增加的原因主要在于:一是经济增长是财政收入增加的源泉,改革开放以来我国经济的高速发展也带来了地方财政收入规模的持续增加。二是通货膨胀的影响。改革开放至今,我国的物价水平也在不断上涨,地方财政收入的绝对规模反映的只是名义收入,没有剔除通货膨胀的影响。

(二)相对规模

尽管地方财政收入的绝对规模有较大增长,但从相对比重看,地方财政收入的相对指标却在不断下降。

1. 地方财政收入占全国财政收入的比重

20 世纪 80 年代,财政包干制下,为调动地方政府积极性,中央政府将大部分财政收入增量留给了地方政府。如表 6-7 所示,1978 年地方财政收入占全国财政收入的比重为 84.48%,一直到 1993 年,该比重基本都在 60% 以上。但中央财政收入占全国财政收入比重过低严重削弱了中央政府的宏观调控能力。1994 年旨在规范政府间财政关系的分税制财政体制改革,初步按照现代市场经济要求对中央政府和地方政府之间财政收支范围重新界定。1994 年分税制改革的重要目标之一是提高中央财政收入占全国财政收入的比重,1994 年推出分税制财政体制改革的当年,地方财政收入占全国财政收入的比重为 44.3%,和改革前的 1993 年相比下降了 30 多个百分点。此后,我国对分税制财政体制进行多次调整,地方财政收入的相对规模又略有上升,但一直到 2010 年基本都在 50% 以下。2011 年预算外资金被全面取消,所有政府性收入都纳入预算管理,从而导致地方政府的非税收入增长较快。2011 年之后地方财政收入占全国财政收入的比重有所上升,提高至 50% 以上。

2. 地方财政收入占 GDP 的比重

20 世纪 80 年代,我国实施以"放权让利"为主线的改革,政府配置的资源逐步下降,地方财政收入占 GDP 的比重也逐年下降。如表 6-7 所示,1978 年为 26.24%,1993 年下降至 9.60%。财政收入占 GDP 比重过低也会影响到政府职能的发挥,提高财政收入占 GDP 的比重也是分税制改革的主要目标之一。1994 年分税制改革后,税收收入高速增长,增长速度高于 GDP 的增长速度,因此,财政收入占 GDP 的比重不断上升。地方财政收入占 GDP 的比重自 1994 年后不断提升,到 2013 年上升至 12.13%,2021 年为 9.71%。

表 6-7　1978—2021 年我国地方本级财政收入占全国财政收入和 GDP 的比重

年份	全国财政收入（亿元）	地方财政收入（亿元）		
		总量（亿元）	占 GDP 的比重（％）	占全国财政收入的比重（％）
1978	1 132.26	956.49	26.24	84.48
1980	1 159.93	875.48	19.26	75.48
1985	2 004.82	1 235.19	13.70	61.61
1990	2 937.10	1 944.68	10.42	66.21
1991	3 149.48	2 211.23	10.15	70.21
1992	3 483.37	2 503.86	9.30	71.88
1993	4 348.95	3 391.44	9.60	77.98
1994	5 218.10	2 311.60	4.80	44.30
1995	6 242.20	2 985.58	4.91	47.83
1996	7 407.99	3 746.92	5.26	50.58
1997	8 651.14	4 424.22	5.60	51.14
1998	9 875.95	4 983.95	5.90	50.47
1999	11 444.08	5 594.87	6.24	48.89
2000	13 395.23	6 406.06	6.46	47.82
2001	16 386.04	7 803.30	7.12	47.62
2002	18 903.64	8 515	7.08	45.04
2003	21 715.25	9 849.98	7.25	45.36
2004	26 396.47	11 893.37	7.44	45.06
2005	31 649.29	15 100.76	8.24	47.71
2006	38 760.20	18 303.58	8.64	47.22
2007	51 321.78	23 572.62	9.16	45.93
2008	61 330.25	28 649.79	9.53	46.72
2009	68 518.30	32 602.59	9.56	47.58
2010	83 101.51	40 613.04	10.12	48.87
2011	103 874.43	52 547.11	11.12	50.54
2012	117 253.52	61 078.29	11.77	52.09
2013	129 209.64	69 011.16	12.13	53.41
2014	140 370.03	75 876.58	11.92	54.05
2015	152 269.23	83 002.04	12.27	54.51
2016	159 604.97	87 239.35	11.72	54.66

续表

年份	全国财政收入（亿元）	地方财政收入（亿元）		
		总量（亿元）	占 GDP 的比重（%）	占全国财政收入的比重（%）
2017	172 592.77	91 469.41	11.06	53.00
2018	183 359.84	97 903.38	9.86	53.39
2019	190 390.08	101 080.61	10.25	53.09
2020	182 913.88	100 143.16	10.65	54.75
2021	202 538.88	111 077.08	9.71	54.84

资料来源：中经网统计数据库。

三、我国地方财政收入的地区规模

我国地域辽阔，在经济、社会发展方面地区之间存在差异，而这些差异决定了地区之间的地方财政发展差异。

（一）地区财政收入

由于不同地区在经济发展水平等方面存在较大的差异，因此不同地区的地方财政收入的相对规模也不相同。一般来说，各地区的财政收入总量和地区经济总量有关，经济越发达、经济总量越大的地区财政收入总量也较大。以 2021 年为例，如表 6-8 所示，按地方财政收入排序，排名前三的分别为广东、江苏、浙江。其中广东省的地方财政收入为 14 103.43 亿元，是西藏自治区财政收入（215.62 亿元）的 65 倍左右，青海省财政收入（328.76 亿元）的43 倍左右，宁夏回族自治区财政收入（460.01 亿元）的 31 倍左右。从经济总量上看，广东省是我国经济总量最大的省份，广东省所在的东部地区一直是我国经济最发达的地区，远远领先于其他地区。东中西财政收入规模是我国地区经济差距的体现。

表 6-8　2021 年我国各地区生产总值、财政收入总量及排序情况

地区	生产总值（亿元）	地方财政收入（亿元）	地方财政收入排序
北京	40 269.6	5 932.3	6
天津	15 695.05	2 141.04	21
河北	40 391.3	4 167.6	9
山西	22 590.16	2 834.6	14
内蒙古	20 514.2	2 349.9	18
辽宁	27 584.1	2 764.7	17
吉林	13 235.52	1 143.97	26
黑龙江	14 879.2	1 300.5	25

地区	生产总值(亿元)	地方财政收入(亿元)	地方财政收入排序
上海	43 214.85	7 771.8	4
江苏	116 364.2	10 015.2	2
浙江	73 515.76	8 262.6	3
安徽	42 959.2	3 498.2	10
福建	48 810.36	3 383.38	11
江西	29 619.7	2 812.3	15
山东	83 095.9	7 284.5	5
河南	58 887.41	4 347.38	8
湖北	50 012.94	3 283.3	12
湖南	46 063.09	3 250.7	13
广东	124 369.67	14 103.43	1
广西	24 740.86	1 800.12	23
海南	6 475.2	921.16	28
重庆	27 894.02	2 285.5	19
四川	53 850.79	4 773.3	7
贵州	19 586.42	1 969.51	22
云南	27 146.76	2 278.24	20
西藏	2 080.17	215.62	31
陕西	29 800.98	2 775.3	16
甘肃	10 243.3	1 001.8	27
青海	3 346.63	328.76	30
宁夏	4 522.31	460.01	29
新疆	15 983.65	1 618.6	24

资料来源:中经网统计数据库。

(二)地区人均财政收入

除了利用财政规模来反映各地区的财政发展差异之外,人均财政收入也是一个重要指标。人均财政收入,是指一个地区的财政收入与该地区人口总数的比值。由于财政规模受到人口总数等因素的影响,财政收入的人均指标更能准确反映一个地区的实际财政情况。以2021年为例,如表6-9所示,按人均财政收入排序,排名前三的分别为上海、北京、天津。其中上海市的人均财政收入为31 219.19元,是广西壮族自治区人均财政收入(3 573.79

元)的8.74倍左右,甘肃省人均财政收入(4 023.26元)的7.76倍左右,黑龙江省人均财政收入(4 161.6元)的7.5倍左右。尽管相比地区财政收入的总量,人均财政收入排序略有变化,总体来看,东部地区要远远高于中部和西部地区。

表6-9 2021年我国各地区人均财政收入及排序情况

地区	总人口(万)	人均财政收入(元)	人均财政收入排序
北京	2 188.6	27 105.46	2
天津	1 373	15 593.88	3
河北	7 448	5 595.60	22
山西	3 480.48	8 144.28	9
内蒙古	2 400	9 791.25	7
辽宁	4 229.4	6 536.86	14
吉林	2 375.37	4 815.97	27
黑龙江	3 125	4 161.6	29
上海	2 489.43	31 219.19	1
江苏	8 505.4	11 775.11	5
浙江	6 540	12 633.94	4
安徽	6 113	5 722.558	19
福建	4 187	8 080.678	10
江西	4 517.4	6 225.48	17
山东	10 169.99	7 162.74	11
河南	9 883	4 398.85	28
湖北	5 830	5 631.73	21
湖南	6 622	4 908.94	25
广东	12 684	11 119.07	6
广西	5 037	3 573.79	31
海南	1 020.46	9 026.91	28
重庆	3 212.43	7 114.55	8
四川	8 372	5 701.51	20
贵州	3 852	5 112.95	24
云南	4 690	4 857.66	26
西藏	366	5 891.26	18
陕西	3 954	7 018.97	13
甘肃	2 490.02	4 023.26	30

续表

地区	总人口（万）	人均财政收入（元）	人均财政收入排序
青海	594	5 534.68	23
宁夏	725	6 344.97	15
新疆	2 589	6 251.84	16

资料来源：中经网统计数据库。

四、地方财政收入结构

地方财政收入结构，是指以价值形式表现的地方财政收入内部各要素的比例和构成关系，反映地方财政收入中不同收入、不同来源形式之间的比例关系。对地方财政收入结构的分析有利于掌握国民经济各个部门在地方经济中的变化发展，揭示地方政府收入增长的趋势和特点，把握地方政府收入形式的实践效果及对整个地方财政的影响，从而确立完整的地方财政收入制度管理的方法，寻求增加地方财政收入的正确途径。

（一）收入结构

我国地方财政收入包括税收收入、社会保险基金收入、非税收入、债务收入和转移性收入等。地方一般公共预算收入指地方本级收入，包括税收收入和非税收入。以 2020 年为例，表 6-10 显示了地方一般预算收入的主要项目，税收收入项目包括国内增值税、企业所得税、个人所得税、资源税、城市维护建设税、房产税、印花税、城镇土地使用税、土地增值税、车船税、耕地占用税、契税和烟叶税等；非税收入项目包括专项收入、行政事业性收费收入、罚没收入、国有资本经营收入、国有资源（资产）有偿使用收入等。2020 年我国地方财政一般预算收入 100 143.16 亿元，税收收入为 74 668.06 亿元，非税收入为 25 475.10 亿元，其中税收收入占地方财政一般预算收入的 75% 左右，非税收入占地方财政一般预算收入的 25% 左右，税收收入是地方财政收入的最主要来源。

表 6-10　2020 年地方财政收入构成

项　目	2020 年
地方财政一般预算收入（亿元）	100 143.16
地方财政税收收入（亿元）	74 668.06
地方财政国内增值税（亿元）	28 438.10
地方财政企业所得税（亿元）	13 168.28
地方财政个人所得税（亿元）	4 627.27
地方财政资源税（亿元）	1 706.53
地方财政城市维护建设税（亿元）	4 443.10

续表

项　目	2020 年
地方财政房产税(亿元)	2 841.76
地方财政印花税(亿元)	1 313.80
地方财政城镇土地使用税(亿元)	2 058.22
地方财政土地增值税(亿元)	6 468.51
地方财政车船税(亿元)	945.41
地方财政耕地占用税(亿元)	1 257.57
地方财政契税(亿元)	7 061.02
地方财政烟叶税(亿元)	108.67
地方财政其他税收收入(亿元)	22.76
地方财政非税收入(亿元)	25 475.10
地方财政专项收入(亿元)	6 927.08
地方财政行政事业性收费(亿元)	3 419.43
地方财政罚没收入(亿元)	2 969.06
地方财政国有资本经营收入(亿元)	966.06
地方财政国有资源(资产)有偿使用收入(亿元)	8 651.94
地方财政其他非税收入(亿元)	2 541.53

资料来源:《中国统计年鉴 2021》。

(二)地区结构

如表 6-11 所示,我国东、中、西部省(区)财政收入的主要来源是税收。以 2020 年数据为例,所有地区税收收入占地方财政收入的比重均在 60%以上。但不同地区的地方财政收入中税收收入和非税收入的结构比例差别较大。浙江、北京、上海的税收收入在整个地方财政收入的比重较高,分别达到 86.39%、84.68%和 82.70%。贵州、新疆和宁夏非税收入所占比重较高,分别为 39.22%、38.38%、37.09%。

表 6-11　2020 年不同地区地方财政收入构成

地区	地方财政一般预算收入(亿元)	税收收入		非税收入	
		规模/亿元	比重/%	规模/亿元	比重/%
北京	5 483.89	4 643.87	84.68	840.02	15.32
天津	1923.11	1 500.14	78.01	422.97	21.99

续表

地区	地方财政一般预算收入（亿元）	税收收入		非税收入	
		规模/亿元	比重/%	规模/亿元	比重/%
河北	3 826.46	2 527.28	66.05	1 299.18	33.95
山西	2 296.57	1 625.99	70.80	670.58	29.20
内蒙古	2 051.20	1 457.76	71.07	593.43	28.93
辽宁	2 655.75	1 879.06	70.75	776.70	29.25
吉林	1 085.02	771.95	71.15	313.08	28.85
黑龙江	1 152.51	811.92	70.45	340.59	29.55
上海	7 064.30	5 841.88	82.70	1 204.42	17.05
江苏	9 058.99	7 413.86	81.84	1 645.13	18.16
浙江	7 248.24	6 261.75	86.39	986.49	13.61
安徽	3 216.01	2 199.52	68.39	1 016.48	31.61
福建	3 079.04	2 184.72	70.95	894.32	29.05
江西	2 507.54	1 701.92	67.87	805.63	32.13
山东	6 559.93	4 757.62	72.53	1 802.31	27.47
河南	4 168.84	2 764.73	66.32	1 404.11	33.68
湖北	2 511.54	1 923.45	76.58	588.09	23.42
湖南	3 008.66	2 057.98	68.40	950.69	31.60
广东	12 923.85	9 881.95	76.46	3 041.90	23.54
广西	1 716.94	1 113.22	64.84	603.72	35.16
海南	816.06	559.82	68.60	256.24	31.40
重庆	2 094.85	1 430.72	68.30	664.13	31.70
四川	4 260.89	2 967.20	69.64	1 293.69	30.36
贵州	1 786.80	1 086.04	60.78	700.76	39.22
云南	2 116.69	1 453.07	68.65	663.62	31.35
西藏	220.99	143.24	64.82	77.75	35.18
陕西	2 257.31	1 752.14	77.62	505.17	22.38
甘肃	874.55	567.93	64.94	306.62	35.06
青海	297.99	213.27	71.57	84.71	28.43
宁夏	419.44	263.87	62.91	155.57	37.09
新疆	1 477.22	910.19	61.62	567.02	38.38

资料来源：《中国统计年鉴2021》。

（三）层级结构

表 6-12 显示了中央和地方财政收入结构差异，从表中可以看到，我国中央和地方财政收入结构有比较大的差异。

表 6-12　2020 年中央和地方财政收入结构　　　　单位:亿元

项　目	公共财政收入（2020 年）	中　央	地　方
合计	182 913.88	82 770.72	100 143.16
税收收入	154 312.29	79 644.23	74 668.06
国内增值税	56 791.24	28 353.14	28 438.10
国内消费税	12 028.10	12 028.10	
企业所得税	36 425.81	23 257.53	13 168.28
个人所得税	11 568.26	6 940.99	4 627.27
资源税	1 754.76	48.23	1 706.53
城市维护建设税	4 607.58	164.48	4 443.10
房产税	2 841.76		2 841.76
印花税	3 087.45	1 773.65	1 313.80
#证券交易印花税	1 773.65	1 773.65	
城镇土地使用税	2 058.22		2 058.22
土地增值税	6 468.51		6 468.51
车船税	945.41		945.41
船舶吨税	53.72	53.72	
车辆购置税	3 530.88	3 530.88	
关税	2 564.25	2 564.25	
耕地占用税	1 257.57		1 257.57
契税	7 061.02		7 061.02
烟叶税	108.67		108.67
环境保护税	207.06		207.06
其他税收收入	45.50	22.74	22.76
非税收入	28 601.59	3 126.49	25 475.10
专项收入	7 123.36	196.28	6 927.08
行政事业性收费	3 838.65	419.22	3 419.43
罚没收入	3 113.87	144.81	2 969.06

续表

项　目	公共财政收入 （2020年）	中央	地方
国有资本经营收入	1 938.95	972.89	966.06
国有资源（资产）有偿使用收入	9 934.33	1 282.39	8 651.94
其他收入	2 652.43	110.90	2 541.53

资料来源：《中国统计年鉴2021》。

形成差异的原因主要体现在三个方面。

第一，从税种上看，中央和地方各自有特定的税，如图6-5所示，中央税包括关税、消费税、车辆购置税等，而房产税、城镇土地使用税、车船税、耕地占用税、契税、土地增值税等为地方税，在地方财政收入中占有一定地位。

第二，三大共享税，即增值税、企业所得税、个人所得税中央占了大头，而三大共享税又占全部税收收入的一半以上，详见图6-5所示。

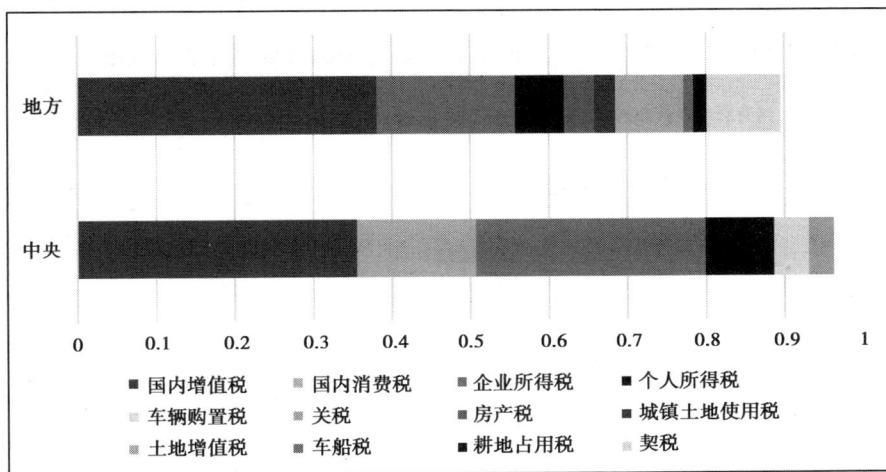

图 6-5　2020年中央和地方税收收入结构对比

资料来源：《中国统计年鉴2021》。

第三，非税收入主要归地方财政所有，中央财政收入中非税收入的比重较低。如图6-6所示，2020年整个非税收入中，中央非税收入只占整个非税收入的10.9%，地方非税收入占整个非税收入的比重为89.1%。如图6-7所示，在非税收入种类中，如罚没收入、专项收入地方占比远远高于中央。

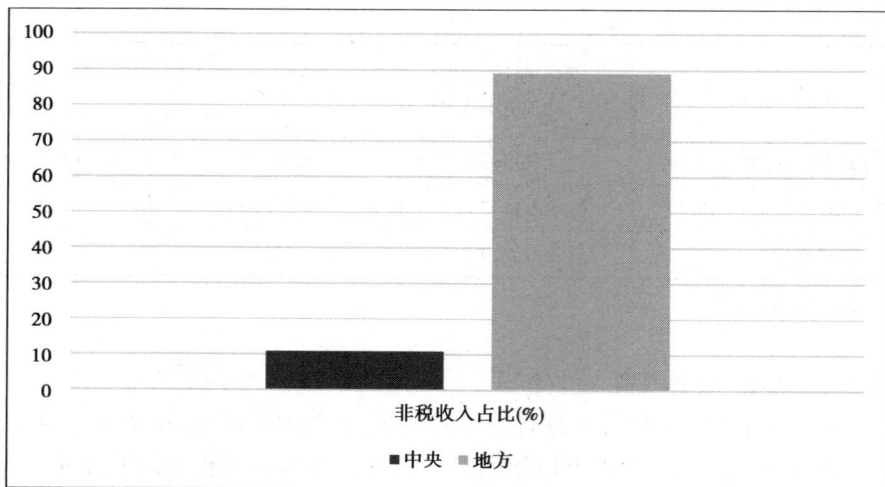

图 6-6　2020 年中央和地方非税收入对比

资料来源:《中国统计年鉴 2021》。

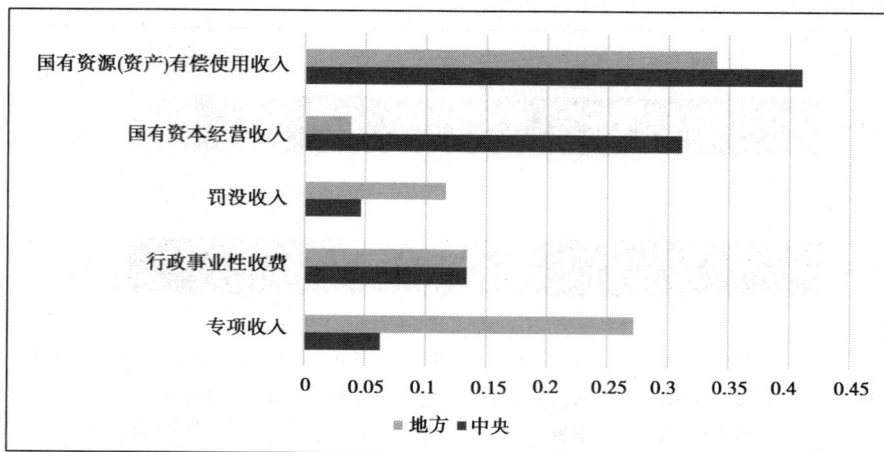

图 6-7　2020 年中央和地方非税收入结构对比

资料来源:《中国统计年鉴 2021》。

第三节　地方财源建设

地方拥有充足、稳定的财源,是其有效履行公共职能以及促进地方经济发展的基本保证。因此,要建立完善的公共财政体系,地方财源建设是必不可少的重要环节。1994 年的分税制改革划分了中央与地方的政府间财政关系,中央的宏观调控能力得到了显著提高,而地方的财政状况却不容乐观。近年来,地方财源不断受到侵蚀,尤其是全面"营改增"后,地方政府面临着财政困境,具体表现为:随着财力的层层上移,事权的层层下移,地方政府财力与事权不匹配问题突出;地方财力紧张,严重依赖财政转移支付;地方主体税种缺乏,对共享税的依存度较高等。这些问题会影响地方政府提供公共服务的能力,影响地方的经济高质量发展。

一、地方财源建设的理论基础

(一)财源建设是财政收入增加的基础

我国现行的是分税制财政体制,中央集中控制地方税的立法权。中央会从地方财力增加的部分中抽取一部分,新增财力中的地方分享的部分就成为地方财力增加的重要来源。为了实现经济和财政之间的相互促进,地方政府要推动当地经济的高质量发展,最终才能增加地方的财政收入。

(二)通过考虑财政收入来源和结构来建设财源

分税制下,企业所得税是共享税,而且属于直接税,是地方政府重要的税收收入来源。为了促进地方经济发展,许多地方政府在缺乏良好效益支撑的情况下,急于招商引资或者盲目投资新的项目。在没有提前规划的情况下贸然投资,不仅不会提高地方经济发展,还可能使得地方财政收入遭受巨大的损失。为了使地方经济能够实现高质量发展,应优化地方产业结构,对于招商引资项目要进行适当的引导和规划,同时鼓励高新技术产业发展,促进企业技术创新,培养优势产业的产业链,从而形成集聚效应,使得地方财政收入在产业培育和壮大中不断增加。

二、地方财源建设的影响因素

(一)传统财源建设观念的影响

传统财源建设理论认为,财源就是能够对财政提供收入贡献的经济源泉。财源建设即各级政府和财政部门通过发展经济以求增加财政收入的活动。现代财源理论则认为,财源既非单项财政收入的来源,也不是各项财政收入的简单叠加,而是社会总产品、国民收入、社会总收入各层次及各级结构内部有效产出的总括,是与经济发展因素有机结合在一起的一种能够提供财力的资源。其表现形式有两种:一是直接财源,即直接体现增加财力的形式如财政收入,包括税收、利润等;二是间接财源,即以其他方式发展了科教文卫社会保障等社会事业,而使财政支出相对减少,减轻了财政负担,相当于政府财力的间接增加,因此,现代财源建设理论要求,财政既要保证社会和经济的稳定发展,又要促使资源配置的合理和整体经济效益的提高,有效增加财政实力。

(二)新形势对财源建设的影响

政府职能的转变影响财源建设,建立社会主义市场经济体制和建立地方公共财政框架后,财政职能发生了转变,市场在资源配置中起决定性作用,政府和财政只是弥补市场失灵,因此财政要逐步退出经济建设中一般性竞争领域,主要负责社会公共产品的提供。

社会经济格局的改变影响财源建设,随着社会主义市场经济体制的深入发展,所有制的多元化、经营的多形式、流通的多渠道、投资的多主体,尤其是平台经济的发展,加之对外开放和经济合作领域的日益扩大,给财源建设工作既增添了内容又增加了难度,过去着眼于外延发展,粗放经营的财源建设路子已越来越行不通了,需要地方政府寻求高质量的财源建设路径。

财税体制变化影响财源建设。分税制的实施,所得税的分享影响了地方财政收入的结构,需要地方各级政府财政重新理清思路,明确今后财源建设的主攻方向,调整经济结构。

三、地方财源建设的现实问题

分税制改革以来,政府的财力不断上移,事权不断下移,导致地方政府的事权与支出责任不断增多,财政压力日益增大。地方政府的财权,尤其是地方税权缺失,使得地方财政自主权更加薄弱。地方政府在财力紧张的情况下,对于中央政府和上级政府的财政转移支付更加依赖。地方税体系还不完善,地方缺少主体税种,对共享税依存度较高。可见,现实中地方财源受到诸多方面的侵蚀,地方政府尤其是基层地方政府正在面临财政困局。

(一)地方政府事权和支出责任划分不合理

分税制改革旨在解决"两个比重"过低的问题,即财政收入占 GDP 的比重以及中央财政收入占全国财政收入的比重过低,因此侧重对中央与地方的财权关系的划分,对于事权与支出责任划分则并未明确。实践中,省级以下地方政府基本按照"上级决定原则"即"办理上级国家行政机关交办的其他事项"分解事权,从而形成"财权不断上移,事权不断下放"的情况。当前,地方政府事权和支出责任划分存在诸多问题,其中主要问题表现为:中央和地方的事权存在"交叉重叠"的现象。除了少数事权,如外交、国防等专属于中央外,地方拥有的事权几乎是中央事权的翻版。一是单独的中央事权或地方事权尚且能够在各级政府间进行清晰划分,而对于中央和地方的共同事权或交叉事权的划分则存在模糊不清的情况。二是中央与地方的事权和支出责任划分不合理,存在"错位"问题,即应当由中央政府履行的事权由地方政府承担支出责任,而应当由地方政府履行的事权,中央政府则承担了过多的支出责任。三是省以下地方财政事权和支出责任划分不合理。基层地方政府需要承担的事权越来越多,支出责任越来越大,在义务教育、乡村振兴、社会保障、环境保护等方面财政支出压力日益加大。

(二)地方政府财政自主权薄弱

财权中最为重要的是税权,而税权中最为重要的是税收立法权。在税权体系内部,税收立法权一直处于核心地位。一个国家政策意图的实现和经济资源的调度,与税收规模的确定、税收结构的选择、税收要素的设置等税收立法权的基本内容密切相关,税收立法权的实质是资源配置决策权。国务院《关于实行分税制财政管理体制的决定》明确:"中央税、共享税以及地方税的立法权都要集中在中央。"地方税收立法权的缺失,使得地方政府难以拥有真正的财政自主权,更加无法通过立法的方式挖掘税源潜力,保障地方财政收入水平,形成稳定的财政收入增长机制。而且,税收立法权完全掌握在中央手中,地方在税收的政策制定和制度安排等方面都缺乏自主权,税收创新和尝试的能动性受到限制,探索和试错的制度空间遭到压缩。此种情况下,即便某些税种具有鲜明的地方特色并且被急需,或者某些地方税种存在滞后的现象,在没有中央支持或立法的前提下,地方也无权进行立改废。因此,地方税收立法的无权现象,压制了地方税收的制度创新与活力,更加影响整个税制的发展进程。

(三)转移支付制度不完善

分税制改革后,财权上移,事权下移,导致地方政府财力和事权错配,严重依赖中央政府的转移支付,地方财政支出的1/3以上来源于中央对地方的转移支付,而且越是经济欠发达的地区对中央政府的转移支付依赖度越高。转移支付分为两类:一般性转移支付和专项转移支付,一般性转移支付旨在均衡地区间财力差距,推动地区间基本公共服务均等化;专项转移支付侧重解决外部性问题,实施中央特定政策目标。然而,我国目前转移支付结构并不合理,一般性转移支付占比偏小,税收返还和专项转移支付占比偏大。一般性转移支付的规模较小,使得中央政府缩小地区间财力差距的功能受到影响,公共服务均等化的作用难以充分发挥。专项转移支付规模庞大、种类繁多,并要求地方财政提供配套资金,不但对地方财政预算安排形成干扰,而且导致地方财政压力显著增加。专项转移支付的特定用途决定了地方财政并不能对其进行自由支配,由此弱化了地方财政自身的调控能力,不仅难以实现公共服务均等化的效果,也不利于区域经济的持续健康发展。同时,由于转移支付资金缺乏分配标准,分配对象、分配标准等缺乏明确规定,也缺乏有效约束和效益评估,导致其使用效率普遍不高。

(四)地方主体税种缺乏

"地方税"是指归属于地方政府的若干税种和一定规模的税收收入,其本质反映了中央与地方间的税收权益分配关系。在我国目前的地方税体系中,地方税虽然税种不少,但都是一些税源零星分散、难以征管的小税种,收入规模偏小。事实上,各财政层级集中依赖于特定几个税种的财力格局与这些税种自身的经济性质并不匹配。作为我国第一大税种的增值税是典型的共享税,其收入约占全部税收收入的一半。全面"营改增"后,原本属于地方的营业税全部归入增值税,使得增值税的收入规模大幅度增加,地方则失去了营业税这一重要的主体税种。地方税体系缺乏主体税种,导致其组织税收收入的功能有限。而且地方税种的划分情况,也难以保证新形势下地方政府履行社会经济职能的需要,无法体现事权与财权相统一,还会造成地方政府过多依赖于共享税和中央政府的转移支付,分税制的作用难以充分发挥。因此,设置和培养稳定的地方税源,构建可持续的地方税体系十分迫切。

四、地方财源建设的思路

(一)地方财源建设的原则

财源建设的原则是地方政府和各级财政部门围绕促进地方经济发展,加强地方财源建设的基本遵循。

1. 坚持转变发展方式原则

财源建设是发展经济的重要部分,要与经济发展转方式、调结构的主线相一致。因此,加强财源建设要遵循经济发展的时代要求,要按照转方式、调结构的要求,相应地调整地方财源结构,稳妥推进体制改革,同时,要积极发展符合节能、减排、环保理念的绿色、生态产业,重点支持高新技术产业,重点扶持科技含量高、税收能力强的项目。

2. 坚持提高财源质量原则

财源建设首先要提高经济的投入产出质量,要以提高经济对财政贡献率为主要目标,要针对地方财源建设现状,对财源构成进行深入分析,对财源建设相关影响因素进行深入分析,继续壮大实体经济,不断优化产业结构,对基础财源、主导财源、新兴财源、后备财源、区域财源要进行区别对待,要分类出台相应政策措施,积极培植优质税源,努力形成具有持续贡献力的财源结构。

3. 坚持财源持续增长原则

在我国保持财政政策连续性和财政体制相对稳定性的基础上,不断出台有利于地方财源建设的政策措施、创新财源建设扶持机制,同时,进一步加大税收征管力度,对于地方范围内的有效税源,要及时了解情况、掌握动态,做到应收的税全部收缴,推动地方财政收入持续较快增长。

4. 坚持宏观调控原则

要在以市场化的手段为主的前提下,不断增强地方政府对经济的宏观调控能力,充分利用财政资金政策的引导作用,多向代表产业发展方向的优势行业和优势企业倾斜。

(二)地方财源建设的途径

面对地方政府财政紧张的现状,地方财源建设迫在眉睫。可行的思路包括:科学界定事权与支出责任、赋予地方一定税收立法权、完善财政转移支付制度、完善地方税系等。

1. 科学界定事权与支出责任

党的十八届三中全会《决定》提出建立"事权与支出责任相适应"的制度,并将政府事权明确为中央专属、地方专属、中央与地方共同承担 3 种类型,确定了中央和地方按照事权划分相应承担和分担支出责任的改革方向。由此说明,在事权与支出责任的划分上,应当强调权责一致性,明确有权必有责,权责相一致。2016 年 8 月 24 日,国务院《关于推进中央与地方财政事权和支出责任划分改革的指导意见》(下称《指导意见》)正式对外公布,这是分税制以来就政府事权与支出责任划分的首个顶层设计与制度安排,表明中央对于事权划分问题的关注终于正式开启。《指导意见》明确了改革的主要内容,即要"适度加强中央财政事权、保障地方履行财政事权、减少并规范中央与地方共同财政事权,建立财政事权划分动态调整机制"。对于地方政府的财政支出责任,则应当在明确界定地方政府事权的基础上予以确定。总的来看,支出责任应当按照效率原则进行划分。效率原则主要包括外部性、信息处理复杂性和激励相容三大原则。在科学合理划分事权的基础上,必须保障事权划分于法有据,建立健全事权划分的法律体系,在《宪法》中增加关于政府间事权与财权划分的基本规定,确定相应的宪法基础和基本原则,逐步使中央政府与地方政府的事权与支出责任划分具有明确的宪法依据。

2. 赋予地方一定税收立法权

要发挥地方政府积极性,需要赋予其相应完整的财权,包括完整的税权,尤其是税收立法权。完整的税权是应当包括税收立法权、税收收益权以及税收征管权在内的统一体系,只有赋予地方相应的税收立法权,保证地方拥有一定财政自主权,才能保证地方有规范稳定的财政收入,才能实现事权与财权相统一,才能建立健康有序的央地财政关系。公共产品的层次性是税权划分的重要理论依据,即将受益范围遍及全国的公共产品由中央政府负责提供,将受益范围集中在某一区域的地方性公共产品由地方政府负责提供,更符合效率原则。因此,总体上我国应该建立起中央集权为主,地方分权为辅的税权划分格局。而且,赋予地方一定税收立法权,不但有利于地方政府结合当地特色开辟新税源,而且还有利于解决由中央统一立法的小税种难以适应地方实际的问题。可见,地方享有相应的税收立法权,不但具有理论上的正当性还具有现实的必要性。但是当前赋予我国地方税收立法权还存在制度障碍。因此,地方税收立法权的真正实现,需要获得规范依据的支持,关键要与《税收征收管理法》等法律制度的规定相协调与衔接,地方税收立法权的实现路径也需要以此为基础进行建构。另外,也应当注意,对于中央税、中央与地方共享税、普遍性地方税的立法权仍然要集中到中央,以保证中央的宏观调控能力,对于具有地方特色的地方税的立法权可以适当赋予地方,以保证地方履行基本职能的需要。

3. 完善财政转移支付制度

针对当前我国转移支付的现状,应当建立规范化的转移支付制度,优化转移支付结构,建立以"一般性转移支付为主,专项转移支付为辅"的财政转移支付体系。首先,扩大一般性转移支付规模,加大对西部等欠发达地区和基层政府的转移支付力度,使它们有履行事权和支出责任相匹配的财力,满足不同区域内居民享受基本公共服务的需求,促进区域间经济协调发展。同时,简化一般性转移支付结构,以增强政府自主支配财力和政府间公共服务均等化为主要目标,对于转移支付的财政资金不得要求地方政府予以资金配套,不得规定具体用途,地方政府可以根据地方经济发展需要自主安排和使用。其次,清理和压缩现有专项转移支付项目。明确列入专项转移支付项目的标准,对现有的专项转移支付项目进行重新分类与清理合并,严格控制专项转移支付的规模。对于地方应当承担支出责任的事务,中央不再安排专款。最后,科学制定转移支付分配标准,应当以"因素法"替代"基数法",实现转移支付资金的公式化分配。"因素法"可以结合不同地方的特点,选取不同因素衡量地方的财政地位,以此调动地方的财政积极性。基于政府间事权和支出责任划分,通过地方自主财力测算,以增强地方政府自主支配财力和公共服务均等化为目标,由此确定中央对地方的转移支付额度。

4. 完善地方税系

全面"营改增"之后,地方财政收入受到严重影响。然而,地方财政收入急剧缩减的同时,财政支出却在不断增加。仅凭中央与地方共享税分成比例的调整思路已经无法完全满足地方的财力获取,选择和培育地方主体税种十分紧迫。总结起来,关于地方主体税种的选择思路有两种:一种是改革现有税种,从已有的房产税、资源税、消费税等税种中找出适合的税种作为地方主体税种;另一种是开设新税种,比如开征遗产税与赠与税、零售税、利润调节税以及社会保障费改税等,将其作为未来地方主体税种。以上思路对于加强地方主体税种建设,构建地方税体系具有重要意义。地方税主体税种的具体选择还有待充分的理论论证与深入的实践检验。但是应当看到,我国不同区域之间经济发展水平存在较大差距,"异质性"的地方税收实际无法用"普遍性"的税收政策予以完全涵盖。有鉴于此,地方主体税种的选择应当因地制宜,充分考虑不同地区的实际情况,尤其是不同税种对不同地方财政收入的影响因素。

【专栏 6-3】

房产税——改还是不改?

从 2011 年起,我国的重庆市和上海市率先在全国试点房产税改革,对个人拥有的房产开征房产税。

重庆的做法是,对于独栋商品住宅和高档住房建筑面积交易单价在上两年主城九区新建商品住房成交建筑面积均价 2~3 倍的房产,将按房产价值的 0.5% 征税;对于房价达到当地均价 3~4 倍的房产,将按房产价值的 1% 征税;4 倍以上,按 1.2% 的税率征税。在重庆市同时无户籍、无企业、无工作的个人新购第二套(含第二套)以上的普通住房,税率为 0.5%。房产税的征收应允许扣除一定的免税面积,扣除免税面积以家庭为单位,一个家庭只能对一套应税住房扣除免税面积。纳税人在本办法施行前拥有的独栋商品住宅,免税面积为 180平方米;新购的独栋商品住宅、高档住房,免税面积为 100 平方米。纳税人家庭拥有多套新购应税住房的,按时间顺序对先购的应税住房计算扣除免税面积。在重庆市同时无户籍、无企业、无工作的个人的应税住房均不扣除免税面积。另外,对农民在宅基地上建造的自有住房,暂免征收房产税。在重庆市同时无户籍、无企业、无工作的个人拥有的普通应税住房,如纳税人在重庆市具备有户籍、有企业、有工作任一条件的,从当年起免征税,如已缴纳税款的,退还当年已缴税款。

上海的做法是,对上海居民家庭新购第二套及以上住房和非上海居民家庭的新购住房征收房产税,税率因房价高低分别暂定为 0.6% 和 0.4%。同时,对上海居民家庭给予人均60 平方米的免税住房面积(住房建筑面积)扣除。即:对居民家庭新购且属于第二套及以上住房的,合并计算的家庭全部住房面积人均不超过 60 平方米(含 60 平方米)的,其新购的住房暂免征收房产税;人均超过 60 平方米的,对属新购住房超出部分的面积,按规定计算征收房产税。

重庆和上海房产税改革试点的最初原因可能与对楼市的调控有关,而且主要是对增量房征税,未涉及大量的存量房。然而,房产税本身是一种非常适合做地方主体税的税种,一直以来,地方对于建立连续、稳定的税源呼声强烈,而最有可能成为稳定税源的当属房产税。从增量房入手、逐步过渡到存量房,从少数城市试点到今后各地全面推广,是我国房产税改革的渐进步伐。

Cabral 和 Hoxby(2012)认为,有些证据表明,财产税不受欢迎的原因是其高可见度。也就是说,财产税由纳税人直接缴纳,且在财产持有期间必须不断缴纳,给人以较大的冲击。

2022 年 3 月,新华社记者就房地产税改革试点问题采访了财政部有关负责人。有关负责人表示,房地产税改革试点依照人大常委会的授权进行,一些城市开展了调查摸底和初步研究,但综合考虑各方面的情况,今年内不具备扩大房地产税改革试点城市的条件。

地方财政收入的种类主要有税收收入、社会保险基金收入、非税收入、转移性收入等。改革开放以来,我国的地方财政收入的绝对规模增长迅速,地方税收收入占地方财政收入的比重在 2012 年以前一直稳定在 80% 以上,以 2012 年为分界线,地方财政收入中来自税收收入的比重几乎呈逐年下降的态势,主要源于我国近年来实施减税降费政策,政策的作用效果在地方税收收入层面得以直接体现。构成地方一般预算收入的主要项目包括国内增值税、企业所得税、个人所得税、城市维护建设税、土地增值税、契税、非税收入等。中央和地方财政收入结构有比较大的差异,形成差异的原因主要是中央和地方各自有特定的税、三大共享税占全部税收收入的比重高、非税收入主要归地方财政所有等。地方拥有充足、稳定的财源,是其有效履行公共职能以及促进地方经济发展的基本保证。因此,要建立完善的公共财政体系,地方财源建设是必不可少的重要环节。传统财源建设观念和新形势变化都会影响地方财源建设。而分税制改革以来,财力不断上移,事权不断下移,地方财政压力日益增大,亟待地方财源建设。地方财源建设要坚持转变发展方式的原则、坚持提高财源质量原则、坚持财源持续增长原则、坚持宏观调控原则,建设的途径如科学界定事权与支出责任、赋予地方一定税收立法权、完善财政转移支付制度、完善地方税系等。

核心概念: 税收收入　非税收入　转移性收入　地方财源建设　地方税主体税种

复习思考题
(1)中国地方财政收入构成是否合理?
(2)中国地方财政收入的地区规模有何差异?
(3)中国地方财政收入结构和中央财政收入结构有何差异?
(4)如何完善中国的地方税体系?

第七章
地方政府债务

【学习目标】

使学生掌握公债的概念、种类和功能,了解公债理论的演变,熟悉我国地方政府债务的发展历程,了解我国地方政府债务的管理体系和改革进展。

【重点与难点】

重点是掌握我国地方政府债务的演变历程,难点是学会运用债务风险矩阵和债务风险指标评估政府债务风险,以及掌握我国出台的防范地方债务风险的主要措施。

早在奴隶社会,公债就已出现。随着资本主义制度的建立,政府债务规模不断扩大,内债与外债并存,公债逐步成为政府获取财政收入的主要来源之一。从本质而言,公债是一把双刃剑,既可以增加财政收入,但也会带来财政风险,因此历史上对于政府发行公债的态度形成了有益论和有害论两种截然的不同观点。从我国地方政府债务的形成和发展来看,以2009年为分界线,经历了从"关闭前门"到"开前门、堵后门"的转变,以《预算法》(2014年修订版)《关于加强地方政府性债务管理的意见》(国发〔2014〕43号)等一系列制度为基础,逐步形成了规范化的地方政府债券发行管理体系,有效地支持了地方公益性基础设施建设,在提升地方基本公共服务水平方面发挥着重要的作用。近年来,地方政府隐性债务风险、变相举债行为等问题时有发生,地方政府债务风险问题仍值得警惕,亟须建立起更加完善的制度体系加以约束。

第一节　地方政府债务的概述

一、公债的起源与演变

一般来说,债可以分为公债与私债,两者主要的不同在于债务人的性质和筹资的目的。所谓公债是国家或政府凭借信用方式以债务人的身份,通过借款或发行债券等方式取得资金的行为,由中央政府为借债和偿债主体的债务称为中央债,又称国债;地方政府的债务称为地方债。从法律本质来看,公债是一种债权和债务关系,政府作为债务人,在获得债务收入的同时,应按照法律规定或合同约定履行还本付息义务。

(一)公债的起源

公债,产生于古代西方社会,早在公元前4世纪奴隶社会就有了萌芽。但这时的公债并非常见的现象,多为偶然,且规模一般较小。到了封建社会初期,特别是中古社会时期的欧洲,举债变得更加频繁,主要原因是战争等政治和自然原因造成政府收支不平衡比较严重,封建君主和国家财政收入极为有限,财政支出较多,因此经常出现困难,尤其是发生在战争导致入不敷出时,封建君主就不得不发行公债。如英格兰的亨利三世(1216—1272)就曾向他的兄弟、主教们与宗教团体、犹太人和英格兰的城市居民以及贵族中的某些成员借过钱。由于商品经济不发达,此时公债更多表现为高利贷形式的借贷活动,再加上封建国家在社会经济生活中所发挥的作用远不如现代国家,规模也不能与现代意义上的国家相比,这些决定了封建社会的公债仍具有规模小和不经常的特点。

在中国的封建社会,也出现了类似于公债的国家举借债务行为,之所以说类似,是因为这时的公债还不属于现代意义上的公债。当时国家财政支出需要,都是通过赋税徭役等方面来获取资金,但各朝代都是在"治"与"乱"的波动中度过的,一旦遇上天灾人祸,财政困难立即就显现出来。当时,弥补财政不足的方法,主要是从征税、铸币、盐铁官营等措施中获利来弥补,没有像西欧那些封建君主一样依赖公债来弥补财政不足。特别是到了皇朝末期,内忧外患频繁,财政处在极度困难的状况中,封建君主越发横征暴敛、巧取豪夺,因而很少依赖公债。尽管如此,在我国几千年的古代社会中,也偶然出现过一些皇朝借债的事情,如成语"债台高筑"就是指周赧王借债起兵后,兵败无力偿还而躲入高台躲债的故事,反映了我国早期具有公债的萌芽。在我国,经常性较大规模地发行公债是在清末时期,具体来说是在甲午战争之后,并且外债远早于内债。

(二)公债的发展

从历史发展来看,公债尽管在奴隶社会就已出现,但真正得到快速发展并趋于完善却是在资本主义社会,一方面封建社会逐渐衰退的生产力为公债快速发展提供了契机,另一方面,资本主义商品经济的发展则成为公债强有力的经济基础。

首先,在封建社会末期,为了稳固日趋飘摇的政权基础,封建君主对内加大了军事统治,对外发起战争,由此产生了大量的军费开支。然而由于经济衰退,政治腐败,仅靠加重税收已远远不能够满足这种巨额财政支出的实际需要,于是,凭借国家信用来筹集债务收入便受到了封建君主集团的极大欢迎,催生了现代意义上的公债制度。恩格斯指出:"随着文明时代的向前发展,甚至捐税也不够了,国家就要发行期票、借债,即发行公债。"[①]

---

① 恩格斯.国家、私有制和国家的起源[M]// 马克思,恩格斯.马克思恩格斯全集:第4卷.北京:人民出版社,1972.

其次,如果说此时封建君主的借债动机已具备,那么资本主义经济的快速发展以及由此积累的财富,则为现代意义上的公债的快速发展创造了物质条件。作为一个强大的经济力量,资产阶级已经在封建社会里生长起来了,在经济上是大量社会财富的拥有者,但在政治上还处于无权的地位,面对当权者的借款要求,在政治诉求和经济诉求的双重因素下,双方的借贷关系从一开始的强制逐步向自愿转变。马克思在分析这一情况时指出,"国家是土地贵族和金融巨头联合统治的化身,它需要金钱来实现对国内和国外的压迫。它向资本家和高利贷者借钱,而付给他们一纸凭据,并且规定每 100 英镑借款必须付给一定数量的利息"。[①]

再次,尽管公债的产生源于封建君主的资金需求,但公债一经产生,便与资本主义的逐利本质相结合,成为资本原始积累的有力手段。19 世纪,随着民主立宪政治制度在西方国家逐渐完善、国家信用的建立以及经济的发展,财政制度的健全,现代意义上的公债制度最终确立起来。

(三)政府公债的产生条件

从历史的演进过程来考察,公债产生需要具备以下几个基本条件。

1. 资本主义生产关系的发展

资本主义经济为公债产生和发展提供了重要的制度基础。虽然新兴的资产阶级在政治上处于无权的地位,但是由于掌握先进的生产模式,迅速地积累了大量社会财富。当封建专制君主因为战争或者奢靡消费面临国库短缺时,他们就会在经济上求助于资产阶级这一掌握财富的新兴阶层。对此,马克思曾指出资本主义时期的贸易和经济方式也为公债的产生提供了必要的基础,他认为"公共信用制度,即国债制度,在中世纪的热那亚和威尼斯就已产生,到工场手工业时期流行于整个欧洲。殖民制度以及它的海外贸易和商业战争是公共信用制度的温床。"[②]这就是说,公债产生于封建社会末期而普遍于工场手工业时期,与资本主义经济的发展紧密联系在一起的。

2. 社会上存在可借贷的闲置资本

从本质上来看,公债是社会资源使用权的一种让渡,因此只有当社会中存在有类似的可以让渡的社会资源时,政府与非政府部门之间的债权债务关系才得以建立,恰巧的是资本主义社会生产力和商品经济的发展提供了举借债务所需要的大量闲散社会资本。随着商品货币经济的发展,企业自有资金增加,个人收入提高,银行储蓄增加,为公债的发行提供了强大的物质基础。借贷资本家将自己拥有的资本存入到银行享有利息,或者是寻求其他更好的收益方式在市场上投机牟利。无论是从西方公债产生的历史还是我国公债发展的历程来看,公债的产生与否都取决于社会资本的转换能力,即社会上是否具有足够数量的闲散资金

---

① 马克思. 新的财政把戏或格莱斯顿和辨士 [M]// 马克思, 恩格斯. 马克思恩格斯全集:第 9 卷. 北京:人民出版社,1972.

② 马克思. 资本论:第 1 卷 [M]. 北京:人民出版社,2004.

为公债的筹资提供可能,这是公债产生的物质条件。

3. 政府财政赤字弥补的需求

公债的产生与政府的财政需要是分不开的。当政府职能范围不断扩大时,财政支出的规模也随之增大,仅仅依靠税收已经难以满足财政支出的需要,这时国家需要利用一种信用工具筹集资金,去弥补大量的财政赤字。通过发行公债弥补财政赤字,是解决财政困难的有效手段,也是公债产生的主要动因。更为重要的是,与加征税收、增发货币等手段相比,发行公债在筹集资金的同时,维持了社会供给和需求的平衡状态,因此可以有效地防止通货膨胀,是弥补财政赤字的最佳选择。正如马克思所言:"这种国家负债状态的原因何在呢? 就在于国家支出经常超过收入,在于这种不对称的状态,而这种不对称的状态,既是国家公债制度的原因又是它的结果。"①

4. 国家对外扩张的需求

从历史看,公债制度在资本主义国家产生,是与保证其对外扩张的需要相联系的。17世纪末,资产阶级开始了急剧的原始资本积累,不惜一切手段,对外推行野蛮的殖民制度和进行海外贸易以及进行商业战争,以获取资本主义生产所必需的开支和资本。马克思在《即将发行的印度公债》中还指出"将在英国举债,并且议会在二月间一开会即应予以核准的这项公债,目的是满足东印度公司的英国债主对该公司的要求,同时也是为偿付因印度起义而引起的有关军用物资、军需品和部队调动等项特殊开支"。② 这些充分说明,公债是在资产阶级进行海外贸易和商业战争需求的情况下产生与发展起来的。

除了以上几个基本条件之外,公债的产生还需要其他的条件,如,金融信用制度。从历史来看,金融机构的发展和信用制度完善为公债产生和发展提供了重要的基础。信用是现代金融的核心要素,在国家信用的保障下,债权人愿意把资金借给政府,进而确立了债券和债务关系。因此,金融信用制度是公债产生发展过程中的重要条件。否则,公债的发行就会缺乏有效的手段和工具。此外,社会意识观念也会对公债的产生具有一定的影响,不同时代社会中人们对公债观念的不同,也会影响公债的发展。

二、政府债务理论演变

尽管政府举借债务已成为与税收同样重要的获取财政收入的渠道,但从理论界对于政府债务的认识来看,存在着两种截然不同的观点,古典学派在政府是"守夜人"的观点下反对政府发行公债,而凯恩斯主义主张政府适当干预经济以应对有效需求不足,因此支持政府发行公债。从本质来看,对公债认识的差异主要源于对政府职能以及公债发行结果的认识不同。

---

① 马克思. 1848 年至 1850 年的法兰西阶级斗争[M]//马克思,恩格斯. 马克思恩格斯全集:第 7 卷. 北京:人民出版社,1972.

② 马克思. 即将发行的印度公债[M]//马克思,恩格斯. 马克思恩格斯全集:第 12 卷. 北京:人民出版社,1972.

（一）古典学派的公债理论

古典学派的代表人物,如亚当·斯密、大卫·李嘉图和法国经济学家萨伊等,都认为公债有害于社会经济的发展,对政府发行公债往往持反对态度。他们之所以认为公债会损害经济发展,主要原因包括:①国家举债不是为了生产和发展,而是为了满足当权者奢靡生活,如果轻而易举通过举债能够获得资金,君主和国家将更不知节俭,长此以往是有害的;②社会资源是有限的,一旦君主和国家进行举债,必将减少生产性资本,不利于国家生产和财富积累;③国家举债造就了一批食利阶层,鼓励人们将资金投入非生产领域,做不劳而获的寄生虫;④举债是预借赋税,必将加重后代人的负担;⑤当举债过多时,当权者往往会采取通货膨胀的方法来推卸债务,不仅会让经济陷入危机,也将造成国家的破产,甚至灭亡。古典学派关于公债的认识,进一步强化了"廉价政府"的主张,无论公债也好,其他的财政政策也好,都要以不干涉和阻碍资本主义的发展为前提。

（二）凯恩斯学派的公债理论

20 世纪 30 年代西方资本主义社会爆发的经济大危机,让以主张政府干预、主张公债有益论的凯恩斯主义应运而生。作为解决有效需求不足的重要政策手段,凯恩斯主张的公债有益论得到了各国的青睐,成为当时挽救危机的万全之策。与古典学派不同,凯恩斯把公债看成国家干预和控制社会经济、稳定社会秩序的手段,他认为:①在资本主义生产出现危机、有效需求不足的情况下,发行公债筹集资金的主要目的是支持政府扩大财政支出,并进一步带动就业,从而带动经济走出危机;②国家向国民借债,从国家范围看是政府和居民之间的资源流动,不仅国内资源总量不会削减,而且政府通过改变国民手中的货币用途,可以促进要素合理流动,进而推动经济发展;③公债发行的绝对数量随经济的发展而增加,相对数量随经济的发展而减少,因此不必要担心政府难以负担;④公债是税收的预征,尽管后代人承担了归还债务的责任,但同时他们也会继承作为债权人所享受的利息。

（三）新古典学派的公债理论

第二次世界大战后,以萨缪尔森为代表的一批美国经济学家,把新古典经济学理论与凯恩斯经济学理论加以综合,逐渐形成了"新古典综合派"的宏观经济学。与古典学派的公债有害论和凯恩斯的公债有益论有所不同,萨缪尔森的公债思想是从讨论公债真正负担来展开的,最终的结论是支持政府发行公债:①明确什么是真正的公债负担。他认为发行公债会因还本付息而征税,并产生效率损失和资本替代效应,进一步影响私人的投资和预期,这些负担对于政府来说,确实需要引起关注。②真正的公债负担并不像人们认为的那样可怕,公债并不是一件令人担忧的事情。③公债的数额不应受到限制,政府通过发行公债来促进消费和投资,这种积极的财政政策对美国的经济起到了巨大的促进作用。

（四）理性预期学派的公债理论

20 世纪 70 年代,面对资本主义国家出现的滞胀,在经济理论界掀起了一股反思凯恩斯主义的热潮。以美国经济学家罗伯特·巴罗为代表的理性预期学派，对李嘉图在 300 年前提到的公债思想进行了重新阐述。在最初的李嘉图等价定理中，讨论了面对巨额军费开支时，课税和发债这两种筹资手段会带来怎样不同的后果。当时主流观点认为大量征税会紧缩国内经济，相比之下，发行公债的负效应可能会更小一些。但李嘉图的观点相反，他认为政府无论选择征税，还是发债，其经济效应都是等价的。巴罗则利用理性人假说，进一步复兴了李嘉图的等价思想，以驳斥凯恩斯学派关于发行公债刺激需求的观点。他认为，如果政府通过债务融资来减税，尽管可以影响当期可支配收入，但不会影响经济主体的消费需求，因为理性经济人能够认识到，今天的债务（减税）就是明天的税收（增税），因此主张政府发行公债来干预经济的政策必然无效。当然，这一观点的成立有赖于一些前提假设，如消费者有能力预见未来的税收、今天的纳税人（家庭）也是未来的纳税人（家庭）、税收是一次性总额税等。

（五）马克思的公债理论

马克思认为："公债成了原始积累的最强有力手段之一……于是出现了这样产生的有闲的食利者阶级，充当政府国民之间中介人的金融家就大发横财，每次国债的一大部分就成为从天而降的资本落入包税者、商人和私营工厂主的手中"[①]。从马克思的论述可以看出，公债不仅是新兴的资产阶级向封建国家争夺政治权利的武器，并且与殖民制度、税收、商业贸易和战争等一起，加速了资产阶级原始财富的积累，对推动生产方式由工场手工业到机器大工业的转变奠定了物质基础。更为重要的是，在资本主义生产方式确立后，资产阶级政府更是把公债作为对外扩张和剥削国内劳动人民的一个重要工具，一方面资产阶级挥舞公债这个"魔杖"成为食利者阶层，而另一方面公债的本息偿还以及相联系的沉重税收加速了无产阶级的贫困，其结果必然促进资本积累、积聚和集中，加深了资本主义的基本矛盾和阶级矛盾，使资本主义社会更加腐朽和寄生。在马克思看来，尽管公债与资产阶级的本质一样存在掠夺性，但应当肯定的是，伴随着公债的快速发展，客观上促进了资本主义的信用、股份公司、证券交易所以及现在银行的极大发展，对商品经济和社会化大生产起到了很大的刺激作用。[②]

总体来看，无论是古典学派，还是凯恩斯学派、理性预期学派，它们产生于不同的时期，对于公债的观点也不尽相同，从本质上来看，之所以存在如此之大的差异，主要原因在于：

一是不同的时代背景。当亚当·斯密观察到政府或君主具有奢侈或浪费倾向并将公债筹资用于战争费用时，其提出的公债有害论就易于接受了。在经济出现大萧条时，政府通过公债筹资来刺激消费需求并使得经济复苏时，凯恩斯的公债有益论就不难理解了。

二是不同的假设条件。认为公债不利于经济发展的观点，往往持有以下前提假设：①社会上没有多余的闲散资金；②通过发行公债筹集的资金主要用于封建君主的奢侈性消费、军

---

①　马克思.资本论:第 1 卷[M].北京:人民出版社,2004.
②　王勋铭.马克思的公债理论及我国公债发行问题[J].经济科学,1988(1):20-25.

费支出等非生产性支出;③公债不仅不会产生收益,而且还带来了还本付息的负担,由此产生了额外的损失,而这一切都需要纳税人来负担,因为公债是延迟的税收。

相反,认为公债有益或主张政府发行公债的观点,其前提假设主要有:①社会上存在大量闲置资金,公债筹集的资金往往是这些处于闲置的资金;②公债筹措来的资金主要用于生产性或投资性支出项目,当存在有效需求不足时,可以用于刺激消费或投资需求,进而摆脱经济危机;③公债所产生的收益大于还本付息的负担。

三、政府债务功能

发行公债的功能主要体现在弥补财政赤字、调节经济和筹集建设资金三方面。相比较于内债,外债在弥补财政赤字的功能主要表现为平衡政府的国际收支,筹集建设资金是外债的另一个重要作用,举借外债可以补充国内建设资金的不足。

(一)弥补赤字

弥补财政赤字是公债产生的首要动因。公债弥补财政赤字的实质是以国家信用作为担保,将本属企业和个人支配资金的使用权在一定时期内让渡给政府,对此政府通过支付利息来对企业和个人进行补偿。因此,从总量来看,发行公债不会额外增加市场中的货币流通量,进而避免货币超发带来的通货膨胀。此外,公债的认购通常采用自愿原则,只是将社会中闲置的分散的投资集中到财政手中,不会带来太多的排挤效应和效率损失。因此,在出现财政赤字时,发行公债便成为政府的首选。

(二)筹集建设资金

面对公共产品有效供给不足的市场失灵问题,无论是发展中国家还是发达国家,都将公债作为筹集建设资金的一个重要手段。比如在我国,在推进公共服务均等化和提高公共服务水平的任务中,需要大量建设资金,完全依靠社会力量无法满足资金需求,因此需要政府财政承担一定的投资任务,在税收难以满足财政支出需要的情况下,就有必要通过发行公债动员社会闲散资源来筹集建设资金。同样地,即便是在市场经济发达的西方国家,在推进社会基础设施建设的过程中,也仍需要政府参与,因此公债这一手段也被广泛应用,如美国发行的市政债券等。

(三)宏观调控

第一,公债是一个重要的经济杠杆,公债的发行,偿还,使用都会对经济发展资源配置和收入分配产生一定的影响,无论从哪一种意义上讲,公债都是对 GDP 的再分配,反映了社会资源的重新配置。所以在客观上,公债能够起到调节国民收入分配比例,影响社会总供求关系,调节经济运行的作用。第二,举债融资可以在短时间内将社会闲散资金进行集中,通过增加政府财政收入进而形成财政支出,当这些闲散资金在合理规划之下投向了那些重要的、带动作用强的公共品时,不仅可以弥补公共品投入的不足,而且还可以带动相关产业发展,进而达到增加未来财政收入的目的。第三,政府债务融资还可以调节地区之间资源的流向,尤其是在市场经济高度发达的国家,资源高度自由流动条件下,在面向本地区发行公债时,本地之外的资本也可通过各种途径购买本地公债,促进资金流向本地,加速地区间资源流动,集中闲散资金支持当地发展。

(四)金融功能

公债作为财政政策的手段之一,同时还具备较强的金融功能,尤其是中央政府发行的国债,不仅是金融债券市场是一种重要的产品,而且还起到了债券市场基石的作用。首先,国债市场有助于形成市场基准利率,利率是金融市场的核心,是市场最重要的宏观经济指标之一。国债是一种固定收益、无信用风险的投资工具,这一特性使得国债利率成为其他金融工具定价的基础。在国债市场充分发展的条件下,某种期限国债发行时的利率就代表了当时市场对该期限利率的预期水平。其次,国债是货币政策的重要工具,由于大量的国债被商业银行所购买,因此国债市场是联结货币市场与资本市场的重要工具[1],比如央行不定期进行的国债逆回购则是一种典型调整市场流动性的做法。

【专栏 7-1】

讨论:拉美债务危机导致"失去的十年"的教训和启示[2]

资料1:以1982年8月墨西哥宣布无力偿还外债为标志,拉美债务危机爆发,随后巴西、委内瑞拉、阿根廷、秘鲁和智利等国也相继发生还债困难。债务危机使拉美经济陷入"失去的十年"和"中等收入陷阱"。

资料2:阿根廷、巴西等主要拉美国家在20世纪30—80年代相继实施"进口替代"战略,实行"高目标,高投资,高速度"的方针。庞大的经济发展战略需要大量的资金投入,但其国内储蓄率和投资率普遍较低,本国资金匮乏,只能依靠国际资本,大举外债。另外,20世纪70年代两次石油危机导致原油价格大涨,石油输出国获得了巨额美元收入,资产增值保值需求强烈,国际市场美元供给充足。美联储货币政策整体宽松,联邦基金利率维持在较低水平,1970年全年平均利率为7.2%,1975年回落至5.8%,低利率环境降低了拉美国家的借贷成本。伴随全球金融一体化进程,欧、美商业银行加大了对拉美国家的信贷投放。从总量来看,20世纪70年代拉美各国外债规模急剧膨胀,外债余额占GDP比例持续爬升。1970年墨西哥、阿根廷和巴西三国的平均外债余额为63亿美元,而1980年平均外债余额已猛增至523亿美元,增幅高达727%。由于缺乏良好的规划管理,大量外债被用于投资项目周期长、效率低、流动性和变现能力差的大型公用事业,并且部分被用于非生产性支出(如弥补国有企业亏损、购置军火等)。

资料3:为应对滞胀困境,吸引国际资本回流,自1980年8月起美联储连续加息,联邦基金利率从1980年初的15%提高到1980年末的22%。拉美国家举借的外债多为浮动利率,

---

① 唐旭.中国国债市场金融功能分析[J].新金融,2005(4):3-5.

② 任泽平,马家进,石玲玲,等.20世纪80年代拉美债务危机是如何发生的[J].国际融资,2020(10):38-41.

国际借贷成本骤升,债务负担加剧。同时,为应对第二次石油危机冲击带来的周期性衰退,20 世纪 70 年代末,美国、欧洲各国加强贸易保护主义,采取提高关税、设置进口限额等各种非关税壁垒的手段,向发展中国家转嫁危机,造成拉美国家巨大的贸易逆差,沉重打击了以出口贸易为主要外汇收入来源的拉美国家。1982 年 8 月,墨西哥宣布无限期关闭全部汇兑市场,暂停偿付外债,拉开了危机序幕。随后,巴西、委内瑞拉、阿根廷等国也相继发生还债困难,债务危机全面爆发。

资料 4: 债务危机对拉美国家的经济发展造成了剧烈冲击。第一,经济增长率大幅下降。债务危机后,墨西哥、智利、巴西、委内瑞拉等七个主要拉美国家经济一度陷入负增长(见图 7-1)。第二,通胀率持续攀高。拉美地区的通胀率居高不下,1990 年阿根廷和巴西的CPI 增速甚至超过 2 000%。第三,失业率大幅升高,实际工资水平普遍下降。随着失业率的升高和实际工资的下降,人民生活水平降低,社会分配不均的状况也越发突出。第四,经济动荡引发社会矛盾进一步尖锐。1983 年以来,智利、巴西等拉美国家都曾发生人民抗议物价上涨、抗议失业的游行示威和罢工。债务危机也对欧、美商业银行造成了沉痛的打击。欧、美商业银行坚信国家不会破产,向拉美国家提供了大量贷款,债务危机爆发后,欧、美商业银行出现了大量无法回收的债务,损失惨重。

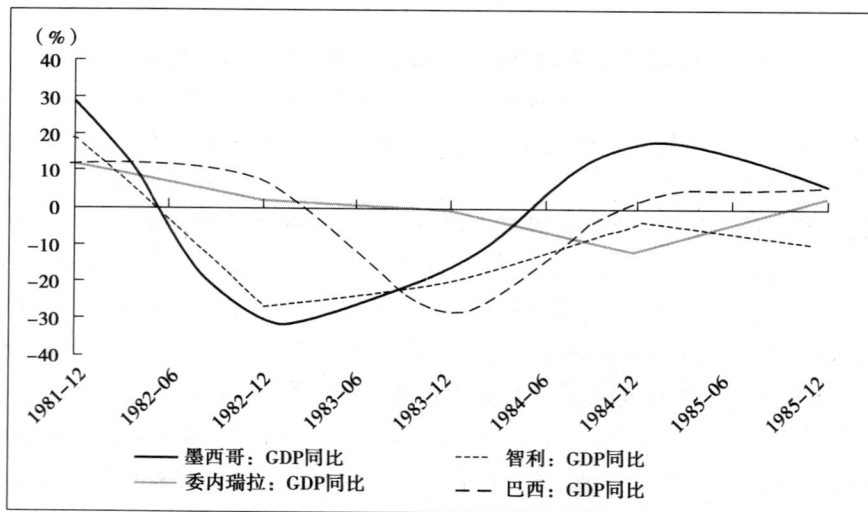

图 7-1　危机后墨西哥等部分拉美国家 GDP 增速

资料来源:Wind,恒大研究院。

第二节　地方政府债务的种类和特点

一、地方政府债务的种类

（一）按照可否自由流通划分

由于公债可以按照约定期限收回本息，是有价凭证的一种，具备流动性的前提。因此，可以根据是否流通，把公债划分为可转让公债和不可转让公债。这是公债最基本的分类。

1. 可转让公债

可转让公债是指可在金融市场上自由流通，买卖的公债。通常按还本期限的长短分为国库券、中期债券、长期债券等。

（1）国库券。一般来说，国家发行国库券主要目的是调剂政府财政收支过程中的季节性资金余缺。由于政府财政收入流入国库的速率和财政支出进行的速率存在着不同步的情况，即使从全年来说财政预算是平衡的，在个别月份财政部门也会出现收不抵支的现象。为弥补这种季节性的赤字，各国政府大都把发行期限在 1 年以内（短的仅为几个月）的国库券作为一种季节性的资金调剂手段。正是因为它的发行是暂时解决资金周转困难，属于国库内部财政收支的正常调剂，因此被冠之以"国库券"之名。需要强调的是，这里的国库券并非我国发行的国库券，我国 1981 年后连年发行的国库券，为期长达 10 年、5 年，短至 3 年已远远超出 1 年的界限，与严格意义上的"国库券"的差别很大。

（2）中长期债券。中期债券（在有些国家亦称财政部债券）和长期债券（亦称政府债券）是中长期公债的主要形式。一般来说，中期债券的期限在 10 年以内，长期债券的期限则在 10 年以上。中长期债券是各国长期金融资本市场上的主要流通工具，与短期债券相比收益也更高，因此对于那些流动性需求不大，并且将主要目标放在赚取投资收益的企业、居民或其他投资机构，更是乐于在中长期债券上进行投资。

2. 不可转让公债

不可转让公债，是指不能在金融市场上自由流通买卖的公债。可以根据发行对象的不同，进一步分为对居民家庭发行的储蓄债券和对特定金融机构发行的专用债券。

（1）储蓄债券。储蓄债券是专门用于吸收居民储蓄的债券。它是不可转让公债的最主要形式。储蓄债券的期限尽管各国不一，但大多较长，一般均在几年或十几年以上。一般情况下，储蓄债券是不允许提前兑现的，但是为了提高储蓄债券的吸引力，同时也是考虑持有者在遇到资金紧急需求或投资预期发生变化的现实情况，可以在特殊情况下，以损失一定利息为代价来进行提前兑现。不过为了避免过度的债券回流，各国对提前兑现往往要求规定一定的限制条件，如必须持有一定期限方可要求兑现。

（2）专用债券。专用债券是专门用于从特定金融机构,如商业银行、保险公司和养老基金等,筹集财政资金的债券,一般不向其他单位或个人销售。它是不可转让的一种形式。其期限较之储蓄债券更长,最长期限达 10 年,或 20 年以上。一般来说,专用债券发行的优惠程度通常低于储蓄债券,有的甚至还低于可转让的诸类债券。

（二）按照发行区域划分

按照发行区域可将公债划分为国内公债和国外公债。

国内公债,简称"内债",是指政府面向本国的投资人（可以是企业、个人或其他机构）发行并在国内流通和偿还的公债。内债的还本付息都以本国货币支付,不影响国际收支,对国家总体来说,资金无增无减,只是财产权的转移。

国外公债,简称"外债",是指一个国家的政府面向其他国家的政府、企业、居民以及国际金融组织等的借款和在国外发行的债券。与内债相比,举借外债要谨慎从事,这是因为:

（1）外债的还本付息通常以外币支付,要影响债务国的国际收支。

（2）偿还债务本息的资金都是国内的资源,这一方面会增加本国人民的负担,另一方面还会妨碍本国经济的发展。

（3）政治上容易受债权国的控制。举借外债也可以利用外资,弥补本国经济发展中的不足,关键在于要利用外债创造出高于发债成本的效益,否则将面临从经济上失去独立性的风险。

（三）按照偿还期限划分

根据偿还期限的不同,可将公债划分为短期公债、中期公债、长期公债以及永久性债务。

1. 短期公债

短期公债是指债务期限在 1 年以内的公债,它又被称为流动公债,短期公债的主要特点是具有较大的灵活性,政府可以根据需要随时发行短期债券,以弥补财政资金的不足。

2. 中期公债

中期公债是债务期限在 1 年以上,10 年以下的公债,中期公债由于从发行到偿还时间相对较长,政府可以在较长的时间内使用这笔资金,因此许多国家将中期公债筹集到资金用于弥补财政赤字或进行中长期投资。

3. 长期公债

长期公债是债务期限在 10 年以上的公债。可进一步分为两种:一种是有期的长期公债,即它的偿还期限虽在 10 年以上,但规定有具体的偿还时间,到期必须进行本息的偿付;另一种是无期的长期公债,也称永久公债或统一公债,是指没有偿还期限的债务,政府永久不偿还本金,只是按期支付利息,这种债务又称为可交易政府债务。这种公债在发行之时,不规定还本期限,平时仅按期支付利息。债券持有人有权按期取得利息,但无权要求清偿。政府则可视财政宽紧情况随时从市场上购回这种债券,但在法律上只有按期付息的责任。

(四)按照举债主体划分

按照举债主体,可将公债划分为国家公债和地方公债。由中央政府发行的公债称为国家公债或国债,由地方政府发行的公债称为地方公债或地方债。只有当地方财政真正独立于中央财政的条件下,公债才可以较为严格地区分为中央公债和地方公债。

二、地方政府债务的特点

从政府,即债务人的角度分析,政府债务具有如下特点:第一,自愿性。购买者可以根据自己的购买愿望和购买能力对政府债权进行购买,政府不加干涉,但是在一定程度上具有一定的强制性,如对购买程序、偿还期限、价格等都做了明确的规定。第二,有偿性。政府必须对所购买的债券进行偿还,偿还的期限、流程及利息都具有严格的规定,税收是政府偿还债务的重要资金来源。第三,灵活性。政府债务具有一定的灵活性,根据当前经济的发展状况,定位政府债券的作用,灵活地确定发放政府债券的数量,确定政府债券的类型以及偿还期限等内容。这些特点使得政府债务显著地不同于税收。

从债券购买者,即债权人的角度分析,政府债务具有如下特点:第一,安全性。政府债务的主体是国家或政府,以国家信用为基础,有严格的偿还程序和期限限定,基本零风险,具有较强的安全性。如,英国早期发行的公债带有金黄色边,因政府债券安全性高,被统称为"金边债券"。第二,稳定性。相对于私人债券和银行债务来说,政府债务的信誉度较高,价格不同,幅度较小,利率较稳定,在一定的经济阶段内,受外界因素的干扰较小,稳定性相对较大,波动较小。第三,效益性。政府债务有一定利率,利率波动幅度较小、较稳定,政府债务除了收回本金之外还能获得一定的利息,收益成果较为显著,政府债务收益不能低于购买者的边际投资收益,由于收益可以根据利率进行计算,还具有可预见性。

三、地方政府债务风险

地方政府债务风险的最终结果是举借债务而无力偿债。从某种意义上讲,引起这种风险的因素是多样的,亦存在不确定性,需要在风险转化为危机之前,对政府债务风险做出科学和准确的预判。

(一)政府债务风险矩阵

世界银行的高级顾问汉纳·普拉科瓦在2002年首先提出了著名的财政风险矩阵,分别从法律责任和道义责任的角度,以及债务责任是否具备确定性两个角度,将政府债务分为四类:显性直接债务、隐性直接债务、显性或有债务和隐性或有债务,相应的地方政府债务风险也有四种:显性直接债务风险、隐性直接债务风险、显性或有债务风险和隐性或有债务风险。

(1)显性直接负债,是指由特定的法律或合同规定的政府债务,如外债、国债转贷、本级政府解决地方金融风险专项借款等。

(2)显性或有债务,是指由法律规定的当某特定事件发生时必定由地方政府承担的债务。如地方政府担保的外国政府贷款,地方政府担保的国内金融组织贷款等。

（3）隐性直接债务,不是由合同或法律规定的,而是由中长期公共支出政策中预先确定的责任所形成的债务。直接隐性债务是政府没有明确承诺,但是人们预期其债务最终会由地方政府承担的债务,如基础设施建设投资形成的债务。

（4）隐性或有债务,通常是指没有正式确认的、在某一事件发生后才发生的债务,是迫于公众和道义压力而接受的债务,如地方金融机构的债务,自然灾害和环境危机债务等。

结合汉纳·普拉科瓦的财政风险矩阵分类法,对我国地方政府债务做如表7-1所示的划分。

表7-1　地方政府债务风险的示意图

低　←　债务风险　→　高			
债务	直接负债 （任何情况下都会产生的责任）	或有负债 （基于某一特定事项的发生而产生的责任）	
显性负债 （由特定法律或合同确认的政府债务）	（1）对内和对外的主权借款（中央政府的合同借款和发行的有价证券）； （2）具有法律约束力的长期预算支出（公务员工资和养老金）	（1）政府对非主权借款和地方政府、公共部门和私人部门实体（如发展银行）的债务的担保； （2）为各种类型的贷款（如抵押借款、农业贷款和小企业贷款）提供的保护性政府担保； （3）政府保险体系（针对存款、私人养老基金最低收益、农作物、洪水和战争风险）	低 ↑ 债务风险 ↓
隐形负债 （政府道义上的责任,主要反映了公众预期以及利益集团压力）	（1）公共投资项目的未来经常性费用； （2）法律没有规定的未来公共养老金（非公务员养老金）； （3）法律没有规定的社会保障体系； （4）法律没有规定的未来医疗资金	（1）地方政府、公共或私人实体的非担保债务以及其他债务无偿偿付； （2）实行私有化了的企业负债的清偿； （3）银行破产（超出政府保险以外的救助）； （4）非担保的养老基金、就业基金或者社会保障基金（针对小投资者的社会保护）的投资失败； （5）中央银行无法履行的责任（外汇合约、本国货币保护和国际收支稳定）； （6）灾害后的清理、救灾、军事筹资等	高

注：①政府债务仅指财政部门的负债,并非中央银行的负债。
　　②其中的一些例子普遍适用于所有国家（如国家债务）,有些例子则仅仅适用于少数国家（如农作物保险）。

资料来源：Hana Polackova , 马骏. 财政风险管理：新理念与国际经验［M］. 梅鸿,译. 北京：中国财政经济出版社,2003.

（二）地方政府债务风险衡量指标

1. 公债依存度

公债依存度指公债发行收入在当年财政支出中所占的比重。可以进一步细分为国家财政公债依存度、中央财政公债依存度。一般来说,这一指标的国际公认警戒线是15% ~ 20%,中央财政的国债依存度的国际公认警戒线是25% ~ 35%。

$$国家财政公债依存度 = \frac{当年的公债收入额}{当年的全国财政支出额} \times 100\%$$

$$中央财政国债依存度 = \frac{当年的国债收入额}{当年的中央财政支出额} \times 100\%$$

2. 公债的偿债率

公债偿债率是指当年的公债还本付息额与当年财政收入的比率,用于衡量当年财政收入中有多大比重是用于偿还公债的。国际公认该指标在10%以内安全。

$$国家财政公债偿债率 = \frac{当年还本付息支出额}{当年财政收入总额} \times 100\%$$

$$中央财政公债偿债率 = \frac{当年还本付息支出额}{当年中央财政收入总额} \times 100\%$$

对于外债来说,国际上通常认为的外债偿债率安全线为20%,危险线为25%。当偿债率超过25%时,说明该国外债还本付息的负担过重,有可能发生债务危机。

$$外债偿债率 = \frac{当年外债还本付息支出额}{当年商品和劳务出口总额} \times 100\%$$

3. 公债的负担率

公债负担率是指公债累积余额与当年经济总规模的比例,国际公认的警戒线是45% ~ 60%,一般60%为上限。

$$公债负担率 = \frac{公债累积余额}{当年经济总规模} \times 100\%$$

第三节 中国地方政府债务

一、中国地方政府债务的演变

我国地方政府债务的形成历程较为曲折,经历了从新中国成立初期的东北生产建设折实公债,到改革开放前"既无外债也无内债"的主动放弃公债时期,从改革开放之初严格控制地方政府举债,到2009年起中央政府试点发行地方债的探索,最后于2014年通过修订《预算法》,正式确立了地方政府合法举债的制度,进入到地方政府规范化举债的新阶段。

(一)新中国成立初期的探索(1949—1959)

新中国成立伊始,经济社会面临重建,且物价飞涨,经济形势不容乐观。从全国层面来看,为了避免过度发行货币加剧通货膨胀问题,中央政府经过全面审慎的考虑,决定1950年发行人民胜利折实公债,总额为2亿份,于1950年内分两期发行。其中,第一期公债1亿份成功发行,这批公债的募集及还本付息,均以实物为计算标准,公债分5年偿还,年息为5厘。第二期公债因财政经济状况好转停止发行。在当时,通过发行公债,一定程度上缓解了财政困难问题,同时对于减少社会游资,稳定金融和物价起到了很好的作用。

借鉴中央层面发行公债的成功经验,经中央政府批准,东北、安徽等地发行了地方政府债券。1950 年东北人民政府发行东北生产建设折实公债,该公债券同样采取了实物形式计算本息,原计划发行额为 3 045 万份,实际完成了 3 629 万份。安徽省人民委员会在 1959—1961 年每年都发行安徽省地方经济建设公债,共计划发行 12 030 万元,实际完成 7 660 万元[①]。考虑到当时的经济发展形势和需要,1958 年 4 月 2 日,中共中央颁布了《关于发行地方公债的决定》,决定从 1959 年起停止发行国家经济建设公债,但允许各省、自治区、直辖市在确有必要的时候,发行地方经济建设公债。同年 6 月 5 日,全国人民代表大会常务委员会第 97 次会议通过并颁布了《中华人民共和国地方经济建设公债条例》,制定了各地发行公债的基本管理制度。此后,1959—1961 年,江西、安徽、吉林、福建等省根据本地实际发行了地方经济建设公债。1961 年以后,地方经济建设公债停止发行,并于 1965 年前后基本完成还本付息。

从总体上看,新中国成立初期发行地方政府债券契合了当时的发展形势,较好地满足了经济建设的资金需求,虽然形成了政府债务,但债券发行规模与地方财政财力相吻合,资金也投入到了工农业生产中,有效地带动了经济的发展。同时,在债券管理上,呈现出分权和集权相结合的思想,中央政府在赋予省级政府较大的管理自主权的同时,对地方经济建设发行债券做了一些限制规定,如债券期限、利率水平、发行方式。但由于高度集中统一的计划经济体制逐步形成,税收与国企利润上缴逐步取代了公债,成为主要的财税收入来源。

(二)"既无内债也无外债"的公债空白期(1960—1978)

1969 年 5 月 11 日,《人民日报》发表题为"毛主席的独立自主、自力更生伟大方针的胜利——欢呼我国成为一个既无内债、又无外债的社会主义国家",此后中国进入了长达 10 年"既无外债也无内债"的公债空白期。之所以主动放弃公债这一手段,理论界对此有以下三方面解释。第一,1958 年以后,随着中苏关系日趋紧张,苏联逐步停止了对华援助,以美国为代表的西方国家政府也对我国进行各种各样的经济封锁,那一时期的国际政治环境不允许我们举借外债。第二,1958 年后,"左"的错误思想在我国逐步处于支配地位,社会主义制度的优越性也被加上了"既无内债,又无外债"这一条,政府举借公债被视为有损社会主义国家声誉和形象的事情。所以,那一时期的国内政治环境也不存在举借公债的可能性。第三,在第一个五年计划胜利完成的刺激下,人们对国民经济的发展前景看好,据此对"二五"时期及其以后的财政收入做了较高的预期,因而认为政府举债已无必要。此外,当时还有一个主要原因是当时社会主义改造已经完成,政府的收入主要依靠国有企业上缴的利润和各种税收,社会上闲置资金很有限。

(三)改革开放以来重启地方政府债券(1979—2009)

1979 年以来,随着改革开放的不断推进,我国经济体制进行了大规模的调整,财政体制

[①]　马海涛,马金华.解决我国地方政府债务的思路[J].当代财经,2011(7):43-49.

也进行了相应的改革,由此重启了地方政府债券发行工作。此阶段可进一步分为初步发展阶段、快速发展阶段、市场化初探阶段3个阶段。

1. 初步发展阶段

这一阶段从1979年至1992年。20世纪80年代起,随着中央逐步下放部分行政性权力,"放权让利、分灶吃饭"的体制逐渐形成,地方政府发展经济的积极性极大提高。与此同时,改革开放促进了经济发展,提高了城乡居民收入水平,在剔除消费后其剩余也明显增加,闲置资金的增加为重启公债提供了有利条件。

需要强调的是,在这一阶段,法律认可的公债合法形式主要是中央政府层面发行的国债,地方政府举债仍面临着较为严格的限制。尽管如此,地方政府通过各种非规范方式进行举债的情况仍有发生,以隐性债务为主的地方债务问题不断积累。根据2011年审计署公布的《全国地方政府性债务审计结果》(2011年第35号)显示,早在1979年我国就已经出现了地方政府负有偿还责任的债务情况。

表 7-2　全国各地区政府性债务发生起始年情况表

年度区间	省级			市级			县级		
	当期开始举借个数	累计个数	累计占总地区比例	当期开始举借个数	累计个数	累计占总地区比例	当期开始举借个数	累计个数	累计占总地区比例
1979—1980	0	0	—	4	4	1.02%	51	51	1.84%
1981—1985	28	28	77.78%	56	60	15.31%	300	351	12.63%
1986—1990	5	33	91.67%	121	181	46.17%	833	1 184	42.61%
1991—1996	3	36	100%	172	353	90.05%	1 221	2 405	86.54%

数据来源:《全国地方政府性债务审计结果》(2011年第35号)。

2. 快速发展阶段

这一阶段存在于1993年至1997年。1994年我国实施了分税制财政体制改革,调整了中央与地方的财力格局,一定程度上也造成了"财权上移,事权下移"的局面,地方政府财政支出缺口不断扩大,举债诉求相应日益剧增。在政策层面,在这一阶段我国依然严格限制地方政府举债。1995年开始实行的《预算法》明确规定,"除法律和国务院另有规定外,地方政府不得发行地方政府债务"。同年颁布《担保法》,明确规定地方政府及其职能部门无权对经济合同进行担保。然而,在发展经济和官员晋升等因素共同影响下,各个地区、各个层级的地方政府自行举债或变相融资现象非常普遍,以财政周转金借款、金融机构贷款等显性负债逐步出现,同时国有企业亏损与债务、地方金融机构不良资产、粮棉企业亏损挂账以及或有负债和隐性负债也逐步形成。

3. 市场化初探阶段

随着 1997 年亚洲金融危机、2008 年金融危机的陆续爆发,我国均采取了积极的财政政策来应对危机挑战,从具体措施来看,主要是增加财政赤字、扩大公债发行为主要内容。为了缓解地方财政支出压力,同时确保不突破限制地方政府举债的政策要求,1998—2006 年,中央财政将部分新增国债项目资金转贷给地方,用于国家确定的国债资金建设项目,由地方政府还本付息,不列入中央预算,也不作财政赤字处理。

尽管有国债转贷资金的支持,但由于用途受限,在通货紧缩、消费不足、经济低迷等多重压力之下,地方政府不得不另辟路径寻求资金,以解决资金缺口问题,此时发行城投债、地方政府融资平台贷款等形式陆续出现,地方政府债务规模出现了超常规增长。根据《全国地方政府性债务审计结果》(2011 年第 35 号)显示,在 2010 年底地方政府性债务余额中,由地方政府部门和机构为主体形成的债务仅占 23.3%,其余债务主要以地方融资平台公司形成的债务为主,突出地反映了这一时期地方政府债务的形成特点。

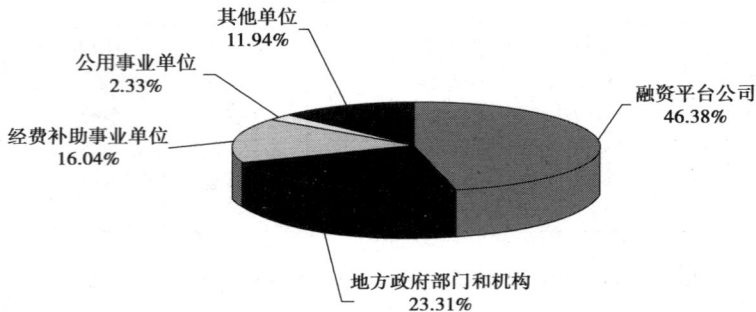

图 7-2　2010 年底全国地方政府性债务举债主体情况

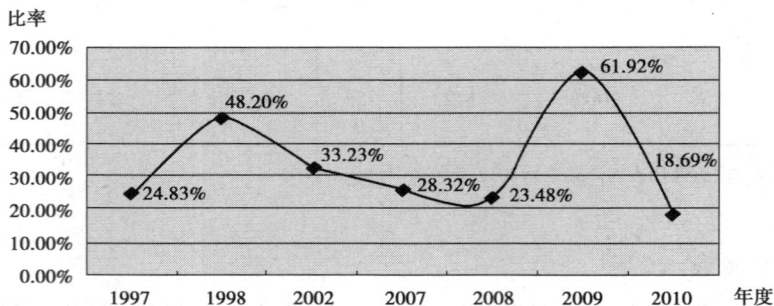

图 7-3　1997 年以来全国地方政府性债务余额增长率变化情况

从债务规模变化来看,2010 年底形成的全国地方政府性债务中,有 51.15% 是 2008 年及以前年度举借和用于续建 2008 年以前开工项目的。从债务规模的增长情况看,为应对金融危机影响,1998 年、2009 年的债务余额均出现较大幅度增长,增速分别达 48.20% 和 61.92%。从筹集的债务资金投向来看,主要用于市政建设、交通运输、土地收储整理、保障性住房等公益性基础设施建设。可以说,尽管这一时期地方政府债务形成方式上仍存在不少问题,特别是隐性债务的大量积累,给财政运行带来了一定的风险,但从债务金的用途和经济发展需要来看,地方政府债务在当时也发挥了一定的积极作用。

(四)地方政府债券规范化发展(2009年至今)

2009年,一场席卷全球的危机再次爆发,我国政府及时出台"四万亿"积极财政政策,其中的28 200亿元要由地方政府筹集,再加上地方的配套资金以及地方政府的自行投资,地方政府资金缺口异常突出。鉴于欧洲债务危机带来的警示,我国决定正式恢复发行地方债,并通过制度建设,推动地方政府债券发行走向法制化、规范化的发展道路。

1.代发代还

2009年2月18日,财政部颁布《2009年地方政府债券预算管理办法》(财预〔2009〕21号),标志着被相关法律条文封闭的"正门"正式解封,是我国地方政府债务治理体系深化改革的一个前奏。在该文件中,财政部采用"代发代还"的模式开始了对地方政府债券的探索,具体做法是由财政部代理各地(省级)发行政府债券,并将其纳入地方公共预算中统筹使用,并构成地方债务;债券到期前,地方政府需将还本付息资金缴入中央财政专户,由财政部代办还本付息业务。2009—2011年,由中央代发的地方政府债券保持着每年2 000亿元的发行规模。

2.自发代还和自发自还

在"代发代还"模式运行两年之后,2011年,经国务院批准上海、浙江、广东和深圳进行"自发代还"的探索,即在国务院批准额度内试点自行发行债券,但仍由财政部代办还本付息。2013年,国务院批准新增江苏和山东成为"自发代还"试点地区。2014年5月22日,财政部颁布《2014年地方政府债券自发自还试点办法》(财库〔2014〕57号),在前期6个试点地区基础上,增加北京、青岛、江西和宁夏,发行方式由"自发代还"改为"自发自还",即由地方自行发行债券并自行办理还本付息。2012—2014年,随着试点地区数量的不断增加,地方政府债券发行额度分别增加至2 500亿元、3 500亿元和4 000亿元。

3.地方政府债券规范化发行

2014年8月31日,《中华人民共和国预算法修正案》在第十二届全国人大常委会第十次会议上表决通过,2014年10月2日,国务院出台《关于加强地方政府性债务管理的意见》(国发〔2014〕43号),这两个重要文件基本确立了地方政府性债务治理的新框架。新《预算法》第三十五条明确规定,"经国务院批准的省、自治区、直辖市的预算中必需的建设投资的部分资金,可以在国务院确定的限额内,通过发行地方政府债券举借债务的方式筹措"。国发43号文件则明确剥离融资平台公司的政府融资职能,同时把地方政府债券分类为一般债券和专项债券,分别纳入一般公共预算和政府性基金预算进行限额管理。至此,地方政府举债的"正门"完全打开,各类违规举债通道(如融资平台公司等)逐步关闭,地方政府债务治理进入一个新时期。

【专栏 7-2】

我国政府债务"四步走"的发展历程①

国债的发展可以总结为"20 世纪 50 年代短暂起步——80 年代升级进步——90 年代积极快步——21 世纪有序阔步"四个发展阶段：

第一，国债"短暂起步"阶段。新中国成立之初，为了弥补财政赤字、平复战争创伤、恢复和发展经济，中央在 1950 年发行了总额 1.48 亿份的折实公债，这是我国国债的起源。"一五"计划时期，我国在 1954—1958 年发行了五期总额 30 亿元的国家经济建设公债。然而，随着国民经济的恢复，以上债务清偿完成后，国债便停发了。在 1968 年到 1980 年的 10 多年里，我国一直处于"既无内债、又无外债"的状态。

此阶段，我国实行高度集中的计划经济体制，宏观经济的调控主要依靠国家计划，财政的重要目标是实现收支平衡，发债只是特殊状态下的应急行为。但这短暂的起步已是了不起的创举。

第二，国债"升级进步"阶段。改革开放后，为了调动各方面积极性，国家在 20 世纪 80 年代初对企业实行了减税、放权、让利的系列措施，进而演进为"经营承包责任制"。中央向地方分权，在行政关系上，实行不同内容的"大包干"。然而，"大包干"带来的副效应是"包盈不包亏"，导致财政收入逐年下降，出现了大额赤字，多次向央行"借款"来弥补，但这不是长久之计。伴随这一过程，国债再次登上历史舞台，1981 年我国重启国债发行。80 年代，国债工作的重心在于"发行"，成果主要有两方面：一是摒弃了"零负债"观念，国债发行常态化。改革开放的推进需要大量建设资金，大举放权让利使中央财政吃紧，在赤字问题持续得不到解决的情况下，我国没有被"零负债"的老观念束缚，将举债行为常态化，为经济发展、社会安定提供了资金和空间。二是初期以行政管控确保发行，后期适时向市场化演进。国库券的发行以政治动员和行政摊派为主，禁止自由买卖，这在 80 年代前期确保了国债资金的顺利募集。到 80 年代末，国债期限长、无法变现的弱点显现，我国又适时而变，1988 年开始试点国债流通转让，1991 年开展国债承购包销，国债一、二级市场逐步建立。

第三，国债"积极快步"阶段。1992 年，党的十四大正式确立了我国社会主义市场经济体制的改革目标，明确了市场在资源配置中的基础性作用。1995 年，《中央银行法》规定财政不得向央行透支，国债成为弥补赤字的唯一手段。在此背景下，国债发行规模从 1993 年的 300 多亿元陡增至 1994 年的千亿元以上，并在 1997 年左右建成了现代意义上的国债市场体系。

一级市场上，发行模式不断创新，国债品种日益丰富。1991 年，国债承购包销标志着一级市场的建立；1996 年，国债招标发行则真正实现了市场化。招标发行极大地提高了发行效率，并且能反映市场对利率的预期，促进了一、二级市场的衔接，成为国债发行环节最重要的创举。同时，财政部新发行了记账式国债、储蓄式国债，推行了无纸化国债，构建了从 3 个月

---

① 刘仲藜. 国债的"四步走"发展历程[EB/OL]. 新浪财经，2020-12-10.

到 10 年期的国债期限品种,为市场提供了多层次选择。

二级市场上,交易所市场活跃,国债衍生工具出现。1990—1992 年,沪深交易所、武汉国债交易中心相继成立,为国债的交易流通提供了重要平台,国债交易额大幅提升,市场中介机构蓬勃发展。全国统一的流通市场建立以后,国债成为了金融市场上的优质投融资工具,并衍生出了国债回购、组合凭证、国债期货等新工具。

第四,国债"有序阔步"阶段。亚洲金融危机后的 1998 年至今,国债市场化体系建设持续推进,管理机制更加灵活,宏观调控功能逐步凸显。具体表现为:

一是多渠道、透明化、多样化的国债市场机制不断完善。形成了以银行间市场为主体,交易所、柜台债券市场并行发展的格局。做市商制度的建立增加了市场流动性;定期公布国债发行计划的信息披露机制,稳定了市场预期;15 年到 50 年长期国债的发行,进一步实现了期限品种的多样化。二是实施了"国债余额管理制度"。2006 年开始实行的国债余额管理制度,有利于财政部主动把控发债节奏,多发短债,降低了融资成本;便于央行开展公开市场操作,促进了财政与货币政策的配合;强化了国债的流动性,促进了国债收益率曲线的完善。三是国债成为积极财政政策的有力工具。1998 年亚洲金融危机蔓延态势下,我国增发 1 000 亿长期建设国债,发行 2 700 亿特别国债补充四大国有银行资本金,强化了银行抗风险能力,有力拉动了经济增长。2008 年国际金融危机发生后,次年国债发行规模突破 1.6 万亿元,同比翻番。2020 年新冠病毒感染疫情冲击下,1 万亿抗疫特别国债的发行,对防控新冠疫病、救助困难群众、提振市场信心、稳定经济运行起到了积极作用。

国债的"短暂起步——升级进步——积极快步——有序阔步"四步走发展史,映射了我国经济建设从弱到强的奋斗史,融汇于中国特色社会主义市场经济体制改革不断深化的变革史,值得铭记。

二、中国地方政府债务规模与结构

(一)2014 年之前地方政府性债务规模与结构

2014 年之前,我国不允许地方政府发行债券,除个别试点地区进行"自发代还""自发自还"探索外,此时地方政府债务多以或有债务为主,举债主体主要以融资平台公司居多。根据审计署 2013 年公布的《全国政府性债务审计结果》(2013 年第 32 号),截至 2013 年 6 月底,地方政府负有偿还责任的债务 10.89 万亿元,负有担保责任的债务 2.67 亿元,可能承担一定救助责任的债务 4.34 万亿元。

表7-3　2013 年 6 月底地方各级政府性债务规模情况表　　　　单位:亿元

政府层级	政府负有偿还责任的债务	政府或有债务	
		政府负有担保责任的债务	政府可能承担一定救助责任的债务
省级	17 780.84	15 627.58	18 531.33
市级	48 434.61	7 424.13	17 043.7

续表

政府层级	政府负有偿还责任的债务	政府或有债务	
		政府负有担保责任的债务	政府可能承担一定救助责任的债务
县级	39 573.6	3 488.04	7 357.54
乡镇	3 070.12	116.02	461.15
合计	108 859.17	26 655.77	43 393.72

数据来源:《全国政府性债务审计结果》(2013 年第 32 号)。

从举借主体看,融资平台公司、政府部门和机构、经费补助事业单位是政府负有偿还责任债务的主要举借主体,分别举借 4.08 万亿元、3.09 万亿元、1.78 万亿元(详见表7-4)。

表 7-4　2013 年 6 月底地方政府性债务余额举借主体情况表

举债主体类别	政府负有偿还责任的债务	政府或有债务	
		政府负有担保责任的债务	政府可能承担一定救助责任的债务
融资平台公司	40 755.54	8 832.51	20 116.37
政府部门和机构	30 913.38	9 684.2	0
经费补助事业单位	17 761.87	1 031.71	5 157.1
国有独资或控股企业	11 562.54	5 754.14	14 039.26
自收自支事业单位	3 462.91	377.92	2 184.63
其他单位	3 162.64	831.42	0
公用事业单位	1 240.29	143.87	1 896.36
合计	108 859.17	26 655.77	43 393.72

数据来源:《全国政府性债务审计结果》(2013 年第 32 号)。

从债务资金来源看,银行贷款、BT(建设移交模式)、发行债券是政府负有偿还责任债务的主要来源,分别为 5.53 万亿元、1.21 万亿元和 1.17 万亿元。

表 7-5　2013 年 6 月底地方政府性债务资金来源情况表　　　　　　单位:亿元

债权人类别	政府负有偿还责任的债务	政府或有债务	
		政府负有担保责任的债务	政府可能承担一定救助责任的债务
银行贷款	55 252.45	19 085.18	26 849.76
BT	12 146.3	465.05	2 152.16
发行债券	11 658.67	1 673.58	5 124.66

续表

债权人类别	政府负有偿还责任的债务	政府或有债务	
		政府负有担保责任的债务	政府可能承担一定救助责任的债务
其中:地方政府债券	6 146.28	489.74	0
企业债券	4 590.09	808.62	3 428.66
中期票据	575.44	344.82	1 019.88
短期融资券	123.53	9.13	222.64
应付未付款项	7 781.9	90.98	701.89
信托融资	7 620.33	2 527.33	4 104.67
其他单位和个人借款	6 679.41	552.79	59.39
垫资施工、延期付款	3 269.21	12.71	476.67
证券、保险业和其他金融机构融资	2 000.29	309.93	1 055.91
国债、外债等财政转贷	1 326.21	1 707.52	0
融资租赁	751.17	193.05	1 374.72
集资	373.23	37.65	393.89
合计	108 859.17	26 655.77	43 393.72

数据来源:《全国政府性债务审计结果》(2013 年第 32 号)。

(二)2015 年以后地方政府债券规模与结构

2015 年之后,按照《预算法》等规定,地方政府在规定限额内通过发行地方政府一般债券、地方政府专项债券两种形式筹集资金。因此,在 2015 年之后统计的地方政府债务,主要包括新增的地方政府一般债券和专项债券,以及 2014 年经过甄别后纳入地方政府债务管理的存量债务,统计口径存在新增债券限额、新增债券发行额、债券余额等类型。

根据财政部公布的数据显示,2015 年,地方政府新增债务限额为 0.6 万亿,其中一般债券新增限额 0.5 万亿,专项债务限额 0.1 万亿,当前完成债券发行 0.59 万亿,保持在限额以内。由于部分存量债务通过政府债券的形式进行了置换,因此从地方政府债券余额看,除2015 年新增发行的 0.59 万亿外,仍有存量债券余额 4.23 万亿,合计债券余额为 4.8 万亿元。近年来,随着地方政府债券管理的逐步规范化以及地方公益性基础设施建设的提速,地方政府债券规模快速扩大,新增发行额从 2015 年的 0.59 万亿增加至 2021 年的 4.3 万亿元,债务余额也逐步增加,从 2015 年的 4.8 万亿增加到 2021 年的 30.3 万亿,在支持公益性基础设施建设方面的作用逐步增大,但与此同时,随着债务规模的扩大,地方政府承担的债务管理责任也不断加大。

表 7-6 2015—2021 年地方政府一般债券和专项债券新增限额、
新增发行额和余额情况

单位:亿元

指标名称	新增债务限额			新增债券发行额			地方政府债券余额		
	新增一般债务限额	新增专项债务限额	小计	新增一般债券发行额	新增专项债券发行额	小计	一般债券余额	专项债券余额	债券余额
2015 年	5 000	1 000	6 000	4 953	959	5 912	38 516	9 744	48 260
2016 年	7 800	4 000	11 800	7 662	4 037	11 699	71 420	34 862	106 282
2017 年	8 300	8 000	16 300	7 961	7 937	15 898	92 624	54 824	147 448
2018 年	8 300	13 500	21 800	8 177	13 527	21 705	108 095	72 615	180 711
2019 年	9 300	21 500	30 800	9 073	21 487	30 561	117 137	94 046	211 183
2020 年	9 800	37 500	47 300	9 506	36 019	45 525	125 937	128 927	254 864
2021 年	8 200	36 500	44 700	7 865	35 844	43 709	136 302	166 775	303 078

来源:中国地方政府债券信息公开平台。

从一般债券和专项债券的新增发行情况来看,2018 年以来,专项债券发行规模逐渐超过一般债券的发行规模,在地方政府债务中占据主要位置。由于专项债券的用途主要是具有一定收益的准公益性项目,如垃圾处理、污水处理等设施,因此在推动市容市貌改善,提升公共服务水平方面发挥了重要的作用。

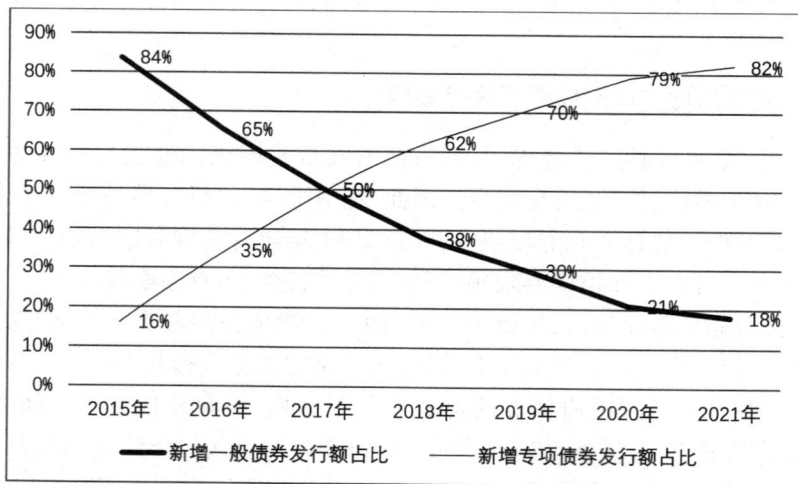

图 7-4 2015—2021 年新增地方政府债券中一般债券和专项债券占比情况

【专栏 7-3】

我国地方政府债务的分类和统计口径①

在我国，由于地方政府债务的特殊形成历程，导致各界对地方政府债务的理解存在不同，出现多种分类，比如地方债、地方（政府）债券、地方（政府）债务、地方政府性债务、城投债、融资平台公司债务、地方（政府）显性债务、地方（政府）隐性债务、一般债务、专项债务、一般债券和专项债券等。毛捷等（2019）归纳梳理了不同的债务口径和债务主体，详见表7-7。

表 7-7　我国地方政府债务的统计口径一览

分类	具体内容	债务主体
地方债 地方（政府）债券	主要是指地方政府发行的债券，具体包括： （1）2009—2014 中央政府代发代还的债券（其间有试点自发代还和自发自还）； （2）2015 年以来自发自还的债券	地方政府
地方（政府）债务	（1）2014 年底经甄别后的存量债务中，地方政府负有偿还责任的债务； （2）2015 年以来地方政府自发自还的债券	2014 年底甄别后明确的地方政府、融资平台公司； 2015 年以来为地方政府
地方政府性债务	（1）2014 年底经甄别后的地方政府存量债务； （2）2015 年以来地方政府自发自还的债券	2014 年底甄别后明确的地方政府、事业单位、融资平台公司； 2015 年以来为地方政府
城投债	资质较好（即符合标准化业务条件）的融资平台公司的标准化债务，包括：企业债、银行间债券市场非金融企业债务融资工具（中期票据、短融、资产支持票据、非公开定向债务融资工具（PPN）等）、公司债、私募债、资产证券化等	资质较好的融资平台公司
融资平台公司债务	融资平台公司的标准化债务和非标准化债务	融资平台公司
显性债务	（1）2014 年底经甄别后的地方政府存量债务； （2）2015 年以来地方政府自发自还的债券	2014 年底甄别后明确的地方政府、事业单位、融资平台公司； 2015 年以来为地方政府

---

① 毛捷，徐军伟.中国地方政府债务问题研究的现实基础——制度变迁、统计方法与重要事实[J].财政研究，2019（1）：3-23.

续表

分类	具体内容	债务主体
隐性债务	(1)2014 年底经甄别后未纳入地方政府存量债务,但仍有可能由地方政府负有偿还责任或救助责任的债务; (2)2015 年以来新成立事业单位、融资平台公司的非市场化债务(违法违规债务)	融资平台公司、事业单位
一般债务	(1)2014 年底经甄别后的存量债务中,地方政府负有偿还责任且纳入一般公共预算的债务; (2)2015 年以来地方政府自发自还的一般债券	2014 年底甄别后明确的地方政府、融资平台公司; 2015 年以来为地方政府
专项债务	(1)2014 年底经甄别后的存量债务中,地方政府负有偿还责任且纳入政府性基金预算的债务; (2)2015 年以来地方政府自发自还的专项债券	2014 年底甄别后明确的地方政府、融资平台公司; 2015 年以来为地方政府

三、中国地方政府债务管理

从 2010 年国务院出台文件加强地方政府融资平台管理,到 2014 年国务院颁布《关于加强地方政府性债务管理的意见》《地方政府存量债务纳入预算管理清理甄别办法》《地方政府性债务风险应急处置预案》等一系列文件,再到 2015 年的《预算法》(修订版)的正式实施,以及 2016 年《地方政府一般债务预算管理办法》和《地方政府专项债务预算管理办法》的相继颁布,对地方债务的管理越来越系统、规范,初步建立分类管理机制、限额管理机制、风险预警机制,分别对债务存量和债务增量进行管理调控。

(一)存量债务甄别和置换

在 2015 年正式发行地方政府债券时,对于以前通过融资平台等形式形成的存量债务,我国对此也进行了一定的规范。2016 年,国务院办公厅出台《地方政府性债务风险应急处置预案》(国办函〔2016〕88 号),同时经国务院批准,财政部印发《关于印发〈地方政府性债务风险分类处置指南〉的通知》(财预〔2016〕152 号),对非政府债券形式的存量政府债务处置进行了明确。其中,债务人为地方政府及其部门的,必须在国务院规定的期限内置换成政府债券,地方政府承担全部偿还责任。债务人为企事业单位等的,经地方政府、债权人、企事业单位等债务人协商一致,可以按照合同法有关规定分类处理。即,债权人同意在规定期限内置换为政府债券的,地方政府不得拒绝相关偿还义务转移,并承担全部偿还责任;债权人不同意在国务院规定的期限内将偿债义务转移给地方政府的,仍由原债务人依法承担偿债责任,对应的地方政府债务限额由中央统一收回,地方政府作为出资人在出资范围内承担有限责任,依法实现债权人的风险和收益相匹配。

此外,对于经甄别后纳入预算管理的地方政府存量债务,各地可申请通过新增地方政府债券进行置换,以降低利息负担,优化期限结构,腾出更多资金用于重点项目建设。2015 年 3 月,财政部向地方下达 1 万亿元的地方政府债券额度,用以置换 2015 年内到期的地方政府债务。2016 年以后,中央不再硬性下达置换额度,置换原则上由省级政府根据偿债需要、市场情况自行确定。2015 年至 2018 年之间,各地政府共发行了 12.2 万亿元的地方政府置换债,平均每年约置换 3 万亿元。

(二)限额管理

为有效防止地方政府债务过度膨胀,有必要采取一定的手段限制地方政府过度举债冲动。从国际经验看,债务限额管理制度是一个行之有效的手段。

2015 年 12 月,财政部引发《关于对地方政府债务实行限额管理的实施意见》(财预〔2015〕225 号),要求地方政府依法适度举债,其中,经国务院批准,省、自治区、直辖市政府可以适度举借债务,市县级政府确需举借债务的由省、自治区、直辖市政府代为举借。由此,地方政府一般债务和专项债务规模纳入限额管理成为我国地方政府债务管理的重要手段。从各地实践来看,地方政府一般债务和专项债务规模一般由国务院确定并报全国人大或其常委会批准,分地区限额由财政部在全国人大或其常委会批准的地方政府债务规模内根据各地区债务风险、财力状况等因素测算并报国务院批准。

(三)发行管理

在地方政府债券进入规范化发行阶段以来,地方政府的债务形成唯一合法形式为发行政府债券。为规范地方政府债券发行管理,保护投资者合法权益,地方政府在发行债券时应注意:

(1)坚持限额管理。其中,新增债券、再融资债券、置换债券发行规模不得超过财政部下达的当年本地区对应类别的债券限额或发行规模上限。

(2)合理确定债券结构。根据项目期限、融资成本、到期债务分布、投资者需求、债券市场状况等因素,合理确定债券的期限结构,适当分散偿债压力。

(3)做好债券偿还安排。在坚持市场化原则的前提下,合理确定债券本息偿还方式,通过到期偿还、提前偿还、分期偿还等方式合法保障债权人权利。

(4)坚持债券与项目需求相匹配。专项债券可以对应单一项目发行,也可以对应多个项目集合发行。财政部对地方政府债券发行期限进行必要的统筹协调。

(四)偿还管理

在明确发行程序的同时,《预算法》等相关文件同时明确了地方政府债券偿还机制,其中,地方政府发行一般债券融资,主要以一般公共预算收入偿还。有一定收益的公益性事业发展确需政府举借专项债务的,由地方政府通过发行专项债券融资,以对应的政府性基金或专项收入偿还。

四、中国地方政府债务风险与挑战

(一)我国地方政府债务隐性风险

新《预算法》和《国务院关于加强地方政府性债务管理的意见》(国发〔2014〕43号)实施以来,尽管各级地方政府加快建立健全规范的融资机制,但也仍在通过政府购买服务、政府与社会资本合作(PPP)、政府引导基金等方式隐性举债。随后《关于进一步规范地方政府举债融资行为的通知》(财预〔2017〕50号)《关于坚决制止地方以政府购买服务名义违法违规融资的通知》(财预〔2017〕87号)以及《地方政府土地储备专项债券管理办法(试行)》等政策的相继出台,为地方政府债券规范化发展奠定了制度基础。

1. 利用企事业单位等违规举债

《国务院关于加强地方政府性债务管理的意见》中就已经明确,要划清政府与企业界限,政府债务只能通过政府及其部门举借,不得通过企事业单位等举借。地方政府及其所属部门也不得违法为任何单位和个人的债务以任何方式提供担保。但实践中,仍有此类违规现象。根据《财政部地方全口径债务清查统计填报说明》,针对隐性债务的清查,中央重点关注以下两类机构:

(1)机关事业单位。包括各级党委、政府所属部门,事业单位,社会团体。

(2)国企,即国有独资或国有控股的非金融类地方国企,包括一级(集团)企业及其下级企业(包括具备独立法人资格的子公司、控股公司等)。

具体违规举债的形式包括:地方政府以机关事业单位及社会团体的国有资产为其他单位或企业融资进行抵押或质押;事业单位以教育等社会公益设施进行抵押融资;地方政府以文件、纪要、批示等形式要求或决定企业为政府举债或变相为政府举债;只承担公益性项目建设或运营任务、主要依靠财政性资金偿还债务的融资平台,以财政性资金、国有资产抵(质)押或作为偿债来源进行融资;地方政府承诺将储备土地预期出让收入作为融资平台公司偿债资金来源;地方政府将公益性资产、储备土地注入融资平台公司;地方政府虚构或超越权限签订应付(收)账款合同帮助融资平台公司等企业融资等。

2. 不规范的政府投资基金

根据《政府投资基金暂行管理办法》(财预〔2015〕210号)规定,政府投资基金是指由各级政府通过预算安排,以单独出资或与社会资本共同出资设立,采用股权投资等市场化方式,引导社会各类资本投资经济社会发展的重点领域和薄弱环节,支持相关产业和领域发展的资金。根据该规定,投资基金的亏损应由出资方共同承担,政府应以出资额为限承担有限责任。政府不得向其他出资人承诺投资本金不受损失,不得承诺最低收益。

但在实操中,地方政府存在违规变相举债的行为。那么这种违规行为就很可能增加地方政府隐性债务,包括但不限于:地方政府利用借贷资金出资设立各类投资基金;设立政府出资的各类投资基金时,承诺回购社会资本方的投资本金,承担社会资本方的投资本金损失;设立政府出资的各类投资基金时,承诺最低收益;设立政府出资的各类投资基金时,额外附加条款变相举债。

3. 虚构政府购买服务

根据《政府购买服务管理办法(暂行)》(财综〔2014〕96号)规定,政府购买服务是指把政府直接提供的一部分公共服务事项以及政府履职所需服务事项,按照一定的方式和程序,交由具备条件的社会力量和事业单位承担,并由政府根据合同约定向其支付费用。规范的政府购买服务本身没有问题,问题是出在一些地区存在违法违规扩大政府购买服务范围、超越管理权限延长购买服务期限等,这就相当于变相举债了。相关可能增加地方政府隐性债务的操作,包括但不限于:将原材料、燃料、设备、产品等货物,以及建筑物和构筑物的新建、改建、扩建及其相关的装修、拆除、修缮等建设工程作为政府购买服务项目;将铁路、公路、机场、通信、水电煤气,以及教育、科技、医疗卫生、文化、体育等领域的基础设施建设,储备土地前期开发,农田水利等建设工程作为政府购买服务项目;将建设工程与服务打包作为政府购买服务项目;将金融机构、融资租赁公司等非金融机构提供的融资行为纳入政府购买服务范围;把政府购买服务作为增加预算单位财政支出的依据,或年度预算未安排资金即实施政府购买服务;利用或虚构政府购买服务合同违法违规融资。

2017年6月之后,棚户区改造(简称"棚改项目")成为政府购买服务模式隐性债务的主要来源。地方政府将棚改项目纳入政府购买服务项目,然后和实施主体签订政府购买服务合同,形成合同项下付款义务;实施主体以签订的合同向银行进行贷款,获得资金支持。棚改的刚性支付义务形成隐性债务。按照《政府采购法》政府预算不能超过三年,按照"以收定支"原则实施,政府购买服务就属于合同项下的绩效挂钩的支出责任,不会形成地方政府债务。但棚改项目一般长达5到10年,不少地方政府在预算层面只将当年应付部分纳入预算,从而达到以少量年度预算撬动更高的银行贷款目的。这种做法会造成财政负担,大多数的情形中,政府这种责任是相对刚性的,因此被视为隐性债务。

4. 虚构PPP项目

在政府隐性债务的定义中存在这样的表述"主要包括……政府在设立政府投资基金、开展政府和社会资本合作(PPP)、政府购买服务等过程中,通过约定回购投资本金、承诺保底收益等形成的政府中长期支出事项债务。"

规范的PPP项目形成的中长期财政支出事项不属于地方政府隐形债务。而不规范的PPP项目则形成的地方政府在限额之外直接或承诺以财政资金偿还及违法提供担保等方式举借的债务,相当于是增加了地方政府的隐性债务。相关情况比较典型的做法是地方政府向社会资本方承诺最低收益,或地方政府承诺回购社会资本方的投资本金或承担社会资本方的投资本金损失,或者将未按规定转型的融资平台公司作为社会资本方的。

5. 地方政府在法定限额外直接举借的债务

根据2014年《预算法》,经人民代表大会批准的预算,非经法定程序,不得调整。

各级政府、各部门、各单位的支出必须以经批准的预算为依据,未列入预算的不得支出。除法律另有规定外,地方政府及其所属部门不得为任何单位和个人的债务以任何方式提供担保。同时43号文明确,地方政府债务规模实行限额管理,地方政府举债不得突破批准的限额。地方政府及其所属部门不得在预算之外违法违规举借债务。

具体导致增加了地方政府隐性债务的相关情况包括但不限于：地方政府或其所属部门通过贷款、借款、集资等方式，直接举借政府债务。地方政府或其所属部门通过不规范的土地、收费权等抵押贷款举债。由政府违规对外出具承诺函、担保函等形成或有债务。

（二）控制和化解地方债务风险的措施

1. 改变以 GDP 为核心的考核体系

为了使地方政府更好地履行职责，首先要改变的是以 GDP 为核心的考核体系，促使地方政府正确使用举债手段，有效控制债务规模。一是要将地方政府债务的相应指标加入考核体系中，把债务资金规模是否科学合理、项目举债是否具有必要性、举债项目是否有效使用借款资金等列入地方政府考核指标。二是把部门考核与个人考核相结合。部门考核主要考察部门完成地方工作的质量、债务使用效率等；个人考核主要考察官员的工作作风、债务管理职责等。三是引入外部评议机制。让广大群众参与官员测评，使人民群众全面了解地方债务的筹集和使用工作，收集群众反映和意见，增强社会对地方债务管理工作的监督。四是建立多层次的考核体系，把经济、社会、环境、人文等要素统筹考虑，引导地方政府在举借债务时更加考虑如何转变经济发展方式。

2. 完善财权和事权的分配体系

对于地方债务风险的形成而言，政府间财权与支出之间的不匹配，是引起地方政府债务风险增加的重要原因之一。针对这种情况，政府间的财权与支出责任必须得到重新调整，其主要表现在政府间的财权下移以及支出责任上移。对于政府间财权而言，其需要下移的财权主要包括企业所得税以及增值税税收分成比例；自"营改增"工作全面落实以来，中央政府与地方政府共享的增值税已被调整为五五分成，但是地方政府的主体税种仍然存在着很大的不足，亟须有效增加地方政府的财政来源以及市级政府和县级政府对地方税收的分成比例。对于政府间支出责任而言，应将外交支出、国防支出以及中小学教育支出等支出责任进行必要的上移。外交支出和国防支出属于纯公共属性的范畴，中小学教育支出具有较强的正外部性，并且其形成的人力资源也会随着劳动力的流动而发生变化，因此它也更加偏向于纯公共产品。根据相应的标准规定，中国政府应该承担起外交支出、国防支出的支出责任，同时承担起中小学教育的大部分支出责任。与此同时，在地方政府的债务结构组成中，市级政府的债务占比远远高于其他地方政府的债务占比，因此应该对其财权增加以及支出责任减少给予足够的重视。①

3. 建立地方政府性债务风险预警机制

财政部根据各地区一般债务、专项债务、或有债务等情况，测算债务率、新增债务率、偿债率、逾期债务率等指标，评估各地区债务风险状况，对债务高风险地区进行风险预警。列

---

① 尹映雪.我国地方债务风险及应对策略［J］.经济论坛,2022(3):24-25.

入风险预警范围的债务高风险地区,要积极采取措施,逐步降低风险。债务风险相对较低的地区,要合理控制债务余额的规模和增长速度。

此外,可探索建立公众参与的债务预警机制。目前我国地方政府债务的透明化程度不是很高,并且公众参与债务监督的实际并没有得到有效的发挥,这也在很大程度上增加了地方政府面临的债务风险,因此我国要根据当前的实际情况,建立完善的公众参与预警机制,切实提高公众参与地方政府债务监督的积极性,充分发挥公众的监督管理的职责。

4. 打破中央政府兜底的思维

要在思想上改变地方政府依赖中央财政"兜底"的思想,从中央部门到省级政府要逐渐意识到地方政府债务风险的严重性,坚持"谁举债、谁偿还、谁使用、谁负责"的原则,清楚划分地方政府债务的管理责任并出台相关政策,深入贯彻和落实"上级政府不为下级政府埋单"的财政理念。同时,面对债务危机时,积极运用债务重组制等市场化手段,及时追回资金,帮助存在严重债务问题的地方政府渡过难关。

【专栏7-4】

关于融资平台公司违法违规融资新增地方政府
隐性债务问责典型案例的通报(摘录)①

党中央、国务院高度重视防范化解地方政府隐性债务(以下简称隐性债务)风险,明确要求对隐性债务问题终身问责、倒查责任。近年来,财政部会同相关部门持续加大工作力度,始终保持高压态势,聚焦重点领域,严肃查处融资平台公司参与地方政府违法违规举债行为,有力推动隐性债务问责工作,形成有效震慑。为坚决遏制新增隐性债务,严肃财经纪律,发挥警示教育作用,现将其中八起融资平台公司违法违规融资新增隐性债务问责典型案例通报如下:

一、陕西省延安市新区投资开发建设有限公司、延安新区市政公用有限公司通过代政府借款等方式违法违规融资。2016年1月至2018年3月,延安市新区投资开发建设有限公司、延安新区市政公用有限公司将银行贷款等融资资金69.07亿元,按要求交由延安市新区管理委员会统筹使用,用于延安新区基础设施、道路工程等建设,截至2018年5月底,形成政府承诺以财政资金偿还的债务36.8亿元,造成新增隐性债务。延安市人民政府、中共延安市纪律检查委员会、延安市监察委员会依纪依规组织对相关责任人予以问责。对时任延安市新区投资开发建设有限公司总经理高某给予政务记过处分并责令其作书面检查;责令时任延安市新区投资开发建设有限公司副总经理、纪检负责人陈某某作书面检查;对时任延安新区市政公用有限公司董事长鲁某某给予政务记过处分;对时任延安市新区党工委副书记、管理委员会主任薛某某给予政务记过、党内警告处分;对其他相关人员一并进行了处理。

二、黑龙江省牡丹江市城市投资集团有限公司通过政府承诺方式违法违规融资。2015年10月,时任牡丹江市常务副市长白某某批准相关部门与牡丹江市城市投资集团有限公司

---

① 来源:中华人民共和国财政部监督评价局,2022年7月29日。

签订委托代建协议18份(其中15份为事后补签),承诺安排财政补贴15.86亿元,并以预期土地出让收入支付应收账款16.18亿元,支持该公司发行"16牡城02债"18亿元,造成新增隐性债务。中共黑龙江省纪律检查委员会、黑龙江省监察委员会依纪依规组织对相关责任人予以问责。对时任牡丹江市城市投资集团有限公司董事长、总经理宋某某给予政务警告处分,时任副总经理丁某某给予政务警告处分;对时任牡丹江市常务副市长白某某给予政务记过处分;对时任牡丹江市人民代表大会常务委员会党组书记、副主任梁某给予党内警告处分;对时任牡丹江市发展和改革委员会主任付某某给予诫勉谈话;对时任牡丹江市财政局局长金某某给予诫勉谈话;对其他相关人员一并进行了处理。

三、贵州省遵义市新区建投集团有限公司通过政府部门担保方式违法违规融资。2017年11月,遵义市新区建投集团有限公司以其控股子公司持有的对贵州新蒲经济开发区管理委员会7.02亿元应收账款为质押,通过上海金元百利资产管理有限公司发行"金元百利遵义建投基建系列专项资管计划"(1-7号)产品以及委托贵阳银行股份有限公司遵义分行向其贷款的方式,共募集资金3亿元,造成新增隐性债务。贵州新蒲经济开发区管理委员会出具了债权债务确认函、债权债务及收益权转让确认函,承诺履行还款义务。中共贵州省纪律检查委员会、贵州省监察委员会依纪依规组织对相关责任人予以问责。对时任遵义市新区建投集团有限公司董事长刘某某进行提醒谈话,时任党委副书记、副董事长、副总经理王某某给予政务警告处分,时任党委委员、董事、财务总监李某某给予政务警告处分;对时任遵义市新蒲新区管理委员会党工委副书记、管理委员会主任兼贵州新蒲经济开发区管理委员会党工委副书记、管理委员会主任路某某给予诫勉谈话;对时任贵州新蒲经济开发区管理委员会副主任朱某给予诫勉谈话;对其他相关人员一并进行了处理。

四、江苏省原洪泽县城市资产经营有限公司通过抵押公益性资产发债方式违法违规融资。2016年7月,原洪泽县城市资产经营有限公司(现淮安市洪泽区城市资产经营有限公司)抵押包含3宗作为绿地广场、市民文化广场使用的地块在内的土地使用权,发行"16洪泽债"10亿元,造成新增隐性债务。淮安市人民政府、中共淮安市纪律检查委员会、淮安市监察委员会依纪依规组织对相关责任人予以问责。对时任洪泽县城市资产经营有限公司副总经理陈某给予撤职处分;对时任洪泽县副县长王某某给予开除党籍、开除公职处分;对其他相关人员一并进行了处理。

......

核心概念:地方政府性债务　债务风险　债务风险矩阵　专项债券　一般债券

复习思考题

(1)如何界定地方政府范围?

(2)试从风险管理的角度对地方政府债务进行划分。

(3)如何理解我国地方政府债券反复停止最终走向规范发行的历程?

(4)如何理解我国地方政府债务规模和结构特征?

(5)新时期我国地方政府隐性债务风险表现在哪些方面?

(6)你认为应如何有效防范我国地方政府债务风险?

第八章
财政转移支付制度

【学习目标】

使学生了解财政转移支付的形式和效应,了解在我国不同的经济发展阶段下,中央对地方政府转移支付以及省以下政府间转移支付的形式和内容。通过向学生介绍我国财政转移支付制度沿革的背景、发展的脉络、相关规定和政策,引导学生深入社会实践、关注现实问题,认识到我国转移支付制度对于实现基本公共服务均等化、支持重点民生事业发展方面的意义,思考我国转移支付制度存在的问题和改革方向,培育学生的专业素养和综合思维能力。

【重点与难点】

重点是使学生了解我国中央对地方政府转移支付以及省以下政府间转移支付在不同的经济发展背景下有怎样不同的表现,从而理解我国财政转移支付制度改革的方向。难点是使学生理解不同的转移支付形式对经济社会所产生的效应。

政府间转移支付的形式有无条件转移支付和有条件转移支付两大类,不同的转移支付形式对地方政府提供公共品的行为和效果影响不同。1994 年分税制财政体制改革后,中国的转移支付体系进行了多次调整与完善,以促进公共服务均等化目标实现,均衡各区域的财力水平。1994 年分税制改革没有过多地涉及省以下财政体制问题,一定程度上导致多年来省以下财政体制的混乱和县乡财政的困窘,近年来我国不断推进省以下财政体制改革,努力化解县乡财政风险问题。目前,我国转移支付制度仍存在一些问题,如政府间权责关系不清晰导致转移支付资金分配不均衡,转移支付制度体系设计有待优化,转移支付监督评价体系仍存在缺陷,省以下转移支付制度亟待健全等。我国今后转移支付制度的改革应在这些领域加以完善,明晰政府间财政关系,努力增加基层政府公共服务供给能力,均衡不同区域间的财力水平,优化改善转移支付资金的使用效果。

第一节 转移支付的效应分析

政府间转移支付的形式有两大类：一是无条件转移支付，即中央政府对地方政府拨付转移支付资金的时候，不规定这些资金的具体用途，地方政府可以自主使用这些资金。二是有条件转移支付，即中央政府对地方政府拨付转移支付资金的时候，规定了这些资金的具体用途，地方政府要在中央政府规定的范围内使用资金。有条件转移支付又分为配套的转移支付和不配套的转移支付。配套的转移支付要求在中央政府拨付转移支付资金的时候，地方政府需承担相应比例的配套资金。在配套转移支付中，又有封顶的转移支付与不封顶的转移支付之分。不配套的转移支付则不要求地方政府承担配套资金。中央对地方政府转移支付的效应有两类——收入效应和替代效应。收入效应是指中央对地方政府的资金拨付会增加地方政府的可支配收入，进而增加地方政府对公共品的供给量。但是接受资金的下级政府会因为得到拨款而放松开辟财源的努力，减少对地方税征收的积极性，从而影响自身财政收入状况。替代效应是指中央政府补助了某种地方公共品，则该公共品和其他公共品的相对价格发生变化，从而影响当地居民对各种公共品的消费状况。

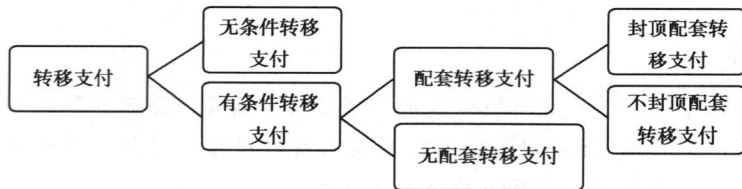

一、无条件转移支付的效应分析

无条件转移支付也称为"无条件拨款""一般性拨款""非选择性拨款""收入分享"。这种形式的转移支付不需要地方政府拿出配套资金，也不规定资金的具体用途，地方可以灵活地支配资金，中央政府对其不加以过多地干预。在无条件转移支付的情况下，中央政府把一大笔资金拨付给地方政府，又没有规定具体的用途，所以地方政府可以自由灵活、因地制宜地使用这笔财政资金，地方政府具有较大的资金裁量权。由于无条件转移支付这样的特点，地方政府往往偏好争取这样的拨款，以获得更大的财力自主权。但是无条件转移支付很可能会在一定程度上降低地方政府征税的积极性，因为地方政府可以毫不费力地获得一笔自由支配的资金，这样的状况会违背中央给地方政府补助资金的初衷。

由于无条件转移支付对资金用途不加限制，也不需要配套资金，所以这笔拨款会改变地方政府预算约束线，以及改变地方政府提供公共品的数量。如图8-1所示，横轴代表地方公共品1，纵轴代表公共品2，无条件转移支付之前地区预算约束线为 AA'，代表各种可行的两种地方公共品的组合，AA' 线与无差异曲线 I_1 的切点 E 点为均衡点，此时该地区居民消费的公共品1数量为 OF，消费的公共品2数量为 OG。当中央政府对地方政府进行无条件转移支付之后,地方政府获得了一笔自由支配的资金,所以该地区预算约束线会平行上移,移动为 BB' 线,BB' 线与无差异曲线 I_2 的切点 E' 点为新的均衡点,此时地方政府提供的公共品 1 数量为 OM,公共品 2 的数量为 ON。显然,$OM>OF$,OM 和 OF 之间的差额是 FM,即该地区预算约束线变动之后,当地居民消费的地方公共品 1 增加了 FM;$ON>OG$,ON 和 OG 之间的差额是 GN,即当地居民消费的公共品 2 增加了 GN。可见在中央政府的无条件转移支付后,该地区居民消费两种公共品的数量都有所提高。所以无条件转移支付具有收入效应,即在价格不变的情况下,地方收入变化导致地方政府提供各种公共品的数量都发生变化。

在图 8-1 中,AB 为中央政府给予地方政府的转移支付数额,只要 E' 位于 CD 之间,则 $FM<AB$(此时 $AB=EC$),即无条件拨款会使地方公共品的支出增加,但增加额一般小于中央政府的拨款额,这表明地方政府在获得上级政府补助的资金后,虽然会增加区域内公共品的提供量,但是由于无条件转移支付没有过多地限制地方政府的裁量权,所以地方政府也会将这笔资金用于其他的领域,从而影响这笔转移支付资金的实际效果。总之,无条件转移支付主

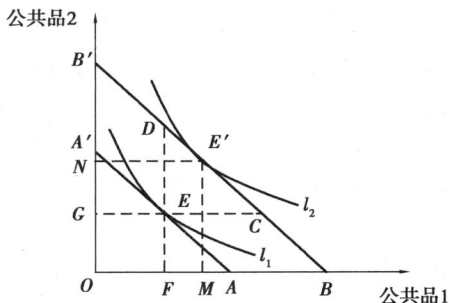

图 8-1　无条件转移支付的效应

要用于弥补地方财政缺口,促进区域间公共服务的均等化,对地方政府的财政行为没有太大影响,不直接干预地方政府的财政决策。

和无条件转移支付相关联的一个概念是"粘蝇纸效应"。美国经济学家 Gramlich(1969)在其研究成果《政府间拨款:经验实证研究的回顾》中用计量实验的方法对转移支付进行研究,研究表明地方居民收入(或国内生产总值)增加 1 美元,地方公共开支会增加 0.02 ~ 0.05 美元;而中央政府给地方政府无条件转移支付每增加 1 美元,地方公共开支会增加 0.3 美元,后者的效应远大于前者。[①] 由此可见,转移支付对地方政府支出的刺激作用大于地方居民收入(或国内生产总值)增加对地方政府支出的刺激作用,上级政府的转移支付资金如同苍蝇被粘在粘蝇纸上一样被"粘"在了地方政府那里,都将会用于公共品和政府行政的支出,而不是依据公共品和私人品的收入弹性重新分配,这种现象被称为"粘蝇纸效应"。"粘蝇纸效应"的负面影响是,相对于地方政府本级固有的财政收入而言,中央对地方政府的转移支付资金更会引起地方政府支出规模的膨胀。

二、有条件转移支付的效应分析

有条件转移支付是指中央政府规定转移支付资金的具体用途,地方政府必须按规定使用资金,专款专用,以贯彻和执行中央政府的方针政策。有条件转移支付通常被用于基础教育、发展农业、生态环境保护、社会保障等公共事业领域。这种转移支付形式虽然增加了地方政府的财力,但地方政府对这些资金没有自由支配权,地方政府要受中央政府意志的限制,并接受中央政府的监督和检查。

① 刘畅,马光荣. 财政转移支付会产生"粘蝇纸效应"吗[J]. 经济学报,2015(3):25-45.

（一）有条件非配套转移支付的效应分析

有条件非配套转移支付是中央向地方政府提供一笔固定数额的拨款,并规定其具体用途,但不要求地方政府提供配套资金。这种拨款可以在一定程度上增加地方的财政收入,提高地方政府对中央拨款项目进行进一步投资建设的积极性,并给予地方政府一定的灵活自主性。如图8-2所示,横轴表示接受补助的地方公共品1,纵轴表示地方的其他公共品2。在中央补助之前,地方的预算约束线是AA',与无差异曲线l_1相切于E点,E点即为均衡点。当中央政府给予地方政府有条件非配套转移支付之后,会增加地方政府的收入水平,但中央政府规定这笔资金应用于特定的公共品1上,所以新的预算线会向外移动,但主要表现在受补助的公共品1数量增加,其他公共品2的最大提供量仍然是OA'。新的预算线是一条折线$A'FB$,在E'点与无差异曲线l_2相切。此时接受有条件非配套补助的公共品1的供应量是OM,比补助前的供应量OZ增加了ZM的量,且可以看出ZM小于$A'F$。此外,未接受转移支付的其他公共品2的供应量由OG变成ON,ON大于OG,即其他公共品的供应量也有所增加,所以在实行有条件非配套转移支付的条件下,仍然会有补助金转移到其他公共品的提供中去。有条件非配套转移支付会改变地方政府的决策,如图8-2所示,公共品1原来由地方政府提供,现在中央政府对其进行补助,所以地方政府很可能会把原来准备投入到公共品1上的资金用于其他公共品2的支出,从而引起其他公共品供应量的变化。从图8-2中可以看出,接受有条件非配套转移支付的公共品1数量有较大幅度的增加,所以这种转移支付的形式能够较为显著地体现中央政府在支持地方提供某项公共品方面的政策意图,补助的效果很明显。

还需要注意的是,若有条件非配套转移支付的数额过大,则地方政府会过多地提供公共品1,从而减少提供公共品2,如果此时人们并不需要大量的公共品1,而是迫切需要公共品2,则中央政府对公共品1的有条件非配套转移支付会造成效率的损失。在这种情况下,中央政府也许认为某些领域十分重要,需要重点补助,但是地方的情况并不是如此,当地的人们有自身特殊的偏好,这会使中央政府的资金丧失效率,所以中央政府应该更加注重调查研究和谨慎判断,而不是想当然地进行决策。

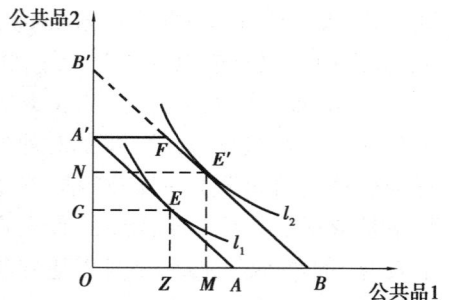

图8-2　有条件非配套转移支付的效应

（二）有条件配套转移支付的效应分析

有条件配套转移支付是中央政府给予地方政府一定数量的补助资金,但是要求地方政府投入一定比例的配套资金,只有地方政府拿出配套资金才可以得到中央政府的拨款。配套资金有封顶和不封顶的区别,所以有条件配套转移支付可以分为有条件不封顶的配套转移支付和有条件封顶的配套转移支付两类。此外,按照有条件配套转移支付对资金用途规定的宽窄情况又可以分为专项转移支付和分类转移支付两类。顾名思义,专项转移支付规定了资金使用的具体项目,地方政府只能专款专用。分类转移支付比专项转移支付的条件宽泛,介于无条件转移支付和专项转移支付的约束之间。分类转移支付只对拨款资金的大概用途做出规定,地方政府可以自主决定该笔资金的具体用途。分类拨款既可以避免专项拨款较为繁杂的申请手续和局限的资金用途,提高下级政府使用这笔资金的自由度,又可以在一定程度上加强对拨款资金的控制,避免无条件拨款资金的无序使用。

1. 有条件不封顶的配套转移支付

这种转移支付的形式要求地方政府在接受中央的补助时,要按一定比例拿出配套资金。但是中央政府对拨款的数额不加限制,只要地方政府可以持续拿出配套资金,不论地方支出多少,中央将按此规定给予补助,没有上限。如果这种补助办法刺激了地方政府的支出,那么中央政府给予的拨款会相应增加。对于地方政府来说,只要具备足够的自有资金,就可以一直向中央政府要求拨款。有条件不封顶的配套转移支付是矫正外部性的一种方法,这种拨款的目的是鼓励地方政府提供更多具有正外部性的公共品。

如图 8-3 所示,横轴表示的是接受补助的地方公共品 1 的数量,纵轴表示的是其他公共品 2 的数量。在中央政府转移支付之前,地方的预算约束线是 AB,均衡点是 E 点,此时地方政府对公共品 1 的提供量是 OF,其他公共品 2 的提供量是 OG。如果中央政府对地方政府进行有条件不封顶的配套转移支付,配套率为 1:1,也就是说中央政府拿出多少钱,地方政府就必须拿出同样的钱用于提供该公共品。在转移支付之后,地方政府的预算约束线移动至 AC,$OB = BC$,此时地方政府可以生产的公共品 1 的最大数量可以增加一倍。在新的均衡点 E' 上,接受补助的公共品 1 的供给量为 OM,其他公共品 2 的供给量为 ON。

中央政府对地方政府的有条件不封顶的配套转移支付产生了两种效应,一是收入效应,地方政府接受补助之后拥有更多资源,不但会增加对公共品 1 的提供,也会将原本投入公共品 1 的资金节省下来用于公共品 2 的提供中,也就是说公共品 1 和公共品 2 的提供量都会增加。二是替代效应,中央政府对地方政府的这种转移支付使得公共品 1 的提供成本相对更加便宜,所以公共品 1 的供给量会大幅增加。总之,在两种效应的作用下,公共品 1 和公共品 2 的供给数量都会增加,公共品 1 的提供量会有更大幅度的增长,区域内的福利水平也会增加。

但是,有条件不封顶的配套转移支付和无条件转移支付的效果不同。在图 8-3 中,有条件不封顶的配套转移支付后,地方政府提供公共品 1 的数量为 OM,中央政府转移支付的数额为 OM 的一半。在相同转移支付数额的情况下,如果采用无条件转移支付,这时的预算约束线为 HH',HH' 会与无差异曲线 l_2 相交,也就是说 HH' 可以和更高的无差异曲线 l_3 相切,所以和无条件转移支付相比,有条件不封顶的配套转移支付会带来效率的损失。

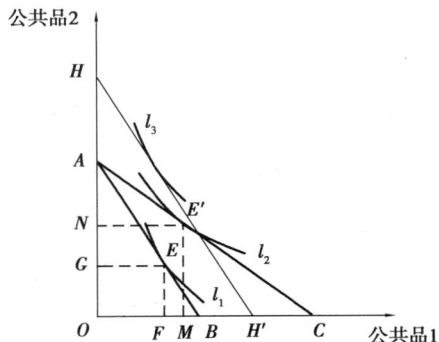

图 8-3 不封顶配套转移支付的效应

2.有条件封顶的配套转移支付

在现实中,中央政府由于预算的限制而通常实行有条件封顶的配套转移支付,在这种补助形式下,中央政府规定资金的具体用途和最高界限,并要求地方政府承担一定比例的配套资金。如图 8-4 所示,横轴表示的是接受补助的地方公共品 1 的数量,纵轴表示的是其他公共品 2 的数量。在接受中央政府转移支付资金之前,地方政府的预算约束线是 AB,均衡点是

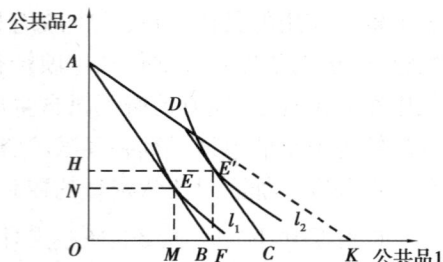

图 8-4 封顶配套转移支付的效应

E,此时公共品 1 的提供量是 OM,公共品 2 的提供量是 ON。在有条件封顶的配套转移支付之后,地方政府的预算约束线变为折线 ADC,在 AD 段中央政府给予地方政府补助,地方政府拿出配套资金,此时地方政府预算约束线的斜率发生变化。但是在 D 点以下的部分(即 DC 段)情况就发生了变化,中央政府终止了转移支付,所以新的预算约束线在 DC 段的斜率和 AB 相同。在新的均衡点 E',受补助的公共品 1 的供给量为 OF,OF>OM,即公共品 1 的提供量在补助之后大于补助之前,但会小于不封顶配套转移支付的供给量,所以拨款用完的事实会降低地方政府提供受补助公共品的积极性,从而影响该公共品提供的可持续性。由于封顶的转移支付更有利于中央政府对预算的控制,因此这种方式在实践中会被更广泛地采纳。当然,如果地方政府对受补助公共品 1 的支出本身就低于最高限额,地方政府并不想提供过多的公共品 1,那么中央政府对公共品 1 补助的封顶限额就没有太大意义了。

第二节　中国的转移支付形式

中国的财政体制大致经历了新中国成立初期高度集权的财政"统收统支"制度、20 世纪 80 年代中期较为分权的财政包干制度、1994 年开始的分税制财政体制三个阶段。1994 年分税制财政体制改革后,中国的转移支付体系进行了多次调整与完善,以尽量促进公共服务均等化目标实现,均衡各区域的财力水平。1994 年分税制改革没有过多地涉及省以下财政体制问题,一定程度上导致多年来省以下财政体制的混乱和县乡财政的困窘,近年来我国不断推进省以下财政体制改革,努力化解县乡财政风险问题。

一、中央政府对地方政府的转移支付

1994 年开始的分税制财政管理体制改革是新中国成立以来力度最大、影响最深远的财政体制改革,改革原则是"存量不动,增量调整,逐步提高中央宏观调控能力,建立合理的财政分配机制"。分税制改革基本不触动地方政府既得利益,保持原包干体制确定的地方上解和中央补助的方式,对财政收入增量部分进行调整,采取分支出、分收入、分设税务机构、实行税收返还的"三分一返"的办法。分税制改革开始将政府间转移支付制度纳入规范化的轨道,在分税制改革之前,中央对地方的转移支付主要是体制补助和专项拨款等,但是由于中

央政府财力有限,中央政府的转移支付基本是"有名无实",分税制改革重塑了中央和地方之间的利益分配机制,从 1995 年财政部制定了《过渡期转移支付办法》之后,中央政府对地方政府的转移支付才能真正落到实处。

(一)1994 年至 2001 年中央对地方政府转移支付的方式

此时的转移支付项目主要有过渡期转移支付、税收返还、专项拨款、原体制补助、结算补助及其他。

1. 过渡期转移支付

过渡期转移支付的对象是人员经费和公用经费之和占财力 80% 以上的地区,该地区财政转移支付额＝该地区客观因素转移支付额+该地区政策因素转移支付额。

客观因素转移支付额主要由各地区"标准财政收入""标准财政支出"和"客观因素转移支付系数"计算确定。其中:①"标准财政收入"由地方本级标准财政收入、中央对地方税收返还、中央专项补助(指纳入标准财政支出测算范围的部分)、原体制定额补助、结算补助和其他补助构成。②"标准财政支出"主要按人员经费(不包括卫生和城建系统)、公用经费(不包括卫生和城建系统)、卫生事业费、城市维护建设费、社会保障费、抚恤和社会救济费、支援农业生产支出和农业综合开发支出分类,分别采用不同方法计算确定。③客观因素转移支付系数＝(中央预算安排的本年度过渡期财政转移支付总额-本年度政策性转移支付总额)/标准财政支出大于标准财政收入的地区标准收支差额之和。

政策因素转移支付额主要是指过渡期对少数民族省区、非少数民族省区的少数民族自治州进行的转移支付。少数民族地区往往地处西南边远地带,自然条件艰苦,财源薄弱,人均财政收入水平低,财政收入自给率低,为了帮助少数民族地区解决财政困难,故实行政策因素转移支付方式。少数民族省区的政策性转移支付额＝(该地区标准财政支出-该地区标准财政收入)×政策性转移支付系数。其中"标准财政支出""标准财政收入""政策性转移支付系数"都有相应的计算方法。非少数民族省区的少数民族自治州标准财政收支差额按自治州财政供养人数占其所在省的地(市)级财政供养人数的比重与全省标准财政收支差额的乘积计算确定。非少数民族省区的少数民族自治州政策性转移支付由中央补助给其所在省,由省统筹安排。

2. 税收返还

为了保持地方政府的既得利益格局,循序渐进达到分税制改革的目标,中央政府对地方政府税收返还数额以 1993 年为基期年核定。按照 1993 年地方政府实际收入以及税制改革和中央与地方收入划分情况,核定 1993 年中央政府从地方政府净上划的收入数额(即消费税+75% 的增值税-中央下划收入)。1993 年中央政府净上划收入,全额返还地方政府,保证现有地方政府既得财力,并以此作为以后中央对地方税收返还基数。1994 年以后,税收返还额在 1993 年基数上逐年递增,递增率按全国增值税和消费税的平均增长率的 1∶0.3 系数确定,即上述两税全国平均每增长 1% ,中央财政对地方的税收返还增长 0.3% 。如若 1994 年以后中央净上划收入达不到 1993 年基数,则相应扣减税收返还数额。

3. 原体制中央补助、地方上解以及有关结算事项的处理

1994 年分税制改革以后,原体制的分配格局保持不变,过渡一段时间再逐步规范化。原体制中央对地方的补助继续按规定补助,原体制地方上解仍按不同体制类型执行:实行递增上解的地区,按原规定继续递增上解;实行定额上解的地方,按原确定的上解额继续定额上解;实行总额分成的地区和原分税制试点地区,暂按递增上解办法,即按 1993 年实际上解数,并核定一个递增率,每年递增上解。原来中央拨给地方的各项专款,该下拨的继续下拨。地方 1993 年承担的 20% 部分出口退税以及其他年度结算的上解和补助项目相抵后,确定一个数额,作为一般上解或一般补助处理,以后年度按此定额结算。

4. 专项转移支付

专项转移支付的项目众多,如为配合西部大开发战略规划的推进,保护和改善西部生态环境,中央政府对地方政府因实施天然林保护工程、退耕还林还草工程而造成的财政减收进行环境保护转移支付。再如为了应对亚洲金融危机,扩大内需,刺激消费,从 1999—2003 年中央四次增加机关事业单位职工工资,并发放一次性年终奖金和艰苦边远地区津贴。对于财政困难的老工业基地和中西部地区,这些对机关事业单位职工工资的补助由中央政府给予转移支付。

(二)2002 年至 2009 年中央对地方政府转移支付的方式

这个阶段中央对地方政府的转移支付主要包括财力性转移支付、专项转移支付和税收返还等三大类。

1. 财力性转移支付

财力性转移支付是指对自有财政收入(含按财政体制规定上级财政给予的返还与补助收入)不能满足支出需求、或上级政府出台减收增支政策形成财力缺口的地区,按照规范的办法给予的补助。接受补助的地方政府可以按照相关规定统筹安排和使用。财力性转移支付包括一般性转移支付[1]、民族地区转移支付[2]、调整工资转移支付、农村税费改革转移支付、农村义务教育补助、缓解县乡困难转移支付、结算补助、体制上解等。

一般性转移支付是财力性转移支付中的重要内容。一般性转移支付选取影响财政收支较大的客观因素,考虑人口规模和密度、海拔高度、区域温度、是否少数民族等成本差异,并结合各地实际财政收支情况,采用规范的公式化方法进行资金分配。一般性转移支付的公式为:某地区一般性转移支付额 =(该地区标准财政支出 − 该地区标准财政收入)× 该地区转移支付系数。①标准收入。由地方本级标准财政收入(包括增值税、营业税、城市维护建设税、企业所得税、个人所得税、资源税、契税及其他税种的实际收入组成)、中央对地方返还及补助收入(扣除地方上解)、计划单列市上解收入构成。②标准支出。以各地总人口为主要因素,分省、市、县(含乡镇级)三个行政级次进行测算,并考虑海拔、人口密度、温度、运输距

离、少数民族、地方病等影响财政支出的客观因素。具体包括行政部门标准财政支出、公检法部门标准财政支出、教育部门标准财政支出、文体广部门标准财政支出、卫生部门标准财政支出、其他部门标准财政支出、农业标准财政支出、林业标准财政支出、城市维护费标准财政支出、基本建设标准财政支出、离退休标准财政支出、村级管理标准财政支出、其他支出等内容。③转移支付系数。转移支付系数参照一般性转移支付总额、各地区标准财政收支差额以及各地区财政困难程度等因素确定。其中,困难程度系数根据标准财政收支缺口占标准财政支出比重及各地一般预算收入占一般预算支出比重计算确定。

2.税收返还

中央对地方政府的税收返还包括增值税、消费税返还和所得税基数返还。①增值税、消费税返还以各地上划中央增值税、消费税增长率为基础逐年递增。②所得税基数返还以2001年为基期,若按分税制改革方案确定的分享范围和比例计算出的地方分享的所得税收入小于实际所得税收入,差额部分由中央政府作为基数返还地方政府。③成品油价格和税费改革税收返还,是指实施成品油价格和税费改革后,中央政府对种粮农民、部分困难群体、公益性行业的补贴。

3.专项转移支付

专项转移支付的项目较多,如为了帮助资源型城市化解历史遗留的社会负担,从2007年开始,中央财政设立资源枯竭城市转移支付,补助资金重点用于完善资源枯竭城市的社会保障、教育卫生、环境保护、公共基础设施建设和专项贷款贴息等方面。

表8-1　2008年中央对地方转移支付和税收返还的情况　　　　单位:亿元

项　目	预算数	决算数	决算数为上年决算数的百分比/%
一、中央对地方转移支付	17 355.33	18 708.60	133.50
（一）财力性转移支付	8 467.02	8 746.21	122.70
1.一般性转移支付	3 404.00	3 510.51	140.20
2.民族地区转移支付	210.00	275.79	159.70
3.县乡基本财力保障机制奖补资金	440.00	438.18	129.20
4.调整工资转移支付	2 391.95	2 451.24	109.10
5.农村税费改革转移支付	759.33	762.54	100.40
6.义务教育转移支付	270.40	269.36	117.20
7.农村义务教育化债补助	150.00	150.00	250.00
8.资源枯竭城市财力性转移支付	25.00	25.00	125.00
9.定额补助（原体制补助）	136.14	136.14	101.50
10.企事业单位划转补助	338.57	331.57	98.00
11.结算财力补助	341.63	348.88	108.70
12.工商部门停征两费转移支付		47.00	

续表

项　目	预算数	决算数	决算数为上年决算数的百分比/%
(二)专项转移支付	8 888.31	9 962.39	144.60
其中:教育	613.83	692.72	177.00
科学技术	51.58	85.88	114.50
社会保障和就业	2 393.33	2 399.31	122.40
医疗卫生	792.71	780.02	123.80
环境保护	947.58	974.09	130.30
农林水事务	1 094.22	1 513.13	158.50
二、中央对地方税收返还	4 271.19	4 282.16	103.90
"两税"返还	3 361.00	3 371.97	104.90
所得税基数返还	910.19	910.19	100.40
中央对地方税收返还和转移支付	21 626.52	22 990.76	126.80

注:财力性转移支付中的工商部门停征两费转移支付47亿元,是因停征集贸市场管理费、个体工商户管理费对地方政府的转移支付。

资料来源:财政部网站。

(三)2010 年至 2018 年中央对地方政府转移支付的方式

这个时期中央政府对地方政府转移支付的项目大致有税收返还、一般性转移支付、专项转移支付、政府性基金转移支付、地震灾后重建转移支付等。

1. 一般性转移支付

2010 年财政转移支付口径发生大的调整,原财力性转移支付全部划入一般性转移支付,原来的"一般性转移支付"更名为"均衡性转移支付",并且包含在新口径的一般性转移支付以内。此外,一些需要长期安排补助且数额相对固定的专项转移支付也被逐步划入一般性转移支付项目中。具体来说,一般性转移支付包括体制补助、均衡性转移支付、民族地区转移支付、调整工资转移支付、农村税费改革转移支付、县级基本财力保障机制奖补资金、结算补助、化解债务补助、资源枯竭型城市转移支付、企业事业单位划转补助、成品油价格和税费改革转移支付、村级公益事业"一事一议"奖励资金、工商部门停征两费转移支付、一般公共服务转移支付、公共安全转移支付、教育转移支付、社会保障和就业转移支付。

其中,均衡性转移支付是一个改革程度较大的项目。均衡性转移支付是为了更好地建立权责清晰、财力协调、区域均衡的中央和地方财政关系,更好地促进公共服务均等化而设立的转移支付项目。均衡性转移支付下设多项涉及民生和公共服务的项目,如中央财政从2008 年开始在"均衡性转移支付"中设立国家重点生态功能区转移支付。2010 年财政部以均衡性转移支付标准收支缺口为依据,通过提高转移支付系数的方式,对《全国主体功能区规划》中限制开发区域(重点生态功能区)、三江源以及南水北调水源地等 452 个县市实施国家重点生态功能区转移支付。国家重点生态功能区转移支付的设立,对引导地方政府转变经济发展方式、保护环境、改善民生发挥了重要作用。

2.税收返还

2010 年税收返还的科目口径也发生较大的变化,为简化中央与地方财政结算关系,财政部决定将地方上解与中央对地方税收返还作对冲处理,并取消地方上解中央收入科目。同时,增加"成品油价格和税费改革税收返还"科目,用来反映实施成品油税费改革后,按照有关规定相应返还给地方的消费税等收入。具体来说,税收返还包括增值税和消费税税收返还、所得税基数返还、成品油价格和税费改革税收返还等项目。

3.专项转移支付

专项转移支付包括教育专项补助、社会保障和就业专项补助、科学技术专项补助、医疗卫生专项补助、农林水事务专项补助、环境保护专项补助等项目。每一类项目中都有具体的转移支付资金安排,如 2012 年中央财政设立专项资金用于试点地区农村义务教育学生营养膳食补助,以提高农村学生尤其是贫困地区和家庭经济困难学生健康水平。该计划主要在集中连片特殊困难地区开展试点,中央财政按照每生每天 3 元的标准为试点地区农村义务教育阶段学生提供营养膳食补助,此外也鼓励各地以贫困地区、革命老区、民族和边疆地区等地为重点,因地制宜开展营养改善试点,中央财政对实施试点的地区给予奖补。

(四)2019 年至今中央对地方政府转移支付的方式

目前中央对地方政府转移支付的项目大致有税收返还、一般性转移支付和专项转移支付三大类。2019 年中央政府对转移支付作出了重大调整,在一般性转移支付大类中增加了"共同财政事权转移支付",原有的(2018 年《政府收支分类科目》)专项转移支付中有 46 个项目划分到共同财政事权转移支付中,并归入一般性转移支付项目中进行管理。2020—2022 年,中央对地方政府转移支付的项目名称有所变化,但基本都是在 2019 年的基础上进行的微调。

2019 年税收返还项目主要包括所得税基数返还、成品油税费改革税收返还、增值税税收返还、消费税税收返还、增值税"五五分享"税收返还。

2019 年一般性转移支付项目主要包括体制补助、均衡性转移支付、县级基本财力保障机制奖补资金、结算补助、资源枯竭型城市转移支付补助、企业事业单位划转补助、成品油税费改革转移支付补助、城乡义务教育转移支付、基层公检法司转移支付、城乡居民基本医疗保险转移支付、基本养老金转移支付、农村综合改革转移支付、产粮(油)大县奖励资金、革命老区转移支付、民族地区转移支付、重点生态功能区转移支付、固定数额补助、边境地区转移支付、贫困地区转移支付(2022 年改为"欠发达地区转移支付")、一般公共服务共同财政事权转移支付、外交共同财政事权转移支付、国防共同财政事权转移支付、公共安全共同财政事权转移支付、教育共同财政事权转移支付、科学技术共同财政事权转移支付、文化旅游体育与传媒共同财政事权转移支付、社会保障和就业共同财政事权转移支付、卫生健康共同财政事权转移支付(2020 年改为"医疗卫生共同财政事权转移支付")、节能环保共同财政事权转移支付、农林水共同财政事权转移支付、城乡社区共同财政事权转移支付、交通运输共同财政事权转移支付、资源勘探信息等共同财政事权转移支付(2021 年改为"资源勘探工业信息等共同财政事权转移支付")、商业服务业等共同财政事权转移支付、金融共同财政事权转移支付、自然资源海洋气象等共同财政事权转移支付、住房保障共同财政事权转移支付、粮油物资储备共同财政事权转移支付等。2020 年在以上事项中又增加"灾害防治及应急管理共同财政事权转移支付"项目。

2019 年专项转移支付项目主要包括在一般公共服务、外交、国防、公共安全、科学技术、教育、文化旅游体育与传媒、卫生健康、社会保障和就业、节能环保、城乡社区、农林水、交通运输、资源勘探信息等(2021 年改为"资源勘探工业信息等")、商业服务等、金融、自然资源海洋气象等、住房保障、粮油物资储备等方面地方政府收到中央政府的专项补助。2020 年在以上事项中又增加"灾害防治及应急管理"项目。

值得一提的是,除了一般性转移支付、专项转移支付和税收返还这些常规性的转移支付项目外,还有分类转移支付(或称为分类拨款)的形式。分类转移支付会规定资金的使用方向,但不具体指明资金的用途,资金不被限定于某一具体的公共项目,而是限定在某一大类公共服务中(如教育类、医疗类等),所以资金用途虽有限制但较为宽泛。分类转移支付比一般性转移支付更具有针对性,但比专项转移支付更为灵活。实际上,在 2019 年转移支付口径调整之前,在一般性转移支付中诸如城乡义务教育补助经费、成品油税费改革转移支付、基本养老金转移支付、基层公检法司转移支付等项目都限制了资金用途,类似于一种分类转移支付。2019 年以后在"一般性转移支付"下设置的"共同财政事权转移支付"中有一些项目,如基本养老金转移支付、城乡居民基本医疗保险补助等,也具有分类转移支付的性质。分类转移支付可以更有利于促使地方政府行为与中央政府的治理目标相匹配,从而提高地方政府的治理能力。[①]

【专栏 8-1】

中央政府支持学前教育转移支付

中央财政自 2011 年起开始设立支持学前教育发展资金,重点支持地方扩大普惠性教育资源,健全普惠性学前教育投入机制,巩固幼儿资助制度。根据《支持学前教育发展资金管理办法》(财教〔2021〕73 号),该项资金由财政部和教育部共同管理,具体根据教育部提供的教育事业统计数据等按因素法进行分配。首先按照中西部地区 90%、东部地区 10%(适当向困难省份倾斜)的区域因素确定分地区资金规模,在此基础上再按基础因素(权重 80%)、投入因素(权重 20%)分配到有关省份。2021 年中央财政支持学前教育发展资金实际执行数为 198.4 亿元,2022 年中央财政支持学前教育发展资金的预算数为 230 亿元。据教育部统计,2020 年全国学前三年毛入园率达到 85.2%,全国普惠性学前教育资源覆盖率达到 84.7%。可以看出,支持学前教育发展资金在帮助家庭经济困难幼儿入园、增加全国公办幼

---

① 杨六妹,钟晓敏,叶宁.分税制下财政转移支付制度:沿革、评价与未来方向[J].财经论丛,2022(2):27-37.

儿园数量、保障幼儿园师资力量和教学设施质量方面起到很大的作用。

二、省以下政府间的转移支付

由于 1994 年分税制改革措施中没有明确省以下财政体制的问题,省以下财政体制改革滞后于我国经济社会发展的现实。2002 年国务院转发财政部文件,提出规范省以下转移支付制度。2006 年我国全面展开"省直管县"体制改革,助推省以下转移支付制度的规范与调整。2015 年国务院印发《关于改革和完善中央对地方转移支付制度的意见》中对省以下转移支付制度作出宏观指导。2022 年国务院办公厅《关于进一步推进省以下财政体制改革工作的指导意见》中更提出厘清各类转移支付功能定位、优化转移支付结构、科学分配各类转移支付资金等具体措施。这些关键性举措反映了省以下政府间转移支付制度的顺利发展。

(一)省以下政府间转移支付的演变历程

1. 2002 年国务院批转财政部《关于完善省以下财政管理体制有关问题的意见》

1994 年分税制改革后,各地按照分税制财政管理体制的要求,改革省以下财政管理体制,鼓励各省结合实际情况建立省以下转移支付制度,以促进地方经济和社会发展。但是分税制改革措施中并没有提出明确的省以下转移支付的方法,大多数地区的省以下财政管理体制并没有触动市县的既得利益,运行中也没有根据经济发展情况的变化及时进行制度的调整。为了推进省以下财政管理体制的改革,2002 年国务院转发了财政部《关于完善省以下财政管理体制有关问题的意见》(国发〔2002〕26 号)。文件中提出要明确划分省以下各级政府的财政收支,进一步规范省以下转移支付制度。省、市级财政要采取有效措施,切实帮助解决县、乡财政困难。具体要求是:①省级财政要按照客观因素和收支标准,合理测算所属市级、县级机关事业单位的基本财政支出需求,省、市级财政要对县乡财政收支缺口进行一般性转移支付。②由市级政府确定县、乡财政管理体制的地区,省级财政要督促市级财政参照省级财政测算出的各县基本财政支出需求,出台弥补各县基本财政支出缺口的具体办法,并报省级财政部门备案。③省、市级政府要承担起分级管理的职责,积极筹集资金,通过一般性转移支付增加对财政困难县、乡的支持力度。④省、市级财政要合理地管理和分配转移支付资金,保证中央转移支付资金能够真正落实到县、乡。可以看出,中央政府努力探索解决省以下财政体制的问题,对县乡财政困难尤其重视,要求省、市级财政做好转移支付资金的管理和分配工作,以提高转移支付资金对困难县、乡的帮助作用。

2. "省直管县"体制改革

2005 年 6 月,时任国务院总理温家宝在全国农村税费改革试点工作会议上指出,有条件的地方政府可以尝试推进"省直管县"体制的改革试点。2005 年 10 月,党的十六届五中全会上提出:"要减少行政层级、优化组织结构,条件成熟的地区可以实行财政'省直管县'体制。"2006 年 3 月第十届全国人民代表大会第四次会议批准的《中华人民共和国国民经济和社会发展第十一个五年规划纲要》中亦提出:"完善中央和省级政府的财政转移支付制度,理顺省级以下财政管理体制,有条件的地方可实行省级直接对县的管理体制,逐步推进基本公共服务均等化。"

2009 年省直管县体制改革有重大突破。2009 年中央"一号文件"提出："推进省直接管理县（市）财政体制改革，将油料、粮食、棉花和生猪生产大县全部纳入改革范围，稳步推进'扩权强县'改革试点，鼓励有条件的地区率先实行'省直管县'体制。"2009 年 6 月，为体现社会主义市场经济和公共财政的内在要求，理顺省以下政府间财政分配关系，促进市县政府更好地提供公共服务，推动经济社会协调可持续发展，财政部下发《关于推进省直接管理县财政改革的意见》（财预〔2009〕78 号），在转移支付制度方面的规定是："转移支付、税收返还、所得税返还等由省直接核定并补助到市、县；专项拨款补助，由各市、县直接向省级财政等有关部门申请，由省级财政部门直接下达市、县。市级财政可通过省级财政继续对县给予转移支付。"省直管县体制改革有助于推进省以下转移支付制度的建立和完善。

3. 2015 年《国务院关于改革和完善中央对地方转移支付制度的意见》

针对中央对地方转移支付制度中存在的事权和支出责任划分不清晰、转移支付结构不够合理、一般性转移支付和专项转移支付不科学、转移支付资金管理不规范等问题，2015 年 2 月国务院印发了《关于改革和完善中央对地方转移支付制度的意见》，在就中央政府对地方政府转移支付问题作出宏观指导以外，也提出改革省以下转移支付制度的意见，"省以下各级政府要比照中央对地方转移支付制度，改革和完善省以下转移支付制度。与省以下各级政府事权和支出责任划分相适应，优化各级政府转移支付结构。对上级政府下达的一般性转移支付，下级政府应采取有效措施，确保统筹用于相关重点支出；对上级政府下达的专项转移支付，下级政府可在不改变资金用途的基础上，发挥贴近基层的优势，结合本级安排的相关专项情况，加大整合力度，将支持方向相同、扶持领域相关的专项转移支付整合使用"。

在党中央、国务院文件精神指引下，各地纷纷探索适合本地状况的省以下转移支付办法。如陕西省和福建省政府重视调动各级政府的积极性，确立一般性转移支付占总额比重 60% 以上的主导地位，并结合专项转移支付，加大对贫困地区和革命老区的资金投入力度。广东省政府提出对重点生态区实行奖补结合的转移支付，也充分考虑贫困地区的转移支付。河南省、山西省和山东省政府着力建立财力性转移支付增长机制，加强对转移支付资金的监督和运行效果评价。

4. 2022 年《国务院办公厅关于进一步推进省以下财政体制改革工作的指导意见》

为了深化财税体制改革和建立现代财政制度，理顺省以下政府间财政关系，建立健全权责配置更为合理、收入划分更加规范、财力分布相对均衡、基层保障更加有力的省以下财政体制，2022 年 6 月国务院办公厅下发《关于进一步推进省以下财政体制改革工作的指导意见》（国办发〔2022〕20 号），文件对完善省以下转移支付制度提出较为具体的指导。

（1）厘清各类转移支付功能定位

明晰各级政府财政事权的属性，加大对财力薄弱地区的支持力度，强化转移支付的评价机制。其一，一般性转移支付。一般性转移支付的主要功能是均衡区域间基本财力配置，向民族地区、边疆地区、革命老区、欠发达地区，以及担负国家安全、生态保护、粮食和重要农产品生产等职责的重要功能区域倾斜。一般性转移支付不指定具体用途,由下级政府统筹安排使用。其二,共同财政事权转移支付。共同财政事权转移支付与财政事权和支出责任划分改革相衔接,用于履行本级政府应承担的共同财政事权支出责任,下级政府要确保接受的共同财政事权转移支付资金全部用于履行相应的财政事权。共同财政事权转移支付在预算中暂列一般性转移支付。其三,专项转移支付。专项转移支付用于特定事项的补助,下级政府要按照上级政府规定的用途安排使用。

（2）优化转移支付结构

建立一般性转移支付持续合理的增长机制,根据均衡区域间财力需要而逐步提高一般性转移支付规模。根据基本公共服务保障标准、支出责任分担比例、常住人口规模等因素,结合宏观经济政策方向,足额安排共同财政事权转移支付的数额,并落实各级政府的支出责任,确保资金履行到位。合理控制专项转移支付新增项目和资金规模,规范专项转移支付的使用领域,整合政策目标相似、资金投向和管理不科学的专项转移支付项目。

（3）科学分配各类转移支付资金

省以下转移支付主要采用因素法或项目法分配各类资金。其一,采用因素法分配资金。选择与财政收支政策有较强相关性的因素,赋予不同因素相应权重或标准,并结合实际情况运用财政困难程度、支出成本差异、绩效结果等系数加以调节,并采取公式化方式进行测算。其二,采用项目法分配资金。遵循公平、公正、公开的原则,结合实际采取竞争性评审等方式,按照规范程序分配。转移支付资金分配应与下级政府提供基本公共服务的成本相衔接,同时充分考虑下级政府努力程度,强化绩效管理,适度体现激励约束。

【专栏8-2】

乡财县管

改革开放之后,我国取消了政社合一的人民公社制度,恢复了乡政府的行政体制。乡级行政体制建立的同时,乡级财政制度的设立也顺理成章。1985年财政部发布《乡（镇）财政管理试行办法》,从此乡镇财政正式成为我国财政体系中的一级,乡镇财政在改革开放初期为乡镇事业发展起到巨大的作用。1994年分税制改革之后,乡镇财政开始呈现弊端。由于分税制改革基本没有涉及省以下地方政府之间的事权与财权,处在政府层级最末端的乡镇政府往往事务繁杂、支出繁重,常常出现严重的财政收支矛盾,乡镇财政危机日益加重,也直接影响农民群众生活水平的提高和基本权益的保护,影响农村、农业的发展。2000年中央政府率先在安徽省推行农村税费改革试点,2003年全国税费改革步伐加快,2006年中国取消征收农业税。随着农业税费改革的深入,乡镇财政更显窘困,如果乡镇财政体制改革不能跟上,不但会引发乡镇财政风险,更会引起巨大的经济社会问题。在这样严峻的背景下,"乡财县管"制度应运而生。2003年安徽省在全国率先施行乡财县管制度,2006年7月财政部发布《关于进一步推进乡财县管工作的通知》,明确提出在全国范围内推进"乡财县管"的改革,并对改革的范围、原则、主要内容、工作要求等事项作出宏观指导。

"乡财县管"以乡镇为独立核算主体,由县级财政部门直接管理并监督乡镇财政收支,实行县乡"预算共编、账户统设、集中收支、采购统办、票据统管"。在乡财县管改革中,乡镇的预算管理权不变、财务审批权不变、资金所有权和使用权不变,乡镇实施综合财政预算,集中和加强乡镇收入管理,控制和约束乡镇支出需求,统一和规范乡镇财务核算,遏制和缩减乡镇债务规模,提高县乡财政管理水平。推进乡财县管改革,有利于减轻农民负担,巩固农村税费改革的成果;有利于缓解乡镇财政困难,推动乡镇政府职能转变。截至2012年底,全国实行乡财县管的乡镇近2.9万个,约占全国乡镇总数的86%。近年来,各地都在积极探索适合本地情况的乡财县管模式,乡财县管对促进我国农村各项事业发展、巩固和加强农村基层政权建设发挥了重要作用。

2022年6月国务院办公厅公布《关于进一步推进省以下财政体制改革工作的指导意见》,其中对乡财县管工作也提出指导意见:着力推进将财政收入难以覆盖支出需要、财政管理能力薄弱的乡镇纳入乡财县管范围,加强对财力薄弱乡镇的支出保障,防范化解乡镇财政运行风险,加大对农村公益性事业发展的支持力度。

(二)省以下转移支付的项目

1. 一般性转移支付

省以下一般性转移支付是省以下转移支付制度中的主体部分,省以下一般性转移支付的目的是调节省以下各地区间的财力差异,实行公共服务均等化。目前各省的一般性转移支付都是重点解决突出贫困地区的财力匮乏问题,以保证基层政府能够维持正常高效地运转。确定一般性转移支付数额的方式类似于中央对地方转移支付的方式,由标准收支的差额和转移支付系数确定,同时充分考虑地区经济发展状况、人口情况、产业结构、税收收入等因素。由于一般转移支付不指定资金用途,地方可自主安排支出,更能体现均等化的特点,很多省份逐渐提高省以下转移支付体系中一般性转移支付的比重,推进发展均衡性转移支付,健全完善生态补偿转移支付、市县基本财力保障机制及激励性转移支付等政策。

一般性转移支付中一个重要的项目是"共同财政事权转移支付"。在中央和地方政府之间事权划分时,具有中央事权、地方事权、中央与地方共同事权三类。很多公共事务应由中央和地方共同承担责任,如果中央委托地方完成本应由自己承担的事权,中央政府就需要通过共同事权转移支付弥补地方的成本。在省以下转移支付中也有这样的共同事权转移支付,上级政府和下级政府应明晰财政事权和支出责任划分,上级政府通过共同财政事权转移支付对下级政府给予补助,下级政府要确保共同财政事权转移支付资金全部安排用于履行相应财政事权。

【专栏8-3】

广东省的省以下转移支付项目

广东省是较早建立规范的省以下转移支付制度的省份。2016—2021年广东省坚持财力下沉,省财政对市县税收返还和转移支付年均增长8.5%,2021年达到4 827亿元,占省级支出的比重约为70%。

2022年5月广东省财政厅对于省直管县下达民族地区转移支付资金,该项资金收入列入2022年度"一般性转移支付收入——民族地区转移支付收入"预算科目,重点保障义务教育、医疗卫生、社会保障等基本公共服务支出需求。2022年5月广东省财政厅还对韶关市及县下达资源枯竭城市转移支付资金，此项资金列入2022年度"一般性转移支付收入—资源枯竭型城市转移支付补助收入"科目，以缓解资源枯竭型城市转型和可持续发展的问题。2022年6月广东省财政厅对有关地级市、县（市、区）下达革命老区转移支付，该项资金列入2022年度"一般性转移支付收入——革命老区转移支付收入"预算科目，以促进革命老区经济社会发展。

（资料来源：广东省财政厅网站）

2. 专项转移支付

目前省以下转移支付中包括诸多专项转移支付项目，专项转移支付的特点是服务于特定的政策目标，下级政府按照上级政府规定的用途使用资金。虽然专项转移支付更能体现上级政府的意图，也便于督促检查，但是专项转移支付在实施过程中经常出现项目设置交叉重复、资金投向分散、计划与实际脱节等问题，不能使资金使用达到最高的效率。所以各省在构建省以下转移支付体系时，往往控制专项转移支付项目的数量，除国家明确要求设立的转移支付项目外，一般不新设专项转移支付项目。将一些不符合经济社会发展要求、没有合理设立审批依据、绩效评价结果显示资金使用效益低下、在财政监督和审计检查中发现明显违规问题的专项转移支付予以撤销。在压缩专项转移支付规模和种类的同时，提高一般性转移支付的比重，将可按因素法进行分配的专项转移支付并入一般性转移支付进行管理。

3. 税收返还

省以下的税收返还和一般性转移支付、专项转移支付一样，都是省级财力下沉的表现，税收返还的主要目的是鼓励经济欠发达地区财政增收，支持市县建设扩容提质。各省税收返还的主要项目有原体制的所得税基数返还、成品油价格和税费改革税收返还、增值税税收返还、消费税税收返还，还有近年来营改增背景下的营改增税收返还。大致做法是以某一年为基期，将纳入范围的市、县上划省级某些税种（如2017年之前的营业税、企业所得税、个人所得税、土地增值税）的收入增量部分返还当地。一些省份会因地制宜制定税收返还项目，如浙江省为引导市、县支持高新技术产业发展，经国家认定的高新技术企业的企业所得税地方部分增收上交省当年增量部分，返还奖励给各市、县。

第三节　中国转移支付制度的改革与完善

1994年分税制改革之后，我国一般性转移支付和专项转移支付的内容和数额都有所增长、优化与调整，转移支付的重点领域也随着经济社会发展而进行拓展。目前我国转移支付制度仍存在一些问题，如政府间权责关系不清晰导致转移支付资金分配不均衡，转移支付制度体系设计有待优化，转移支付监督评价体系仍存在缺陷，省以下转移支付制度亟待健全等。我国今后转移支付制度的改革应进一步明晰政府间财政关系，努力增加基层政府公共服务供给能力,均衡不同区域间的财力水平,提高转移支付资金的使用效果。

一、中国转移支付制度的现状

2002 年以来,随着我国经济的快速增长,以及中央对地方转移支付制度的逐步完善,中央对地方转移支付的规模逐渐扩大。2003 年中央对地方转移支付的数额是 8 261.41 亿元,2007 年底达到 18 137.89 亿元,2012 年底达到 40 233.64 亿元,2020 年底达到 84 376.26 亿元。总体看来 2003—2020 年中央对地方转移支付的规模增长了 9.21 倍,年均增长率为14.65%。① 中央对地方的转移支付缓解了部分地区的财政困境,推动了区域间基本公共服务均等化进程,促进区域间经济社会的协调发展。

2002 年以后我国建立起中央对地方的一般性转移支付稳定增长机制,一般性转移支付的规模快速增长。2006 年一般性转移支付为 1 527.31 亿元,约为 1995 年的 72 倍,年均增长约 47.8%。2008 年以后一般转移支付继续增长,2008 年一般性转移支付占全部转移支付的比例为 46.75%,2019 年上升到 89.83%,上升近 1 倍。2020 年中央对地方的一般性转移支付达到 70 493.17 亿元,是 2008 年数额的约 8 倍,年均增长约 19.0%。与此同时专项转移支付的规模适度增长,1995 年中央对地方的专项转移支付数额为 361.37 亿元,2008 年为 9 962.39 亿元,增长 26 倍以上。② 但是专项转移支付往往出现交叉重复、项目繁杂、管理不规范、资金使用效率低的问题,所以近些年各级政府都在逐步清理整合专项转移支付,其项目数量和资金数额在逐步下降。

2000 年以来我国把支持"老少边穷"地区发展作为促进区域协调发展、增进共同富裕的重要举措,中央财政加大对"老少边穷"地区的转移支付力度。如 2000 年设置支持民族地区的转移支付项目,2001 年设置支持革命老区发展的转移支付项目。党的十八大以来,为了配合精准扶贫工作的开展,中央财政加大对国家级重点贫困县、贫困村以及集中连片贫困地区的支持力度。此外,我国中央对地方政府转移支付的重点还有乡村振兴、创新创业、高新技术、绿色发展、社会治理等领域,为新时期推进国家经济社会高质量发展提供资金支持。

表 8-2 2019—2021 年中央对地方转移支付情况　　　　单位:亿元

项目 年份	一般性 转移支付	共同财政 事权转移支付	专项转移支付	特殊转移支付	中央对地方 转移支付合计
2019 年	66 798.16	31 902.99	7 561.70		74 359.86
2020 年	69 459.86	32 180.72	7 765.92	5 992.15	83 217.93

① ② 赵峥,王炳文. 共同富裕目标下的转移支付制度:成效、问题与建议[J]. 重庆理工大学学报(社会科学),2022(3):1-10.

续表

项目 年份	一般性 转移支付	共同财政 事权转移支付	专项转移支付	特殊转移支付	中央对地方 转移支付合计
2021 年	75 530.69	34 645.71	7 486.02		83 016.71
2022 年 （预算数）	82 138.92	36 969.04	7 836.08	8 000.00*	97 975.00

*注:2022 年预算数中特殊转移支付项目是"支持基层落实减税降费和重点民生等专项转移支付"。

资料来源:根据财政部网站相关数据汇总而成。

表 8-3　2021 年中央对地方政府转移支付分地区情况汇总表（执行数）　单位:亿元

地区	一般性转移支付	共同财政事权转移支付	专项转移支付
北京市	1 003.17	291.94	72.86
天津市	525.35	380.97	42.91
河北省	3 527.53	1 801.45	376.82
山西省	2 021.67	961.15	211.17
内蒙古自治区	2 713.93	1 218.14	174.72
辽宁省	2 672.57	1 450.98	212.38
吉林省	2 329.47	1 105.78	168.91
黑龙江省	3 493.56	1 855.43	229.18
上海市	702.36	265.75	131.85
江苏省	1 687.61	838.94	184.70
浙江省	831.83	554.90	127.99
安徽省	3 312.23	1 520.28	281.06
福建省	1 370.01	557.05	167.13
江西省	2 647.56	1 187.32	258.69
山东省	2 822.73	1 327.96	269.74
河南省	4 815.39	2 226.79	362.69
湖北省	3 513.86	1 684.60	296.33
湖南省	3 727.27	1 676.54	293.51
广东省	1 393.59	874.23	210.08
广西壮族自治区	3 180.40	1 303.25	233.58
海南省	806.42	277.96	203.70

续表

地区	一般性转移支付	共同财政事权转移支付	专项转移支付
重庆市	1 858.25	1 023.73	183.46
四川省	5 036.99	2 478.99	468.59
贵州省	2 926.12	1 158.48	261.16
云南省	3 448.75	1 499.59	352.18
西藏自治区	1 967.21	533.95	279.82
陕西省	2 600.03	1 211.34	287.55
甘肃省	2 646.45	1 037.62	335.15
青海省	1 315.37	463.03	188.63
宁夏回族自治区	925.00	278.82	95.68
新疆维吾尔自治区	3 040.22	1 211.98	390.83
合　计	74 862.90	34 258.95	7 353.04

资料来源:财政部网站相关数据汇总而得。

二、中国转移支付制度存在的问题

分税制改革以来,我国建立起较为完善的政府间转移支付制度,有力地平衡了地区间财力的差异。但是中国地域广大,各区域之间状况千差万别,各地区公共服务水平仍有巨大差距,中央政府和地方政府之间权责关系尚未清晰,政府职能转变还没有完全到位,转移支付监督机制不够健全,省以下转移支付制度仍不完善。总之,目前我国政府间转移支付制度还存在不足之处。

(一)政府间权责关系尚未清晰

转移支付制度有效发挥作用的前提是政府间权责清晰的财政关系。虽然我国近些年一再努力协调和规范中央和地方政府间的权责关系,但中央和地方之间仍未建立起充分的事权与财权相适应、支出责任与财力相匹配的财政关系。在转移支付领域,由于特定用途的转移支付项目繁多、占比较高,对中央和地方政府间清晰的权责关系提出了更高的要求。目前中央政府在评估地方政府收支缺口时仍存在偏差,使得地方均衡性转移支付比重偏低,转移支付结构不合理。政府间权责关系不清晰会延伸到省以下财政管理体制上,省以下政府间事权与支出责任划分不清楚,会导致各级政府之间财政资金分配不均衡,基层政府财政负担较重,甚至可能会引起地方政府恶性竞争,影响城乡和区域协调发展。

(二)转移支付制度设计有待改进

1. 一般性转移支付资金没有真正达到均等化的效果

一般性转移支付是按地区经济发展状况、财政收入和支出等因素分配资金,这样的机制设计会造成一个难以避免的结果,经济发展水平越低、财政收入越少的地区就会得到越多的一般性转移支付,所以一般性转移支付对地方经济和财力建设有一定的逆向激励作用,这是一般性转移支付制度本身难以避免的问题,在制度的运行中应该尽量去修正和调整。地方政府在使用一般性转移支付资金时具有充分的自主权,地方官员的任期相对有限,所以地方政府在配置资金时偏向于选择有利于凸显政绩的项目,如城市改造和促进 GDP 快速增长的方面,对于诸如提高中小学教育水平、扶贫等难以快速凸显政绩的项目,地方官员在选择时会犹豫和拖延,这就造成一般性转移支付资金使用上的失衡。从近年来我国转移支付资金的下拨和使用情况看,中央对地方的一般性转移支付有很多项目规定了具体的使用方向和用途,这使地方政府事实上失去了对这部分资金的支配权,这与一般性转移支付的设计初衷存在一定的背离。

2. 专项转移支付项目繁杂难以专款专用

其一,专项拨款在申请时出现信息不对称的现象,影响资金分配效果。地方政府在申请专项转移支付资金时,需要经过层层申报、层层下达、层层监督三个关键环节,政府层级多,信息传递缓慢,就会造成信息缺失、扭曲、不对称等问题,使得专项转移支付资金在拨付和使用中出现问题。下级政府要想争取专项转移支付资金,就要积极地向上级政府发送信号,并不断提高信息传递的密度,以使上级政府能注意到下级政府的需求从而拨付补助。反映在现实生活中,地方政府在争取中央政府各部委专项转移支付资金时,会经常派人到中央主管部门"跑部钱进",助长了不正之风。

其二,专项转移支付资金用途范围宽泛,重点不突出。目前专项转移支付几乎涉及财政支出所有范围,种类繁多,补助对象延伸到各个行业和领域,有"撒胡椒面"之嫌。专项转移支付结构不合理,重点不突出,范围太过宽泛,都会影响中央政府对地方政府的政策引导和调控作用。

其三,专项转移支付难以保证专款专用。目前很多地方政府都处于财政困难的局面,基本的财政支出都难以保证,所以专项转移支付资金下拨之后便常被挪用。这些钱会被用于维持基层地方政府的日常运转,保证刚性的支出,更有甚者用于营建楼堂馆所、铺张浪费等违规支出。专项转移支付不能够做到专款专用,严重影响专项转移支付资金使用效果。

(三)转移支付监督评价体系不够健全

1. 缺乏规范转移支付制度的法律法规

对政府间转移支付进行有效的监督和评价,是要依据有关法律法规和规范性文件、运用科学规范的方法对转移支付资金运转的全过程进行监管,提高资金的使用效率。虽然目前预算法可以从框架上对政府间转移支付进行宏观指导,但预算法的规定难免过于宽泛,当前我国缺乏细致具体的法律法规对转移支付监督评价体系进行约束和监管,从而导致各级政府的转移支付监督评价工作不够规范。如果一般性转移支付资金缺乏监督,则地方政府会放大自由裁量权,导致一般性转移支付资金在使用方向和功能定位上偏离目标轨道。如果专项转移支付资金缺乏监督,则会造成项目数量过多、项目内容交叉重复、项目资金分配零散、资金使用效率低下等问题。目前我国各级政府尚未建立起完备的转移支付法律体系,难以确保补助资金的使用效益。

2. 转移支付绩效评价体系不够健全

我国目前对转移支付绩效评价的工作多是在中央对地方政府的专项转移支付中开展,缺乏对一般性转移支付绩效评价的开展,也缺乏重视对省以下转移支付的绩效评价。在实施转移支付绩效评价过程中存在评价范围不全面、评价内容不完整、评价指标设置不科学等问题,绩效评价结果也没有充分运用到下个周期转移支付资金的拨付上。

(四)省以下转移支付体系尚不完善

1994 年分税制改革基本没有涉及省以下财政体制的问题,导致我国省以下财政体制的调整和改革显得滞后。省级政府没有在调节省以下政府财力不平衡方面发挥应有的作用,省以下各级政府横向、纵向财力不平衡问题仍较为严重。省以下各级政府职能定位不清晰,政府对市场配置资源的干预过多,政府间存在无序竞争现象。有些省市内不同地区的人均财力相差甚远,有的省市级财政集中资金较多,而县乡财力困窘,县乡财政运行不畅。一些地方省以下财政体制机制设计较为复杂烦琐,在操作中问题重重。目前我国尚没有规范省以下政府间财政关系的法律性文件,没有建立起规范省以下转移支付资金分配使用和效果考核的法律制度,这些都是今后完善省以下转移支付制度要解决的问题。

三、中国转移支付制度的改革与完善

建立科学高效的政府间转移支付制度,对增强国家宏观调控能力,促进区域间公共服务均等化,维护社会稳定,新时代推进社会主义现代化建设都具有十分重要的作用。今后我国转移支付制度改革应注意进一步明晰政府间财政事权和支出责任划分,优化转移支付制度体系设计,建立健全转移支付制度监督评价体系,持续完善省以下转移支付制度。

(一)政府间转移支付制度是实现基本公共服务均等化的重要保障

基本公共服务均等化,是指全体公民(无论城市还是农村,无论东部、中部还是西部地区)都能公平地获得均等的基本公共服务。基本公共服务包括教育、医疗、就业、托育、养老、居住等诸多方面,是全体公民的基本公共需要。

基本公共服务均等化的意义重大:其一,基本公共服务均等化是民生保障的重要抓手。民生保障是中国特色社会主义制度建设的一个重要内容,健全国家的基本公共服务制度体系、促进区域间和城乡间公共服务均等化发展是民生保障的有力抓手。其二,基本公共服务均等化有助于实现人民群众对美好生活的向往。基本公共服务所包含的教育、社会保障等内容与人民群众的生活息息相关,是人民群众获得感、幸福感的最直接来源,是人民群众对美好生活向往的直接表现。其三,基本公共服务均等化践行了马克思主义人本思想。政府提供的基本公共服务为公民的生存发展提供必要的物质资料与精神支持,基本公共服务均等化有利于推动实现全体公民的全面发展。其四,基本公共服务均等化是实现共同富裕的路径选择。当代中国社会主要矛盾是人民日益增长的美好生活需要和不平衡不充分的发展之间的矛盾,基本公共服务均等化有利于缓解这种不平衡和不充分发展,从而推动实现全体人民的共同富裕,实现社会主义核心价值观。

政府间转移支付制度是推动实现基本公共服务均等化的重要措施。中央政府和地方政府之间、上级政府和下级政府之间通过科学高效的财政机制进行资金调拨,可以很好地平衡区域间、城乡间财力差异,弥补贫困地区、边远地区、革命老区等区域的财力缺口,从而促进区域间、城乡间经济社会的良性发展,促进各级政府提供基本公共服务均等化,推进新时代社会主义现代化建设进程。

(二)进一步明晰政府间财政事权和支出责任划分

1. 合理确定中央和地方之间共同事权的划分范围

在中央和地方政府共同承担支出责任的公共事务之中,正外部性较强和信息复杂的公共事务的支出责任应更多地划分给上级政府,如果上级政府委托下级政府执行提供公共品和公共服务的职责,则上级政府应该给予下级政府更多的转移支付。对于确实不适合转成独立事权的共同事权,应该在专门的法律或规范性文件中明确各级政府的支出责任。

2. 适当上移省级以下政府间财政支出责任

在省以下各级政府的职责中,省级和市级政府应承担更多提供公共品和公共服务的支出责任,应尽量减轻县、乡政府的支出责任,缓解基层政府的财政压力。中央政府应当给予省级、市级政府更多的自由裁量权,发挥省级、市级财政对区域公共事务的责任承担,调动地方政府的积极性,更好地服务经济社会发展。

(三)优化转移支付制度体系设计

1. 完善一般性转移支付促进基本公共服务均等化

一般性转移支付有助于达成基本公共服务均等化目标,所以预算资金应优先向一般性转移支付和共同财政事权转移支付倾斜。加强财政激励因素在转移支付资金分配中的应用,将基本公共服务相关指标纳入绩效评价体系中,以绩效评价结果确定下年度一般性转移支付资金的规模,以此方式引导地方政府将转移支付资金投入至适当的基本公共服务领域,促进基本公共服务均等化目标的实现。

2. 整合和清理专项转移支付

在科学界定中央和地方政府之间事权和支出责任的基础上,确定适度的专项转移支付项目。对于属于中央政府支出责任的领域,或者中央委托地方承担的公共事务,中央可以继续实行专项转移支付。对于属于地方支出责任的公共事项,应由地方政府安排支出资金,中央财政不再拨款。对于按照相关政策、制度规定已补到位,或已达到原定补助期限的专项拨款,应予以取消和清理。对优化专项转移支付结构之后节省的资金,应投入到义务教育、农业科技产业化、地方基础设施、生态环境保护、社会保障等提高人民生活福祉的公共服务中。

3. 尝试建立具有操作性的横向转移支付

横向转移支付有利于协调地区间利益的分配,因此在确定横向转移支付运作方式时应考虑地方政府的合作意愿。中央政府应给予地方政府更多的主动性,中央政府的责任是加强宏观调控和协调监督。中央政府科学、规范地测算转移支付资金数额,以指导性文件下发相关地方政府,促进地方政府间的协商与沟通,各地方政府根据实际财政需求和真实财政能力确定最终的资金规模。为推进横向转移支付发展进程,中央政府可以指导构建相应的激励机制,努力实现横向转移支付各个主体之间的共赢共利。并在现有政府职能机构中指定相应的部门负责横向转移支付管理事宜,专门负责引导各主体之间的协商和交流、转移支付资金的管理和划拨、资金使用的监督和评价。

(四)建立健全转移支付制度监督评价体系

1. 完善转移支付监督评价的法律法规体系

加快推进关于政府间转移支付的立法工作,尽快出台规范转移支付制度的相关法律法规,对转移支付的原则、目标、种类、用途、使用、分配、监管等各项内容进行约束和指导,提高转移支付的规范性和公平公正性。

2. 健全转移支付资金监管体系

加强对转移支付资金全过程的监督管理,不但要在资金拨付后审查资金的使用效果,更要加强事前审核和事中管理,促进对资金链条全覆盖监管。在落实财政部门对转移支付资金监管的主体责任的同时,也要发挥审计、人大和第三方主体的监督作用。在大数据和计算机网络飞速发展的今天,尤需加强现代电子技术在转移支付资金监管中的运用。此外,还应充分发挥问责机制,对于转移支付资金监察工作中发现的问题要及时整改,向全社会公众公开处罚措施,对于违规问题的处罚执行程度应作为下一年转移支付资金安排的重要参考依据。

3. 加强转移支付绩效评价体系建设

在转移支付绩效评价目标设定中,应清晰反映预算资金的预期产出和效果。加强对基层执行单位的绩效评价,将资金使用单位作为重点评价对象。加强对转移支付资金绩效评价结果的应用,如果评价结果较为优秀,转移支付资金真正促进了公共服务均等化的实现,则在下一个年度增加资金的补助;如果对绩效监管、绩效 评价结果弄虚作假,或预算执行与绩效目标严重背离,评价的结果较为糟糕的部门、单位及相关责任人,必须对其进行追责问责,并在下一个年度减少补助资金。

(五)持续完善省以下转移支付制度

完善省以下转移支付制度要达到的目标是,合理配置各级政府权责,明晰各级政府的职能定位,防止政府间无序竞争,健全转移支付体系,保障县级财政平稳运行,真正从体制机制上建立起可持续发展的县级财力保障机制,兜牢兜实民生底线,切实发挥转移支付的财力配置功能,扎实推进基本公共服务均等化。

省以下转移支付制度和中央与地方间转移支付制度的基本范式应是一致的,这样有利于全国范围内制度体系的统一。省以下转移支付的重点项目应是一般性转移支付和共同财政事权转移支付。一般性转移支付发挥均衡区域间基本财力的作用,资金投入的重点是革命老区、贫困地区、民族地区等特殊区域,资金投入的领域应是承载国计民生的重点领域。共同财政事权转移支付真正体现各级政府的事权与支出责任,协调理顺政府间财政关系。省以下转移支付制度体系中应谨慎对待专项转移支付,专项转移支付应真正用于办理特定事项、激励地方政府经济发展,其资金切实做到专款专用。

此外,应加强省以下转移支付资金的监督管理,强化对资金的绩效评价,适度体现对基层政府的激励约束,更应防止补助资金挪用浪费,尽量使省以下转移支付发挥促进基本公共服务均等化、推动各区域平衡充分发展、增进民生福祉、保障国家长治久安的作用。

核心概念:无条件转移支付 有条件非配套转移支付 封顶配套转移支付 不封顶配套转移支付 一般性转移支付 专项转移支付 共同财政事权转移支付 税收返还 省以下财政体制改革 政府间财政关系

复习思考题

(1)政府间转移支付的形式有哪些? 不同转移支付形式的效应是怎样的?

(2)我国中央对地方政府转移支付的主要项目有哪些?

(3)如何推进我国省以下转移支付体系的改革?

第九章
城市财政

【学习目标】

通过向学生介绍我国城市发展现状,使学生了解城市财政的功能作用。通过讲授城市财政收入和财政支出的内容,通过探讨城市财政治理的含义和框架,引导学生理解城市财政治理改革的方向,理解在我国全面建设社会主义现代化国家新征程中,城镇化、城市治理、城市财政活动对推进城乡协调和社会经济发展的重要意义。

【重点与难点】

重点是掌握城市财政收入和支出的内容,了解中国城市财政治理的改革方向。难点是基于对城市发展特点的总结,分析城市财政特殊的功能作用。

城市管理在国家治理活动中占据重要的位置。城市管理的主要职责是市政管理、环境管理、交通管理、应急管理和城市规划实施管理,以达到加强市政建设、维护公共空间、优化城市交通、改善人居环境等目标。城市财政是支持城市管理活动开展的物质基础,城市财政收入主要包括税收、非税收入、转移性收入、政府性基金收入和债务收入;城市财政支出主要包括一般公共预算支出、转移性支出、社会保险基金支出和国有资本经营预算支出等项目。城市财政治理是政府通过优化完善城市财政的机制和体系,以达到城市治理的目标。城市财政制度体现了城市中政府与市场、政府与社会、中央与地方的基本关系,是连接城市经济、政治、文化、社会和生态文明各个领域的纽带,提高城市财政治理水平是财政改革的一个重要内容。

第一节　城市财政的功能定位

城市是区别于农村的地理区域,城市的人口较为集中,人口密度大,人民从事非农业活动,城市管理在国家治理活动中占据重要的位置。2015 年 12 月中共中央、国务院印发《关于深入推进城市执法体制改革改进城市管理工作的指导意见》,将城市管理的主要职责界定为市政管理、环境管理、交通管理、应急管理和城市规划实施管理,提出城市管理改进的方向是加强市政建设、维护公共空间、优化城市交通、改善人居环境、提高应急能力、提高防灾减灾能力、整合信息平台等。城市财政是支持城市管理活动开展的物质基础,城市财政活动包括建立和完善税制体系、组织税款入库、根据城市特点在各项公共事业上进行财政资金的调拨与分配,为城市的建设发展积极助力,不断提高市民的生活质量。

一、城市发展的特点

随着城镇化的发展,越来越多的人口集中在城市,城市的数量和规模越来越大,城市发展表现出与农村不同的特点。总的来说,城市发展的特点是城镇化程度不断加深、"虹吸效应"显著、城市活动具有充分的对外开放性、数字经济的中心和创新力量强大。

(一)城镇化使城市规模越来越大

城镇化是农村人口转化为城镇人口的过程。反映城镇化水平的指标是"城镇化率",即一个地区常住于城镇的人口占该地区总人口的比例。城镇化是世界各国工业化进程中的必然表现,随着一国经济社会的发展,人口会持续向城镇集聚,城市需要承载更多的提供公共品和公共服务的功能,城市的财政收入和支出会面临特殊的挑战和压力。目前世界城镇化水平已经超过50%,有一半以上的人口居住在城市。

中国从改革开放之后不断推进城镇化的进程。1978—1991年是中国改革开放的启动探索阶段,此时中国的城镇化进程缓慢推进。农民外出务工常常是"离土不离乡""进厂不进城",农业劳动力向乡镇企业集中。这一阶段城镇化的指导思想是"控制大城市规模,合理发展中等城市,积极发展小城市"。1992年之后,邓小平同志南方谈话和党的十四大为社会主义市场经济发展注入活力,东部沿海地区经济飞速增长,这些地域农民工的规模也是逐年增加,农民工跨出镇界、县界、省界,中国区域间、城乡间大规模人口迁移的序幕被拉开。2000年全国建制镇超过20 000个,比1988年增加1倍,这个时期我国城镇化发展速度加快。[①]2002—2011年中国城镇化速度快速推进,"十五"计划决定"取消对农村劳动力进入城镇就业的不合理限制,引导农村富余劳动力在城乡、地区间的有序流动",各部门陆续出台了一系列支持农村富余劳动力外出务工的政策。2002年外出务工人口规模快速增长,大中小城市和小城镇一起快速发展。随着中国城镇化进程的推进,受户籍制度约束,常住人口城镇化率和户籍人口城镇化率[②]的差距越来越大,农业转移人口市民化问题成为中国城镇化的重点和难点。2014年党中央、国务院下发《国家新型城镇化规划(2014—2020年)》以及《国务院关于进一步推进户籍制度改革的意见》,中国城镇化进入以"人的城镇化"为核心、以提升城镇化质量为主的新阶段。"十三五"期间,中国的新型城镇化取得重大进展,城镇化水平和质量大幅提升,2020年末我国常住人口城镇化率超过60%,比1949年末提高了49.36个百分

---

① 苏红键、魏后凯. 改革开放40年中国城镇化历程、启示与展望[J]. 改革,2018(11):49-59.
② 常住人口城镇化率和户籍人口城镇化率分别以城镇常住人口、非农业户口人口占总人口的比重进行计算。

点。[①] 2022年6月国务院批复《"十四五"新型城镇化实施方案》,提出"十四五"时期我国城镇化质量要进一步提升,要完善户籍制度改革,提高城镇基本公共服务质量,健全城市群一体化发展体制机制,协调大中小城市发展,提高城市治理能力。我国城镇化动力强劲,京津冀协同发展、长三角一体化发展、粤港澳大湾区建设等区域重大战略有待深入实施,城市群和都市圈持续发展壮大,新型城镇化不断向纵深发展。

(二)城市具有"虹吸效应"

随着城市的发展,人口等生产要素会从经济发展水平相对落后的农村流向相对发达的城市,这就是"虹吸效应"。"虹吸效应"对城市群发展影响很大,"虹吸效应"可以提升城市能级,但城市如果处理不好公共品提供的问题,又容易增加城市负担从而诱发"城市病"。

回顾全球城镇化发展历程,从工业革命开始,英、美、德等发达国家人口和资源迅速向城市集聚,"虹吸效应"开始显现,纽约、伦敦、东京等世界级大城市迅速膨胀,这也对城市空间拓展、环境保护、社会管理等领域提出挑战。根据国际经验,当城镇化率不足40%时,小城镇主导城镇化进程。当城镇化率接近50%时,大城市推进城镇化建设进程。当城镇化率超过70%时,主要由都市圈和城市群推进城镇化进程。2011年我国城镇化率达到51.27%,城镇人口数量首次超过农村,大城市对中小城市和农村地区的"虹吸效应"逐渐显现,人口加速流向大城市。[②] 随着我国城镇化程度提高,人口加速向城市群转移。2020年人口净流入最多的是长三角城市群、京津冀城市群和粤港澳大湾区这三大城市群,城市群的"虹吸效应"逐渐显现。城市群的出现是生产力发展、生产要素优化组合的产物,每个城市群一般以几个经济较为发达、具有较强辐射带动功能的中心城市为核心,由若干个空间距离较近、产业结构相似、经济功能互补的周边城市共同组成。发展城市群可在更大范围内实现资源的优化配置,增强核心城市的辐射带动作用,同时促进城市群内部各城市自身的发展。党的十九大提出,要"以城市群为主体构建大中小城市和小城镇协调发展的城镇格局",所以城市群的发展为城市发展提出更高的要求。今后的城市发展更要开阔思维,拓宽视野,政府的公共服务不仅仅限于某一个城市,更要着眼于城市间的协同发展和共同进步。城市财政不仅担负起为城市本身提供公共品、优化资源配置、协调政府间关系的职责,也要为推动区域协调发展承担起必要的责任。

(三)城市经济活动具有很强的对外开放性

城市往往是对外开放的前沿。城市往往水陆交通便利,或者拥有优良的深水港,或者拥有完备的公路、铁路运输网络,可以很便捷地和世界各国进行交流。城市中往往汇聚了大量优秀的技术人才和管理人才,积累了比较丰富的开展对外贸易的经验。城市的经济结构也比较健全,城市周边有良好的农业基础,工业体系较为发达,企业经营管理水平较高,可以生产优质的商品。所以城市在产业基础、基础设施、人力资本方面都比农村有着得天独厚的优

---

① 国家统计局.中华人民共和国2020年国民经济和社会发展统计公报[R].中国政府网,2021-02-28.
② 王福涛.促进城市群发展需妥善应对"虹吸效应"[J].国家治理,2021(2):32-37.

势,具有对外开放的优质条件。以京津冀城市群、长三角城市群、粤港澳大湾区、成渝城市群、长江中游城市群、中原城市群、关中平原城市群等为代表的城市群积极构建现代产业区域价值链,逐渐融入跨国公司的全球生产体系,成为国际制造业的重要力量。在新一轮高水平对外开放,促改革、促发展、促创新、促转型背景下,很多城市都在积极打造更加开放的引才政策和环境,促进国际人才商业保险互通、教育医疗资源共享、人才优惠政策联动,搭建各类服务人才的创新创业平台,极力吸纳更多的国际高端人才。很多城市不断提升公共服务质量,提升城市管理水平,优化营商环境,推进产业园建设,重点促进集成电路、人工智能、生物医药等技术创新领域的发展,实施更加深入、更加全面、更加系统、更加公平的经济开放。城市对外开放程度的加深,要求城市要不断强化国际规范、优化人文环境、树立法治社会、打造诚信体系、完善公共服务,这也为城市财政提出更多的要求。

(四)城市往往是数字经济的中心

近年来,大数据、云计算、物联网、区块链、人工智能、5G 通信等新兴技术在经济社会各个领域广泛应用,引起新的科技革命和产业变革,数字经济也随之蓬勃发展。城市是数字经济的主要载体,城市的综合服务管理能力、城市信息模型平台、城市数据融合及产业生态培育技术等优势资源可以高效地促进城市数字经济持续快速增长。2021 年 12 月国务院印发《"十四五"数字经济发展规划》,提出要深化新型智慧城市建设,推动城市数据整合共享和业务协同,提升城市综合管理服务能力,完善城市信息模型平台和运行管理服务平台,在城市发展规划中重点培育数字经济的增长。2022 年 6 月国务院印发《关于加强数字政府建设的指导意见》,强调要充分发挥数字政府建设对数字经济、数字社会、数字生态的引领作用,促进经济社会高质量发展,推进国家治理体系和治理能力现代化。由此可见,打造数字经济新优势,促进数字技术与实体经济深度融合,拉动传统产业转型升级是城市高质量发展的重要动力。财政作为政府宏观调控的手段,应积极地把握时代特点,加强财政资金对数字经济核心产业和重大项目的支持力度,加强推动城市数字经济发展的政策保障和体制机制创新的力度。

(五)城市具有强大的创新力量

《中国互联网发展报告(2022)》显示,中国的创新型城市是中国建设创新型国家的关键环节,不但中国重视城市创新的问题,当前世界上典型的创新型国家都将城市的创新能力作为国家发展的重要动力。早在 2005 年 10 月,党的十六届五中全会就明确提出建设创新型国家的重大战略思想和任务。2006 年第 9 号国务院公报部署实施《国家中长期科学和技术发展规划纲要(2006—2020 年)》,强调坚持走中国特色自主创新道路,为建设创新型国家而奋斗。在党和政府鼓励创新精神的指引下,各地方政府积极响应号召,天津、深圳、武汉等上百个城市纷纷提出建设创新型城市的目标。2008 年国家发改委批复深圳市成为首个国家创新型试点城市。2010 年科技部、发改委印发《国家发展改革委关于推进国家创新型城市试点工作的通知》和《关于进一步推进创新型城市试点工作的指导意见》,提出要选择一批创新基础条件良好、经济社会发展水平高以及对周边地区辐射带动效应大的城市进行创新试点工作,为中国的创新政策与体制机制改革等方面探索经验。同年,科技部和发改委先后批复了广州、南京、厦门等 41 个"国家创新型试点城市",在随后的 2011—2013 年又批复建设若干个国家创新型试点城市。依靠科技、知识、人力、文化、体制等创新要素驱动发展的创新型城市是城市发展中的排头兵,并引领着区域经济的高质量发展。2016 年 5 月,习近平总书记在全国科技创新大会上明确提出"建设若干具有强大带动力的创新型城市和区域创新中心",大会发布了《国家创新驱动发展战略纲要》。2017 年党的十九大报告中强调"加快建设创新型国家"。所以城市是创新的中心,创新型城市是城市发展的优秀模式,城市财政应该为城市创新提供财力和政策的服务。

二、城市财政的功能作用

财政的三大基本职能是资源配置、收入分配、经济稳定与发展,城市财政是国家财政的一个组成部分,所以城市财政的职能也是这三大传统职能。但是新时代城市财政面临经济新常态的挑战和社会主要矛盾的变化,其功能作用有新的侧重和拓展。所以城市财政在优化资源配置、筹集物质财富、提供城市公共品和公共服务、防范公共风险等方面将会发挥巨大的作用。

(一) 资源配置

城市财政应依据经济发展的一般规律,贯彻执行党中央、国务院关于国家发展的大政方针,明确城市的功能定位,从而引导资源的正确流动,实现资源的合理配置,促进产业结构和区域结构的优化调整。我国经济进入新常态后,投资增速放缓,效率下降,经济增长必须更多地依靠科技进步和创新推动,在这样的背景下,城市财政应秉承创新驱动理念,培育经济新动能、建设新财源。通过创新财政投入方式,推进信息技术、生命健康、智能制造、绿色环保等战略性新兴产业发展,支持光电子技术、生物医药、环保科技等高新企业做大做强,推进电子商务、智慧物流、互联网金融等新兴服务业加快发展,鼓励高水平的科技成果转化基地、技术创新中心、产学研创新平台、创新孵化器基地的建设,通过财政和税收的各种工具手段引导资源配置,优化产业结构、行业结构、地区结构的调整和发展。

城市是实现经济开放的重要阵地。在经济开放的格局下,财政应支持城市空间和功能的拓展,突破传统产业和传统贸易结构,积极响应国家"一带一路"建设、长江经济带发展、新一轮西部大开发等国家战略规划,助推城市产业升级,打造城市经济名片。城市财政也需要运用多种手段鼓励跨国公司走进来,投资战略性新兴产业和科技研发,鼓励引进国际先进装备和技术,提高对外服务业的经营水平。除了吸引先进技术、先进企业、先进人才进入城市,政府也需要运用财税机制支持企业开拓国际市场,支持企业建立海外生产基地,开展国际服务外包合作,降低出口成本,提高产品的国际竞争力,以企业自身实力的增长而增加在国际市场的话语权。

(二) 筹集资金

城市汇聚了众多工商企业,工商部门是财政收入的重要来源,所以城市财政的重要功能是为国家和地方政府筹集财政收入。城市财政收入按照财政体制规定留取一部分作为地方城市预算收入外,其余上缴上一级财政,成为地方财政和中央财政的重要资金来源。城市财政收入主要包括税收、非税收入、国有资本经营收益、上级政府转移支付资金等项目。在城镇化、城市"虹吸效应"的影响下,我国形成了诸多超大、特大城市,这些城市人口众多,资源丰富,财政收入规模和增长率不容小觑。如表 9-1 所示,2022 年 1—10 月份上海、北京、深圳、杭州、苏州的财政收入都过千亿,是中国城市的前五强,虽然受近年来新冠肺炎疫情影响,这些城市财政收入增速有所下降,但这些城市的财政实力显而易见,这些城市的财政收入为区域发展乃至全国财政工作的顺利推行作出重要贡献。

表 9-1　2022 年 1—10 月中国财政收入十强城市

排名	地区	一般公共预算收入(亿元)	名义增速(%)
1	上海市	6 652.6	−5.9
2	北京市	5 022.9	−4.8
3	深圳市	3 388.0	−5.4
4	杭州市	2 230.5	1.2
5	苏州市	2 032.0	−8.3
6	重庆市	1 714.0	−10.1
7	广州市	1 603.0	−1.2
8	天津市	1 567.7	−16.0
9	宁波市	1 516.6	−3.2
10	武汉市	1 376.2	−5.7

资料来源:各城市财政局网站数据汇总而得。

(三)提供城市公共品

1. 城市公共服务

城市应该发挥区域核心的引领和示范作用,向社会公众提供优质的公共品和公共服务,加强投资和维护城市基础设施,加强就业和再就业的培训,健全和完善社会保障服务,支持教育、科技、文化、医疗卫生、体育等公共事业发展,及时发布各方面的社会信息,为提高社会公众的生活质量和公共事务参与度而创造条件。

2. 环境保护

"绿水青山就是金山银山",要树立可持续发展理念,走生态优先、绿色发展道路,建设资源节约型、环境友好型社会,就要求新时代城市财政要支持环境保护事业发展,以各种财政手段支持退耕还林、退田还湖以及生态保护区建设。加大财政投入力度,支持污水处理、垃圾分类处理等设施建设,打造宜居环境,创建国家生态园林城市和国家森林城市。支持防治大气污染、土壤污染和水体污染的技术发展,改善城市生态条件,提高区域生态承载能力。

通过财政奖补支持钢铁、建材、化工、造纸、有色金属等重污染行业化解过剩产能,支持节能技术、减排工程、节能产品的创新与发展。

3. 社会保障

城市财政支持完善覆盖全民、城乡统筹、权责清晰、保障适度、可持续的多层次社会保障体系。通过加大财政支持力度,协调推进机关事业单位养老保险制度改革。通过财政补贴加强对下岗失业人员就业培训和公益性岗位安置工作,缓解城市居民就业难题。通过财政资金支持而进一步完善社会救助救济体系,保障医疗救助、优抚、老年优待等各项民生政策落实。强化财政责任以完善企业职工基本养老保险基金中央调剂制度,以及完善基本医疗保险制度。

4. 支持教育、科学、文化和卫生事业发展

通过财政资金支持、政府购买服务、财政补贴引导等多种方式,支持城市公共文化和教育设施的扩建改造,提高城市居民的科学素质,营造科技创新环境。加大文创中心、文体中心等设施建设投入,支持公共文化服务体系示范创建及数字化、网络化建设,以及公益性文化场馆免费开放。通过对公立医院和基本药物制度的财政补助,助推公立医院综合改革,缓解市民看病难、看病贵的难题,提高城市基本公共卫生服务水平。

(四)防范公共风险

在当代经济社会日新月异发展的同时,交织着诸多矛盾和风险,存在诸多公共安全隐患,防范和化解公共风险是所有政府机构包括财政部门应该日渐重视的工作。不管是大城市还是中小城市政府,都希望本地经济飞速发展,所以往往会以大范围的政府投资带动地方经济增长。为了加强市政基础设施建设、扩大和优化公共服务供给,打造更优质的营商环境和居住环境,很多城市政府会通过多渠道举借债务的方式来筹措资金,这些因素都会引发公共债务的风险。尤其是中小城市人口规模较小、公共资源稀少、产业基础薄弱、经济实力悬殊,中小城市要谋求发展,更会通过政府投融资的方式进行投资和建设,就更容易造成地方债务危机。再加上中小城市中往往政府与市场职能边界模糊,和上级政府事权与支出责任划分不清晰,教育、医疗、社会保障、生态环境保护等领域的公共服务和公共品刚性需求非常大,这些都造成中小城市财政收支的困境,所以中小城市是我国地方政府债务风险的主要潜伏区。基于此,城市财政的职责之一就是要建立长效机制,加强政府债务化解防范管理。

【专栏9-1】

上海的城市财政治理经验

上海正在迈入具有国际影响力的全球城市行列,上海的城市面貌日新月异。2021年,上海市财政局认真贯彻党中央、国务院和中共上海市委各项决策部署,持续深化财税改革攻坚,提高财政资源配置使用效率,推进经济社会高质量发展。其一,全面推进国家重大战略实施。支持浦东新区高水平改革开放,加快推进科技创新,持在沪国家实验室建设,推动国家重大科技项目落户上海。其二,推动经济持续稳定恢复。支持轨道交通等交通基础设施

建设、社会民生等领域的重大项目,促进集成电路、生物医药、人工智能产业发展,促进创新型企业发展,推动现代服务业提升能级,促进中小企业健康发展。其三,统筹新城和旧区的改造。推动新城特色产业发展,支持新城学校、医院等公共服务设施建设。推进旧城房屋改造、旧住房综合改造、城中村改造和保障性住房建设,打造"美丽街区"。其四,保障和改善民生。全力做好常态化疫情防控保障,推动实现更高质量的充分就业,支持发展公平而有质量的教育,推进健全养老托幼等社会保障体系,支持公立医院和卫生机构基本建设和大型医疗设备购置,支持加强公共文化建设。其五,推动城市治理效能提升。全面推进数字城市建设,持续推进生态环境治理,支持推动节能减排,推动健全公共安全、社会治安、网络安全、应急管理、消防安全、防汛防台、食品安全等体系。其六,深入推进财政改革发展。严格执行各类经费支出标准,着力降低行政运行成本,加强绩效目标管理,提高财政资金使用效率,稳步推进市区两级政府财政事权和支出责任划分改革,提高地方政府债务管理水平。

上海市正以更加昂扬的姿态迈进新征程、建功新时代,奋力创造新奇迹、展现新气象,加快建设具有世界影响力的社会主义现代化国际大都市,为实现第二个百年奋斗目标、实现中华民族伟大复兴的中国梦而不懈奋斗!

(资料来源:2022年1月23日上海市第十五届人民代表大会第六次会议通过的《关于上海市2021年预算执行情况和2022年预算草案的报告》。)

第二节　城市财政收支

城市财政收入主要包括税收、非税收入、转移性收入、政府性基金收入和债务收入。城市财政支出主要包括一般公共预算支出、转移性支出、社会保险基金支出和国有资本经营预算支出等项目。

一、城市财政收入

(一)城市财政收入的特征

1. 财政收入规模较大

和农村相比,城市在有限的地域范围内承载了数量众多、充满活力的工商企业,产业结构良好,税源较为集中,具有强劲的增长力,所以城市往往能够征收更多的税收。不同类型的城市,其财政收入的来源结构差异性较大,但是基本都表现为财源集中、收入规模较大的特点。

2. 征收关系复杂

城市产业、部门集中,经济结构复杂,在税收、非税收入等各种形式的征收过程中,如何处理好中央和地方政府之间的利益关系、国家企业和个人之间的利益关系是城市财政棘手的问题。在税收的征收中,由于城市工商企业较多,人口稠密,流动人口较多,城市组织管理情况复杂,所以城市税收征管的难度较大,财政收入常常出现跑、冒、滴、漏的现象。

（二）城市财政收入的内容

1.税收

税收是城市政府最主要的收入来源,通常包括增值税 50% 的部分、企业所得税 40% 的部分、个人所得税 40% 的部分、资源税(除海洋石油资源税以外的其他资源税)、城市维护建设税(不含铁道部门、各银行总行、各保险公司总公司集中交纳的部分)、房产税、印花税(不包含证券交易印花税)、城镇土地使用税、土地增值税、车船使用税、耕地占用税、契税、环境保护税、专项收入(以增值税、消费税为基础的教育费附加、地方教育附加)等项目。

在税收项目中,增值税、企业所得税、个人所得税属于中央和地方分享的税收,城市维护建设税、房产税、印花税、城镇土地使用税、土地增值税、车船使用税、耕地占用税、契税、资源税、环境保护税属于地方性固定收入。如果城市的经济发展态势良好,制造业、服务业产值稳定增长,则城市增值税的收入就会增加。如果城市企业利润持续上升,则城市企业所得税的收入就会增加。如果城市的收入分配体系良好,劳动者工资薪金的数额上升,则城市个人所得税的收入就会增加。如果矿产资源收入增加、经济合同的订立数量增多、房地产市场活跃,则资源税、契税、印花税、房产税等各种税收都会增加。城市税收的增长和城市经济发展态势息息相关。

2.非税收入

（1）行政事业性收费

行政事业性收费主要是使用费,即城市政府在提供公共设施和服务时,按照一定的价格向使用者收取的费用,如对供水、供电、煤气、垃圾收集和污水处理等公用事业的收费。

（2）罚没收入

罚没收入是城市的司法、公安、行政、海关或其他经济管理部门按照法律、法令、行政法规的规定,对违反者课以罚金或没收品变价而获取的收入。专项收入包含多个项目,如教育费附加收入、地方教育附加收入、残疾人就业保障金收入、教育资金收入、农田水利建设资金收入等。

（3）国有资源（资产）有偿使用收入

国有资源（资产）有偿使用收入包括海域使用金收入、场地和矿区使用费收入、特种矿产品出售收入、专项储备物资销售收入、利息收入、非经营性国有资产经营收入、出租车经营权有偿出让和转让收入、无居民海岛使用金收入、转让政府还贷道路收费权收入、石油特别收益金专项收入等 21 项内容。①

（4）政府住房基金收入

政府住房基金收入反映了按《住房公积金管理条例》等规定收取的政府住房基金收入。

---

① 具体科目参见《2022 年政府收支分类科目》。

包括上缴管理费用、计提公共租赁住房资金、公共租赁住房租金收入、配建商业设施租售收入等项目。

3. 转移支付收入

城市的转移支付收入指的是上级政府对该城市的转移支付资金,通常包括一般性转移支付、专项转移支付和税收返还三大类,同中央对地方政府的转移支付基本项目是一致的。

4. 政府性基金收入

政府性基金收入包括国有土地使用权出让收入、国有土地收益基金收入、农业土地开发资金收入、彩票公益金收入、城市基础设施配套费收入、污水处理费收入、彩票发行机构和彩票销售机构的业务费用等项目。值得一提的是土地出让收入在很多城市财政收入中占有较大的份额。1994 年的分税制改革压缩了地方政府的税收分成比例,多年来中央和地方之间事权与支出责任不明晰,地方政府事权和财权不匹配,导致地方政府财力困窘。尤其对于一些产业结构不均衡、经济增长动力不足的中小城市,土地出让金是地方政府所能支配的最大财源之一,导致这些中小城市政府对"土地财政"的依赖。

5. 债务收入

城市的债务收入主要靠发行政府债券获取。城市发行的政府债券有一般债券和专项债券。一般债券是以城市的征税能力作保证的政府债券,其信用仅次于国债,安全性较强,所筹措的资金往往用于修建安居工程、城市污水处理、产业园建设、高速公路、飞机场、公园等市政公共设施,用于提高城市居民的生活质量。专项债券是城市政府为特定的公益项目而发行的、以一定期限内公益项目所产生的政府性基金收入或专项收入而还本付息的政府债券。专项债券可以较为精准地用于社会效益显著、群众迫切需求的实体政府投资项目。

二、城市财政支出

(一) 城市财政支出的特征

1. 城市财政支出的重点领域

城市财政支出的重点是城市区域内的企事业单位,城市财政支出大部分用于市政建设和城市公用事业建设,如基础教育、公共卫生、社会保障与公平、公共文化、基础设施、科技发展、城乡事务、公共安全、环境保护等方面。

2. 城市财政支出的功能作用

城市财政支出与城市居民的生活息息相关,教育、卫生、文化、基础设施、社会保障等各个领域服务水平的高低直接影响城市居民生活状况的改善。城市财政支出不仅是为了实现城市功能的需要,而且也是为了实现国家职能的需要,城市财政支出不但反映了财政的基础职能,还对城市的发展具有更多功能和作用。

(二)城市财政支出的内容

1. 一般公共预算支出

一般公共预算支出包括一般公共服务支出、国防支出、公共安全支出、教育支出、科学技术支出、文化旅游体育与传媒支出、社会保障和就业支出、卫生健康支出、节能环保支出、城乡社区支出、农林水支出、农村综合改革支出、交通运输支出、资源勘探工业信息等支出、商业服务业等支出、金融支出、援助其他地区支出、自然资源海洋气象等支出、住房保障支出、粮油物资储备支出、灾害防治及应急管理支出、债务付息支出和债务发行费用支出等。一般公共预算支出是城市财政支出中的重要项目,如现代城市政府普遍会支持义务教育学校发展,支持高新技术产业发展,支持重点实验室建设,加大对重点群体就业、居民养老、城乡低保等民生的投入,在新冠肺炎疫情背景下支持疾控中心建设、推进公立医疗机构建设和医疗设备购置,着力公共卫生水平的提高,加强河湖等水体治理,促进新能源产品的生产,支持城市轨道交通建设和城市道路改造,支持保障性租赁住房建设和老旧小区改造,这些和民生息息相关的公共服务领域都需要城市财政的投入。

2. 转移性支出

转移性支出主要包括城市上解省级的支出、市级政府对区县(市)转移支付的支出、预算稳定调节基金支出、一般债务还本支出、专项债务还本支出、援助其他地区支出等项目。

3. 社会保险基金支出

社会保险基金支出包括机关事业单位养老保险基金支出、城乡居民基本养老保险基金支出、城镇职工基本医疗保险基金支出、城乡居民基本医疗保险基金支出、工伤保险基金支出、失业保险基金支出。

4. 国有资本经营预算支出

城市财政具有国有资本经营预算支出,包括城市政府支持国企改革而对企业的重大项目进行注资,充实国有资本股权制投资而进行资金支持,帮助建设国有资产大数据系统,以资金投入支持文化企业发展等项目。

第三节　城市财政治理

城市财政治理是政府通过优化完善城市财政的机制和体系,以达到城市治理的目标。城市财政制度体现了城市中政府与市场、政府与社会、中央与地方的基本关系,是连接城市经济、政治、文化、社会和生态文明各个领域的纽带,提高城市财政治理水平是城市财政改革的方向和目标。

一、城市财政治理的现状

城市治理是一个综合性范畴,包括多个维度的城市管理活动。当代中国正在努力营造符合中国实际、体现中国特色、彰显中国道路的城市治理体系。财政是政府宏观调控的重要手段,是连接社会各领域的重要纽带,提高城市财政治理水平有利于实现城市治理的目标。

(一)城市治理

2013 年 11 月,党的十八届三中全会全面部署推进国家治理体系和治理能力现代化。2014 年 3 月中共中央、国务院印发《国家新型城镇化规划(2014—2020 年)》,为全国城镇化健康发展进行宏观性、战略性、基础性的指导。2015 年 12 月习近平总书记在中央城市工作会议上提出"坚持以人民为中心的发展思想,坚持人民城市为人民"的重要论断。2015 年 12 月中共中央、国务院发布《关于深入推进城市执法体制改革改进城市管理工作的指导意见》,以改进城市管理工作,提高政府治理能力,增进民生福祉。2017 年 6 月,中共中央、国务院发布《关于加强和完善城乡社区治理的意见》,进一步促进城乡社区治理体系和治理能力现代化。2021 年 4 月,中共中央、国务院发布《关于加强基层治理体系和治理能力现代化建设的意见》,统筹推进乡镇(街道)和城乡社区治理,以夯实国家治理的根基。从一系列理论和实践的探索中可以看出,我国正在努力营造符合中国实际、体现中国特色、彰显中国道路的城市治理体系。我国的城市治理是以新型城镇化为引领,合理调节人口向城镇聚集,积极吸纳社会组织、市民、公益企业以自由灵活的自治、法治、德治等方式参与城市管理活动,运用现代新兴技术推动城市发展,实现智慧城市、宜居城市、绿色城市、创新城市、韧性城市的目标,最终满足人民群众日益增长的对美好生活的需求。

在操作层面,城市治理包括多个维度的管理活动。城市治理的主体是城市政府、社会组织、市民等多个组织和个体。城市治理的范围包括城市公共服务、城市基础设施、城市中小学教育、城市医疗卫生体系建设等各项社会事业。城市治理的过程包括城市各项公共事务和公共工程的决策、规划、建设、运营、管理、更新、监督、考核等全过程。

(二)城市财政治理

城市财政治理是政府通过优化完善城市财政的机制和体系,以达到城市治理的目标。城市财政治理是多个维度的财政活动集合。从城市财政的体系构建上看,城市财政要努力提高财政能力、税收能力、预算能力、债务管理能力,努力实现良好的政府间财政关系。从城市财政支持城市公共服务的角度看,城市财政要努力提高基础教育、公共卫生、社会保障与公平、公共文化、基础设施、科技发展、城乡事务、公共安全、环境保护等各个方面的公共服务产出水平。从城市财政的模式构建上看,应构建有利于创新驱动发展、生态文明建设、开放共享经济的现代城市财政制度,并注重打造现代地方税收体系、加快数字财政技术创新和推进财政与其他改革的配合。

从目前我国城市财政的实践来看,不管是东、中、西部不同地域的城市,还是大、中、小不同规模的城市,普遍都注重贯彻落实党中央、国务院的各项财政政策,扎实做好生财、聚财、用财等各项工作,着力推动城市经济社会持续健康发展。我国各城市财政工作的重点大致在于:其一,提升城市公共服务能级,健全城市基础设施。加快学校、医院、福利院、文化体育场馆等公共服务设施建设,支持地铁、城市快速路、主次干道、高速公路、铁路、航线等公共交通设施建设,增强固废、危废和污水处置能力,支持市区主干道、背街小巷等道路景观绿化的整治提升,为市民提供更为美好和便捷的公共服务。其二,保障城市安全运行。加强数字技术在城市管理中的运用,保障疫情防控工作,提高城市生态环境、防灾减灾、社会治安、食品、交通、公共设施和城市管网等领域预防和处理各类突发事件的能力。其三,加快构建现代产业体系。贯彻落实企业减费缓税降税政策,切实减轻市场主体负担,助力企业复工复产和产业转型升级。培育人工智能、集成电路、生物医药、新材料、5G、节能与新能源汽车等先进产业集群,支持工业互联网发展,支持国家、省实验室建设。其四,全面增强人民的幸福感。促进共同富裕,保障民生实事,加大困难群众救助力度,稳步提高社保待遇水平,建设高质量就业创业体系,织密织牢多层次、多支柱的社会保障网。

表9-2　2021年我国部分城市一般公共预算执行情况　　　　　　　　单位:万元

项目 城市	税收收入	非税收入	转移性收入	地方政府债券发行数额	一般公共服务支出	地方政府债券还本支出	转移性支出
杭州	21 408 092	1 429 463	15 186 804	3 158 500	4 245 346	614 100	14 291 088
武汉	2 662 831	1 018 913	17 167 197	7 793 516	8 363 849	4 106 171	10 713 459
青岛	144 583	737 672	2 506 857	2 570 300	437 318	1 152 900	2 934 042
厦门	4 730 477	1 341 941			5 715 963		
成都	12 729 300	4 249 724	11 717 346	8 760 500	22 375 625	2 728 700	5 081 307
南宁	1 441 211	756 728	4 916 849		2 730 774		3 663 858

注:各市的财政数据采用的是"市本级"的数据。

资料来源:各城市财政局网站。

二、城市财政治理的问题及改革对策

目前我国城市财政仍存在收支不平衡、收支结构不合理、债务隐患和对土地出让收入依赖过重等问题。随着我国社会主要矛盾发生变化,城市财政的功能作用要有进一步的完善和提升。党的十九届四中全会对国家治理体系和治理能力现代化提出宏大的战略安排,城市财政治理活动也需要与时俱进,积极应对风险挑战,配合推进现代财政制度的改革。

(一)城市财政存在的问题

1.财政收支不平衡

受经济发展程度的限制,有相当一部分城市的财政收入有限,财政收入总量不足,财政收入增长动力有限,城市财政自给系数低,财政状况困难。但同时这些城市的支出高居不下,基础设施建设、教育文化、医疗卫生、社会保障、科技投入、生态环境等方面的支出具有刚性,属于维护民生必要的支出,这些公共事业领域对财政资金的需求持续增加。在这样的情况下,很多城市尤其是中小城市常常会出现财政收支不平衡的问题。财政收支不平衡可能会导致城市资源配置不均衡、债务风险或公共服务缺失等问题,需要财政机制的进一步调整。

2. 财政收入结构不合理

在财政收入结构上,一些城市的非税收入比重偏高,城市对上级政府转移支付资金和土地出让收入的依赖度过高,城市财政的宏观调控能力有限,城市财政收入增长的后劲不足。在财政支出结构上,政府"越位"和"缺位"的问题仍旧存在,中央政府和地方政府的事权和支出责任不明晰,城市财政常常会出现盲目投资过多、政府的消费性支出过多、对企业的补助缺乏针对性和有效性、对民生事业的投入不足、对城市公共服务设施的投入不够等问题,此外城市财政支出效率审计评估体系不健全,问责和激励机制不充分,影响财政支出资金的使用效果。

3. 很多城市存在债务隐患

城市政府往往担负着发展城市经济的主要职能,常常以大范围的政府投资来带动地方经济增长,城市民生工程的刚性需求和支出更为巨大,市民对教育、医疗、社会保障等领域的公共服务和公共品的需求更加迫切,常规而单一的财政补助远远不能满足城市的发展需求,尤其对于中小城市来讲,大规模举债是获得发展资金、弥补经济建设资金不足的有效方式,但这也埋下了巨大的债务风险隐患。目前,我国地方政府财权与事权还不能够完全匹配,地方政府收入与支出之间存在一定缺口,很多城市会依赖银行贷款或由政府担保而形成巨额债务。一些城市政府对债务风险的认识不足,缺乏对未来偿债能力的衡量,缺乏对政府担保项目工程运营方的偿债能力的了解,如果政府财政资金匮乏,或者被担保单位的项目工程出现经营问题,就会加重政府的债务负担。此外,由于相关政策法规的缺失、城市债务监管机构不健全、监管不到位等原因,会使得城市债务风险进一步加大。

4. 土地财政问题严重

城市中聚集着大量的国有土地,土地出让收入是很多城市财政收入的重要来源。土地财政模式使地方政府通过出让土地使用权而积累推动城市工业化与城镇化发展的资金。但卖地收入走高导致地价提升,也直接推动了房地产价格的飙升,增加了民生压力。过于依赖土地财政,导致城镇化在一定程度上变成了房地产化,不仅推高了城市经济的基础成本,还伤害了居民消费能力,影响了城市经济的发展潜力。近些年房地产市场泡沫逐渐消除,房地产市场低迷不振,房地产行业利润下滑又倒逼严重依赖土地财政的城市政府面临财政困境。卖地收入的持续高速增长直接导致了地方收入结构的畸形,城市政府对土地财政的依赖度反映了城市经济的健康程度。

【专栏 9-2】

土地财政何去何从?

2021 年 12 月,各城土地出让进入尾声。2021 年土地市场经历了上半年的过热到下半年速冻的急剧转变。虽然上海、广州、南京、杭州、北京等头部城市卖地收入依然居高不下,但更多的中国城市则不得不面对土地出让收入大幅下滑的现实。市场对于房地产十几年黄金周期走向终结已经形成共识,土地出让收入很难再成为地方财政的支柱。曾经许多城市都依靠土地出让收入来弥补收支缺口,根据 Wind 数据统计,地方政府土地出让收入从 1998 年的 507 亿元一路飙涨至 2020 年的 8.4 万亿元,增长 165 倍。但是 2021 年是土地市场大变革的一年,2021 年的前 11 个月,在土地出让具一定规模(收入超 50 亿元)的城市中,有 112 城卖地收入同比下滑,有 20 城的土地出让金收入跌幅超过了 50%。土地出让金跌幅排名前十城市分别为南充、太原、株洲、昆明、南昌、乌鲁木齐、宜春、信阳、眉山、黔西南布依族苗族自治州,其中包含了 4 座省会城市。下滑幅度最大地级市为四川南充市,2021 年 1—11 月土地出让金收入为 60 亿元,比去年同期的 260 亿元少了 200 亿元,跌幅达到 77%。再如省会城市太原,从去年同期 476 亿元降至 138 亿元。根据中金土地出让收入数据,东北、西北、西南等较弱区域,土地出让金收入同比下滑超过 30%。海南、黑龙江、云南和西藏四省土地出让金收入增速下滑超过 50%,广西、内蒙古和山西超过 40%,宁夏、河北、贵州、新疆、江西等省份同比下滑 30% ~40%。

近日,中国房地产数据研究院公布了一组全国主要城市土地财政依赖度的排名。其中,全国 12 个城市的财政对土地的依赖程度超过 100%,分别为温州、昆明、福州、杭州、太原、合肥、武汉、西安、广州、南京、佛山、郑州。土地财政依赖度高,意味该城市的土地出让金超出一般公共预算收入,该城市以卖地的收入支持城市的基本经济建设,但是土地出让收入大幅下滑之后,这些城市的建设将如何持续呢?

从近些年国家出台的新政来看,地方政府减弱土地财政依赖度是大势所趋。2021 年 6 月财政部等四部门发布通知,将四项政府非税收入的征收机构改为税务部门,其中就包括国有土地使用权出让收入。中央引导地方政府在土地出让环节更加谨慎合理,"卖地"收入将透明化,地方政府需要主动降低对土地财政的依赖。2021 年 8 月自然资源部召开会议,要求各城市第二次集中供地的宅地溢价率不得超 15%,不得提高起拍价,继续压制地方政府的土地财政依赖度。从国家宏观政策走向看来,中国房地产大开发的时代正在落幕,从土地财政向房地产税转型的时代将要开启。

——摘自:马一凡.百城卖地收入下滑 土地财政再思考[N].第一财经日报,2021-12-29(A10).

(二)城市财政治理改革对策

1. 城市财政改革的基本理念和方向

城市财政工作应秉承和发扬"以人民为中心"和"人民至上"的信念,以满足人民群众对美好生活追求的需要为重要目标,着力推进经济社会平稳发展,着力推进科教文卫事业不断进步,不断提高人民群众的物质和文化生活水平,提升人民群众的幸福感和获得感。其一,支持教育事业发展。城市财政应重点安排专项资金支持学前教育发展,支持城市义务教育发展,推动建立健全城乡融合发展、统一协调的教育体制机制,以实现社会公平的最终目标。其二,支持社会保障事业发展,城市财政应该在基础养老保险体系建设,个人养老金制度改革、养老服务业发展、推进医疗保险改革、完善就业保障制度体系、提高农村和城市最低生活保障的水平、保障性住房建设等方面担负责任。其三,支持基础设施建设。城市是创新的中心,所以城市财政应着力投入发展5G技术、特高压、新能源汽车充电桩、城际高速铁路和城际轨道交通、大数据中心、工业互联网、物联网、人工智能等新型基础设施,在新时代背景下持续增进人民群众的福祉。其四,推进绿色经济发展。城市财政应顺应绿色发展趋势,加大对生态环境保护的投入力度,支持碳达峰、碳中和,加强防治大气、水、土壤的污染,扩大草原生态保护补助奖励范围。加大政府绿色采购的份额,贯彻落实新发展理念,积极鼓励企业利用生态及资源优势发展生态产业。财政鼓励实施创新发展战略,推动经济结构调整和产业转型升级,促进循环经济发展。

2. 持续推进省以下财政体制改革

进一步完善中央和地方政府间财政关系,建立财权事权统一的财政管理体制。合理划分各层级政府收入,按照财权与事权相统一原则划分财权和事权,增强城市财政保障能力。各级政府明晰事权和支出责任,对于政府间的共同事权,在划定支出责任时要客观科学地评定各级政府财力情况,按不同事项合理划分。加快构建完善的地方税体系,根据各级政府履行职能的特点,设置科学合理的主体税种,以保障地方政府的财力。

3. 合理安排城市财政收支

其一,努力实现城市财政收入的稳定增长。推进城市经济高质量发展,贯彻落实中央政府对城市企业的各项优惠政策,涵养和发展税源,以保证城市税收收入的持续快速增长。严格管理非税收入,以非税收入弥补税收的不足,为公共服务提供必要的成本,通过罚没收入规范经济主体的经营行为,以保证经济社会稳定发展,保证城市财政收入增长具有良好动力。其二,适度控制财政支出规模,优化财政支出结构。控制财政支出规模是维护财政体系稳定与平衡的关键。进一步厘清政府与市场的关系,明确政府的活动范围,尽量降低行政成本。优化政府提供公共品和公共服务的方式,改进政府购买方式,提高公共服务供给的专业化水平。增加民生领域的支出,增加教育、卫生、医疗、社会保障等与市民生活密切相关的公共服务的支出。增加构建现代产业体系的财政支出,支持产业转型升级,支持新技术的发展与重点实验室建设。加大对困难群众救助力度,促进各类群众的就业创业,稳步提高全体市民的社保待遇水平。

4. 努力防范城市债务风险

明确政府间事权和支出责任,建立科学合理的转移支付体系,在兼顾公平的原则下,结合一些财政困难城市的具体情况适当调整转移支付基数,优化转移支付结构,调整一般性转移支付和专项转移支付的比例,增加对城市的税收返还,逐步提高城市的财政能力和偿债能力。健全地方税体系,强化地方税主体税种的功能作用,增加城市发展经济、建设市政基础设施、改善公共服务的能力,减少借债的可能性。明晰城市政府的职能,理顺政府与市场的关系,减少政府对经济领域过多地干预,使政府的角色从直接主导城市经济发展过渡到为经济发展创造良好环境条件,帮助地方政府脱离债务风险的漩涡。规范民间资本的引入和运作,帮助政府化解债务存量。构建城市政府债务风险预警机制、债务法治化管理体系和问责追查制度,强化政府领导的法治观念和责任意识,树立领导干部正确的政绩观,防止债务风险的进一步加剧。建立健全城市政府债务风险处置化解机制,严格控制城市债务规模增长,对政府债务实行分类管理,控制违约债务风险向金融系统转化,减小政府债务对城市经济社会的冲击。

5. 探索化解土地财政问题

尽量抑制城市政府对土地财政的依赖,加强培育实体经济发展,推动发展高新技术企业和战略性新兴产业,改善公共服务,优化营商环境,通过多种举措发展实体经济,培育和强化税基,逐渐加强税收在城市财政收入中的主体地位,尤其是加快推进房地产税的改革,以这样一系列措施从根本上解决土地财政的问题,实现财政收入的可持续增长。从短期措施来看,可以探索发挥国内金融市场、资产市场的作用,通过政府平台公司进行股权投资、资产交易,为地方经济发展和财政收入增长拓展新的渠道。探索土地再整理的方式,把低密度利用的土地改造成高密度的土地,增加土地的使用价值,将土地的新增价值在业主、开发商和政府等利益相关方之间进行合理分配。探索土地增值回收的方式,以新的城市基础设施项目建设增加区域土地的价值,再以当地土地增值回收为基础设施项目融资,通过合理的规划设计可以达到单位土地价值的最大化,并帮助增加政府的财政收入。

核心概念:城市财政的作用　城市财政治理　城市财政收入　城市财政支出　城市债务风险　土地财政

复习思考题
(1)城市财政的功能作用是什么?
(2)城市财政的收入和支出项目有哪些?
(3)城市财政治理的改革方向是怎样的?

第十章
县乡财政

【学习目标】

使学生明白县乡财政在我国财政体系中的地位,了解县乡财政职能,学习县乡财政的收支内容和运行机理。

【难点与重点】

重点学习县乡财政收支和县乡财政现状。难点是了解县乡财政收支项目,掌握县乡财政的收支特点和当前县乡财政发展的方向。

第一节 县乡财政功能定位

一、县乡财政的形成

新中国成立初期,财政体制分为中央、大行政区和省三级,县级财政列入省级预算。1953 年县级财政从省级中独立出来,形成了一级预算。改革开放之前,新中国的财力主要集中在中央和省级层面,省对县实行高度集中、统收统支的财政体制,所有的财政收支项目、范围、管理办法、经费供给标准均由中央统一确定。这一阶段,县级政府需完成上级政府布置的财政收支任务,自身缺乏财政自主权。1978 年党的十一届三中全会以后,财政体制由统收统支转型为分灶吃饭的模式,实质上也就是包干制。具体又分为三个阶段:1980 年到 1984 年的"划分收支、分级包干";1985 年到 1987 年"划分税种、核定收支、分级包干";1988 年到 1993 年实行全面的"大包干"。主要有六种财政包干形式:收入递增包干、总额分成包干、总额分成增长包干、上解额递增包干、定额上解和定额补助。财政包干体制下,县级财政有了一定的财政自主权,也调动了县级政府组织财政收入的积极性,明显改善了县级政府的财政状况,但弊端在于包括县级政府在内的地方政府为了谋求更多的自身利益,出现了重复建设和市场分割的局面,因此中央政府的财政收入急剧下降,新的财政体制改革也迫在眉睫。1994 年开始实施分税制财政管理体制改革,划分了中央与地方政府的事权责任,按税种划分了中央和地方政府的收入范围。在分税制改革的框架下,省以下财政体制并没有明确的规范要求,政策调整也较为频繁。总体上看,县乡财政体制是分税制和包干制新老制度并存的财政体制,规范性和稳定性均不足。在地方层面,分税制改革带来的财权上移和事权下放,导致了县级政府面临巨大的财政压力。

乡镇财政的前身是人民公社财政。随着人民公社制度的建立,公社财政也随之建立。1958 年 12 月,中共中央和国务院根据当时农村政治经济形势的发展变化,发布了《关于改进农村财贸管理体制的决定》,规定对公社实行以"财政包干"为中心内容的农村财政管理办法,这就标志着人民公社财政体制雏形的出现。这时的人民公社财政既包括公社本身的财务收支,也包括政府的财政收支。到了 1962 年 9 月,确立了"三级所有,队为基础"的体制,人民公社财政体制也随之进行了相应的调整,由原来的"财政包干"调整为"统收统支",同时明确划清了国家财政收支与公社财政收支的界限。"统收统支"也就是公社要把除农业税附加分成外的全部收入都要上交县级财政,其所有经费也都由县级财政支出。改革开放以后,人民公社制度瓦解,乡镇财政系统逐步建立完成。1983 年,中共中央、国务院发布了《关于实行政社分开建立乡政府的通知》,决定取缔人民公社集体制度,从而重新恢复乡镇级人民政府。根据一级政府一级财政的原则,提出了建立乡一级财政的要求。1985 年,财政部颁布了《乡(镇)财政管理试行办法》,对于乡镇财政的收入与支出构成作出了具体和明确的规定,乡镇财政也成了独立的一级。到 20 世纪 90 年代,尤其是分税制改革之前,全国各地一般都形成了"核定基础、定收定支、收支挂钩、定额上交或定额补贴、超收分成、一定三年"的乡镇财政管理体制。

二、县乡财政职能

财政职能是政府职能的派生物,财政支出的范围和结构具体体现的是政府事权的范围。因此,明确公共财政条件下县乡财政职能的定位,必须首先认清市场经济条件下县乡政府所担负的基本职责。"郡县治,天下安"。县乡政府在国家治理和公共服务提供中具有极为重要的地位和作用,长期以来一直承担着为县域居民提供基础教育、医疗卫生、社会保障及福利救济等基本公共服务的职能。在我国,县乡政府有两个基本职能:一是管理本行政区域内的公共事务,就是要维护本地社会安定和经济稳定发展;二是负责提供地方公共产品,为本地经济发展和社会进步提供基本物质基础。具体来说,县乡政府的事权范围包括维持社会治安、建设区域基础设施、提供义务教育、调节经济结构、保护区域环境等。通常来说,财政有资源配置、收入分配和经济稳定和发展三大职能。具体到县乡财政的职能,也可以这样进行划分。

(一)县乡财政的资源配置职能

资源配置职能概括地讲就是提供公共产品,如行政管理、基础设施、基础性科学研究等。根据财政分权理论,资源配置职能主要是地方政府的职责。具体到县乡财政,主要是指提供县乡辖区范围内居民所需要的地方性公共产品和服务。也就是说,县乡财政提供的公共产品包括县域内的行政管理以及收益和成本不外溢出本辖区的地方性公共产品;成本和收益溢出本辖区的公共产品提供,需要与其他辖区进行合作来提供或者在上一级政府甚至中央政府的参与下进行公共产品的成本分摊。地方财政重点强调建立以"以县(市)为主"公共产品和公共服务的供给体系,其原因有以下几个方面:一是县乡政府最接近公众,最了解公众日常生活中最真实的需求,提供公共产品和公共服务具有信息和管理的比较优势。二是县乡政权和县乡财政是最稳定的,尽管我国在历史的不同时期实行过三级、四级、五级等多种不同类型的政府级次体系,但县乡政权始终最为稳定。三是和市级政府相比,以县级政府为主提供公共产品更有效率,因为从提供公共产品的服务半径上看,地市级政府服务半径过大,以县级政府最为合适。四是在县辖区的范围内,经济社会发展水平差异不大,以县乡政府为主的公共产品服务体系有利于实现公共产品供给的均等化。但是值得说明的是,建立"以县为主"的公共产品供给体系,不能取代县以上政府承担公共产品的供给责任,相反这恰恰需要以明确划分各级政府公共产品供给责任为前提和基础。

(二)县乡财政的收入分配职能

收入分配职能通常是由中央政府承担,地方政府调节收入分配会由于人口的流动而使效果大打折扣。但县乡财政也可以在一定程度发挥收入分配的职能。比如县乡财政可以加强个人所得税、利息税的征管,在社会保障方面,实施确保城镇和农村困难居民的最低生活保障制度,还可以鼓励兴办各种各样的社会福利事业,保障公民基本生活,从而促进社会公平。

(三)县乡财政的经济稳定和发展职能

由于宏观经济稳定实际上是一种特殊的全国性公共产品,所以在很大程度上是中央政府的责任。但县乡政府在一定程度上也可以对经济进行调控,主要体现在以下两方面:一是调节本辖区内的经济结构,促进三次产业协调发展,增加对农业和基础产业的投资;二是通过转移支付平衡各乡镇之间的财力分配,促进欠发达乡镇经济社会发展。事实上,县乡财政的经济稳定和发展职能是间接的,县乡财政职能的重点应该放在公共产品的供给上。因为,当县乡财政在提供县域内公共产品的同时,也就是在间接上支持县域经济发展,反过来县域经济发展了,县乡财政也会有更多的财力来提供公共产品。如果对于财政与经济之间的关系的认识过于简单的话,就会出现县乡政府将财政职能的重点放在刺激本辖区经济增长上的倾向。

第二节　县乡财政收支

一、县乡财政收支内容

(一)一般公共预算收入

1. 地方本级收入

本级收入主要分为税收收入和非税收入。税收收入主要包括:增值税、企业所得税、个人所得税、资源税、城市维护建设税、房产税、印花税、城镇土地使用税、土地增值税、车船税、耕地占用税、契税、环境保护税、烟叶税等。

非税收入主要包括:专项收入、行政事业性收费收入、罚没收入、国有资本经营收入、国有资源(资产)有偿使用收入、政府住房基金收入、其他收入等。

2. 转移性收入

转移性收入主要包括:返还性收入、一般性转移支付、专项转移支付、下级上解收入、上年结余收入、调入资金、债务转贷收入、接受其他地区援助收入、预算稳定调节基金调入等。

(1)返还性收入主要指税收返还,指 1994 年分税制改革和 2002 年所得税收入分享改革后,为保证地方既得利益,对原属于地方的收入划为中央收入部分,给予地方的补偿。包括增值税消费税"两税返还"、所得税基数返还、成品油价格和税费改革税收返还等。

(2)一般性转移支付,指上级政府为平衡地区间基本财力,对有财力缺口的下级政府,按照规范的办法给予并由下级政府统筹安排的补助,主要包括体制补助收入、均衡性转移支付收入、结算补助收入等。

(3)专项转移支付,指中央政府为实现特定的经济和社会发展目标无偿给予地方政府,由接受转移支付的政府按照中央政府规定的用途安排使用的预算资金。

上述三类转移性收入来源于上级补助,统称上级补助收入,这类资金主要用于弥补财政实力薄弱地区的财力缺口,均衡地区间财力差距,实现地区间基本公共服务能力的均等化,由上级财政安排给下级财政的补助支出,经济相对落后地区(主要在西部)对转移支付的依赖性相对较高。

(4)下级上解收入包括体制上解收入、专项上解收入,主要是 1994 年分税制改革时保留下来的地方原体制上解收入和明确规定了专门用途的专项上解收入。

(5)上年结余收入反映的是一般公共预算的上年结余。

(6)调入资金反映的是不同预算资金之间的调入收入,包括从政府性基金预算调入、从国有资本经营预算调入、从其他资金调入 3 类,而不从社保资金预算中调入一般公共预算。

(7)债务转贷收入主要为省级一般债券发行收入转贷下级。由于一般债券的发行主体为省级政府,省级以下地方政府确需相关资金的,由省级政府发行一般债券后转贷给下级。因此一般而言,省级政府的一般公共预算平衡表中,债务收入反映的是一般债务收入,省级以下地方政府没有债务收入项,只有来自上级的债务转贷收入。

(8)接受其他地区援助收入反映接受其他地区的财政资金支持。

(9)预算稳定调节基金调入反映的是用于弥补收支缺口的预算稳定调节基金,主要目的在于管控地方政府每年超收收入。按照《预算法》规定,各级一般公共预算可以设置预算稳定调节基金,用于弥补以后年度预算资金的不足,各级政府上一年预算的结转资金,应当在下一年用于结转项目的支出;连续两年未用完的结转资金,应当作为结余资金管理。各级一般公共预算年度执行中有超收收入的,只能用于冲减赤字或者补充预算稳定调节基金。各级一般公共预算的结余资金,应当补充预算稳定调节基金。

(二)一般公共预算支出

一般公共预算支出包括:一般公共服务支出、外交支出、国防支出、公共安全支出、教育支出、科学技术支出、文化旅游与传媒支出、社会保障和就业支出、卫生健康支出、节能环保支出、城乡社区支出、农林水支出、交通运输支出、资源勘探信息等支出、商业服务等支出、金融支出、援助其他地区支出、自然资源海洋气象等支出、住房保障支出、粮油物资储备支出、灾害防治及应急管理支出、债务付息支出、债务发行费用支出、预备费(根据《预算法》要求按照本级一般公共预算支出额的 1% ~3% 安排)。

一般公共预算平衡表的支出中,除一般公共预算支出外,还包括转移性支出(含返还性支出、一般性转移支付支出、专项转移支付支出、上解支出、调出资金、年终结余、债务转贷支出、援助其他地区支出、安排预算稳定调节基金、补充预算周转金)和债务还本支出,具体含义与上文收入端的释义基本对应。

二、县乡财政收支的现状

由于全国县乡级本级财政数据难以收集,下文以河南省 2015—2020 年各级财政收入情况为例,河南省县乡财政收支情况呈现如下特征:

(一)县级财政收支占地方财政收支比重较大,但县本级收支严重不匹配

河南省县级本级财政收入占全省全部地方财政收入比重约为 40%,县级本级财政支出占全省地方财政支出比例为 56%,是省级地方财政收支的最大承担者。从收入结构上看县级政府承担着重大的收入任务,在本省收入中县级政府的税收收入大约占 36%,仅次于市级政府;非税收入比重大约为 48%,居于各级政府第一位。在支出领域:公共安全、教育、科学技术、医疗卫生和健康、社会保障、农林水事务的重要民生领域县级支出分别占全省的比重在 50% ~80%,可见县级政府是辖域内基本公共服务的主要提供者,承担着重大的支出责任。

上述数据一方面说明县级在全省财政体系中占重要地位,地方财政的绝大部分收入和支出通过县一级政府执行;另一方面却也表明县级地方政府的支出事权远大于其收入,收支结构失调。从县级本级的收支情况上看,如图 10-1 所示,2015—2020 年县市级财政收支缺口从 2015 年的 2 645.72 亿元迅速扩大到 2020 年的 4 174.62 亿元;并且县级财政自给率较低,分别为 30.93%、29.08%、28.56%、28.57%、27.69%、30.23%,县级财政对上级政府的依附性依旧非常大。

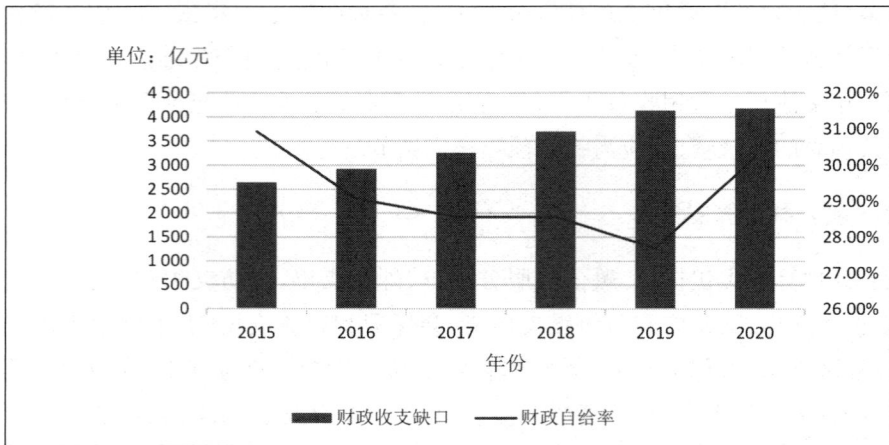

图 10-1 河南省 2015—2020 年县级财政收支情况

(二)税收是县本级地方财政收入的主要来源,县级支出侧重民生领域

图 10-2 汇报了河南省县一级地方财政收入的组成情况。从收入结构上看,县本级税收收入占县本级收入的 60% 以上,县本级收入的主要来源仍是税收收入,但随着年份的增加,非税收入占比也在增加,县级财政收入质量下降。如表 10-1 所示河南县级的地方财政支出,从支出数量情况上看,县级各项收入的绝对值都有较大提升。从支出结构上看,民生事业仍是县级政府的主要支出重点,一般公共服务、教育、社会保障和就业、医疗卫生与计划生育、城乡社区事务、农林水事务总计占县级本级财政支出的 80% 左右;由于县级是"三保"工作的主体,2015—2020 年县级政府的教育、社会保障和就业、卫生健康、科学技术四项支出保持较高增速。从县本级财政支出结构的变化来看,公共安全、科技、社会保障和就业、节能环保等事业的比重有所提高,这说明县级政府的支出在可持续发展领域的关注度提升,但一般公共服务、教育、医疗卫生、农林水事务、交通运输等事业的比重有所降低,其支出结构转变方向合理性仍有待商榷。

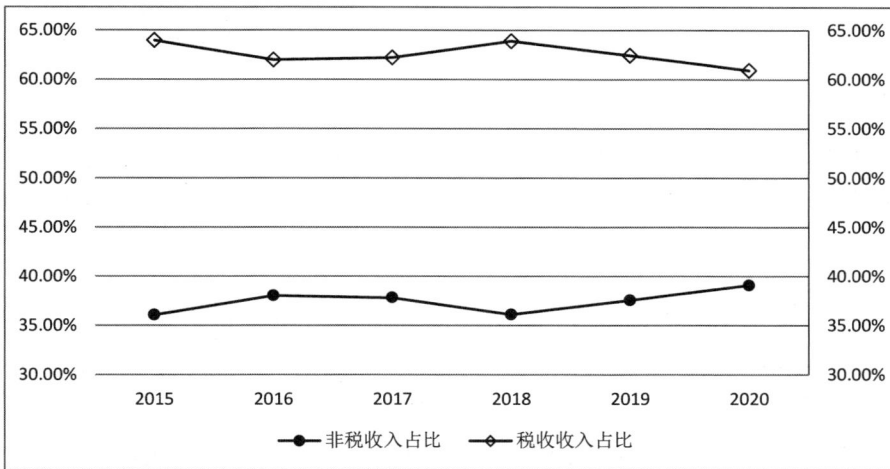

图 10-2　河南省 2015—2020 年县本级一般公共预算收入结构

表 10-1　河南省县级分类各项支出情况表　　　　　　　　　单位:亿元

年份	2015		2017		2020	
项目	数额	比重	数额	比重	数额	比重
一般公共服务	343.888	8.98%	410.854 2	9.01%	476.581 7	7.97%
国防	2.300 1	0.06%	1.740 3	0.04%	2.799 6	0.05%
公共安全	152.698	3.99%	210.79	4.62%	241.344 2	4.03%
教育	838.643 9	21.89%	991.652 7	21.75%	1 249.328	20.88%
科学技术	34.517	0.90%	55.570 9	1.22%	112.005 5	1.87%
文化体育与传媒	38.293	1.00%	42.360 5	0.93%	65.954 5	1.10%
社会保障和就业	518.202 7	13.53%	629.071 9	13.80%	867.854 1	14.50%
医疗卫生与计划生育支出	570.42	14.89%	672.985 1	14.76%	841.664 6	14.07%
节能环保	68.281 6	1.78%	102.291 1	2.24%	153.561 7	2.57%
城乡社区事务	245.761 5	6.42%	356.401 1	7.82%	475.219 5	7.94%
农林水事务	548.721 7	14.32%	659.82	14.47%	792.221	13.24%
交通运输	147.924 9	3.86%	121.035 2	2.65%	204.610 8	3.42%
资源勘探电力信息等事务	43.642 6	1.14%	36.395	0.80%	44.179 6	0.74%
商业服务业等事务	37.899 2	0.99%	19.016 4	0.42%	16.740 2	0.28%
金融监管等事务	3.062 4	0.08%	1.300 9	0.03%	3.355 4	0.06%
援助其他地区支出	0.548 6	0.01%	0.515 1	0.01%	0.780 5	0.01%
国土资源气象等事务	31.54	0.82%	41.955 8	0.92%	57.206 4	0.96%
住房保障支出	151.985	3.97%	147.491	3.23%	229.229 3	3.83%

续表

年份	2015		2017		2020	
粮油物资储备管理等事务	14.783 9	0.39%	12.442 9	0.27%	34.493	0.58%
灾害防治及应急管理支出	0	0.00%	0	0.00%	23.336 7	0.39%
国债付息支出	10.969 6	0.29%	35.117 6	0.77%	67.320 1	1.13%
债务发行费用支出	0	0.00%	0	0.00%	0	0.00%
其他支出	26.562 1	0.69%	11.051 3	0.24%	23.634 4	0.39%
合计	3 830.646	100.00%	4 559.859	100.00%	5 983.42	100.00%

（三）乡级财政收支好转，一般公共服务支出占乡本级财政收入的比重较大

河南省当前，乡镇财政收入占全省地方财政收入比重约为18%，乡镇同样承担着重要的筹集地方财政收入的职能。乡级财政支出占全省财政支出的6%，乡级财政支出相对较少。从数量关系上看，2015—2020年，河南省乡本级地方财政收支相抵，甚至有所盈余。与21世纪初乡镇面临严重的财政困境相比，乡级财政收支情况得到改善。

河南省乡本级财政收入有90%来源于税收收入，这说明乡级地方财政收入的来源单一。乡镇单位是我国五级行政管理机构的最基层，也是筹集财政收入的最前端，其同时也肩负着管理城乡基层组织的职能，故其财政支出中城乡社区事务和农林水事务比重较高，大致为20%、19%。但乡级财政支出一般公共服务支出占乡本级财政支出的比重达到40%，过高的一般公共服务支出是当前乡镇财政支出的主要问题，一般公共服务支出主要用于保障机关事业单位正常运转，支持各机关单位履行职能，乡镇级财政支出一般公共服务占比最高表明乡镇级行政机构开销相对巨大，行政成本也巨大。

第三节　县乡财政治理

一、县乡财政治理的现状

为完善我国财政管理体制，促进县域经济发展，21世纪后国内各地都在探索更为合适的县乡财政管理体制。其中较为突出的是"省直管县"财政体制改革和"乡财县管"改革。

（一）"省直管县"财政体制改革

1. 省直管县财政体制改革的概念及目标定位

所谓省直管县财政体制，是指省、市、县财政管理体制由原来的"省—市—县"三级体制转变为"省—市、县"二级财政体制。省直管县财政体制是在分税制财政体制框架下进行的，省直管县财政体制本身并不是省以下财政体制改革的目标,而只是财政管理体制的改革和创新。它是对省、市、县财政关系的重新调整,重点是调整市级财政和县级财政的财力分配。从总体上看,省直管县财政体制将减少市级财政的可支配财力,增大县级财政的自主权。省直管县财政体制不是要求县级财政的一切收支都要由省级财政来管,地方各级财政的相对独立性还是保持不变的,是对省以下财政管理体制的规范化。

省直管县财政体制改革的目标定位应该是对分税制财政体制的矫正行为,目的是提高县乡政府的公共服务能力,确保县乡政府能够提供最低水平的公共服务,对于农村公共产品的供给也可以得到更多的财力支持。省直管县财政体制的内在政策意图在于向基层的县乡政府下放权力,将县乡政府打造成能独立治理一方经济、社会的行政单元。财政之所以能够成为改革的突破口,主要是因为任何政府治理问题的解决关键都在于财权、财力的合理配置。总之,省直管县财政体制通过对省、市、县三级政府和财政之间财权和事权的重新配置,实现县级财权的回归,其目的是要把县级财政做强做大。

2. 改革背景及历程

1994 年的分税制财政体制改革达到了提高"两个比重"的目标,但是分税制财政体制也存在着一些突出问题。分税制财政体制改革,主要是明确了中央与省级政府之间财政收支关系,而对省以下各级政府之间的收支划分并没有做出统一的规定。省级及以下政府为了加强本级政府的财力,纷纷效仿中央政府的做法,凭借自身对下级政府的行政权力,将支出职责逐级下放,将财权层层上移,将公共产品提供和公共服务的事权和支出责任的重心层层下移,这样本来应该由中央或省级政府承担的支出事权被基层政府所担负,造成的后果便是基层政府尤其是县级政府履行事权所需财力与其可用财力高度不对称,财政压力非常之大。因为作为基层政府,县乡政府已经没有下级政府可以集中财力、下放事权,所以处于政府级次这一金字塔底座位置的基层政府陷入财政困境就带有体制上的必然性。

浙江省是省直管县财政体制改革的探索者。从 1992 年起,对省内 13 个经济发展较快的县(市)扩大在基本建设、技术改造和外商投资项目审批等方面的权限。此后,湖北、广东、河南等省份也进行了省直管县财政体制的改革试点。2005 年召开的全国财政工作会议上要求在总结经验的基础上,扩大试行省级直接对县的财政管理体制。2006 年,中央在"十一五"规划中明确提出要"理顺省级以下财政体制,有条件的地方可实行省级直接对县的管理体制。"2008 年党的十七届三中全会通过的《关于推进农村改革发展若干重大问题的决定》中明确要求:"推进省直接管理县(市)财政体制改革,优先将农业大县纳入改革范围。有条件的地方可依法探索省直接管理县(市)的体制"。2009 年《中共中央国务院关于促进农业稳定发展农民持续增收的若干意见》指出,推进省直接管理县(市)财政体制改革,将粮食、油料、棉花和生猪生产大县全部纳入改革范围。截至 2009 年,全国已有 30 个省(市、自治区)推行了不同程度的省直管县财政体制改革。2009 年财政部发布《关于推进省直接管理县财政改革的意见》,这标志着省直管县财政体制改革全面铺开。2022 年,《国务院办公厅关于进一步推进省以下财政体制改革工作的指导意见》出台,对推进省直管县财政改革提出了要求。

3. 省直管县财政体制改革的具体内容

根据《财政部关于推进省直接管理县财政改革的意见》（财预〔2009〕78号）中的规定，实行省直管县财政体制改革，主要是指在政府间收支划分、财政转移支付、资金往来、财政预决算以及年终结算等方面，建立省级财政与市、县级财政的直接联系，开展相关业务工作。具体包括以下几个方面：

一是收支划分。在进一步理顺和明确省与市、县事权和支出责任的基础上，确定市级和县级财政各自的支出范围，市、县不得要求对方分担应属自身事权范围内的支出责任。按照规范的办法，合理划分省与市、县的收入范围。

二是财政转移支付。转移支付、税收返还、所得税返还等由省级财政直接核定并补助到市和县；专项转移支付，由各市、县直接向省级财政等有关部门申请，并且由省级财政部门直接下达到市、县。同时，市级财政可以通过省级财政继续对县级财政给予转移支付。

三是财政预决算。市、县应统一按照省级财政部门的有关要求，各自编制本级财政收支预算和年终决算。市级财政部门要按规定汇总市本级预算以及所属各区的预算和有关县预算，并报市人大常委会备案。

四是资金往来。建立省与市、县之间的财政资金直接往来关系，取消市与县之间日常的资金往来关系。省级财政直接确定各市、县级财政的资金留解比例。各市、县金库按规定直接向省级金库报解财政库款。

五是财政结算。一律由省级财政与各市、县财政直接办理年终各类结算事项，必须通过省级财政来办理市、县之间的结算事项。各市、县举借国际金融组织贷款、外国政府贷款、国债转贷资金等的，直接向省级财政部门申请转贷及承诺偿还，如果未能按规定偿还的，应由省级财政直接对市、县进行扣款。

4. 省直管县财政体制改革的意义

省直管县财政体制改革作为适应社会主义市场经济体制，建立统一、规范的分税制财政体制的重要制度创新和保障，能够促进县域经济发展、减少财政级次、提高县级财政资金流转及财政收支活动效率、增强了县级财政的独立性及其财政活动的主动性。

（1）有利于加快县域经济发展

县域经济是我国国民经济的基本单元。县域经济是城镇经济与农村经济的接合部，是工业经济与农业经济的交汇点，特殊的区位和特殊的部门功能决定了县域经济在我国城镇化和工业化进程中处于非常特殊和重要的地位。经济决定财政，财政反作用于经济。经济是基础，只有县域经济发展，县级财源培养了，县级财政收入的来源才有保障，才可能做大"蛋糕"，才会有更多的财力提供公共产品和公共服务。保障农村公共产品供给，发展县域经济是基础，如果县域经济不能较快发展，这将会直接影响到城乡一体化的进程，也会直接影响到农村公共产品的供给，甚至影响到"三农"问题的解决。县域经济发展活力不足，其中的一个重要原因就在于在市管县财政体制的条件下，县的发展机能、发展机会和发展地位都被弱化，县级财政权责不对称、经济和财政的自主发展的空间较小。在这种背景下，调整省以下财政体制，从而突破市管县财政体制对县域经济发展空间上的束缚，从外部对县域经济注入新的发展活力就是一种现实而必然的选择。发展县域经济,必须要求县级相对独立的财政自主权。而省直管县财政体制改革的逻辑结果必然是县级财政发展自主权的扩大。此外,省直管县财政体制的推行还有助于优化省、市政府在县域经济发展的定位。省直管县财政体制下,省与县之间财政信息直达,使得省财政能够科学合理地制定对县级转移支付等补助扶持政策,能够把扶持发展补助资金项目投向效率较高的县,把保吃饭、兜底类的资金真正安排到有实际困难的县,有利于充分发挥好财政分配机制的导向作用。地级市此时不再具有对县级财力的调控职责,通过发展好本级经济和科学的统筹规划来辐射带动县域经济的又好又快发展。因此,省直管县财政体制的推行,必然会对县域经济发展产生重要的影响,为县域经济的起飞和发展创造良好的条件。

(2)有利于增强县级财政的保障能力和管理水平

根据省直管县财政体制改革的内容,各项财政往来资金直接由省级财政部门直接拨付到县,从而减少了资金转拨中的市级中间环节,缩短了资金的在途时间,较好地缓解了资金调度中的"梗阻"问题,解决了"市吃县、市刮县"的问题。县级财政的留成比例有所增加,财政实力有所增强。与此同时,省级财政通过财力性转移支付、专项补助、税收奖励等政策措施,对县级财政的支持力度不断加大,县乡财政保障有了显著的提高。

(3)有利于提高财政资金的使用效率

省直管县财政体制明确了地级市与县之间平等的财政主体地位,从而减少了财政层级,这就从制度上保证了省直接对县资金的使用效率。一是有利于加快财政资金拨解速度,提高财政资金的运行效率。二是省直管县财政体制改革后,省对县实行上划资金比例留解,省直接把专项资金调度拨付到县,跳过了市级中间环节,有效缓解了县级财政资金的压力,从而提高了财政资金运行效率。三是省直管县财政体制实施后,对于有效解决过去因信息不够畅通、资金中转环节过多而影响省级财政对县的转移支付效率问题具有积极作用。县级财政可以按照相关政策规定,直接争取省级财政部门专项资金,进而对县域内的重点项目进行支持,提高财政资金使用的效率。四是财政各项往来资金由省财政部门直接拨付到县,县可以即时根据国库资金存量,来测算安排各类支出,有利于加快支出预算的执行进度,增强县级财政的资金调控能力和理财水平。

【专栏 10-1】

河南全面推行省直管县财政改革:省财政分担比例明确

2022 年,河南深化省与市县财政体制改革正式实施,省财政直管县的范围由 24 个县(市)扩大至 102 个县(市)。河南省政府办公厅印发了《省与市县共同财政事权支出责任省级分担办法》,进一步理顺省、市、县级政府间财政关系,规范统一核定省与市县共同财政事权支出责任分担比例。该办法自 2022 年 1 月 1 日起施行。

文件主要内容包括:对基本公共服务领域义务教育公用经费保障、家庭经济困难学生生活补助、贫困地区学生营养膳食补助、中等职业教育国家助学金、中等职业教育免学费补助、普通高中教育国家助学金、城乡居民基本养老保险补助、城乡居民基本医疗保险补助、基本公共卫生服务、计划生育扶助保障、残疾人服务 11 个事项,以及教育领域校舍安全保障长效机制、义务教育阶段乡村教师生活补助、高校国家助学金3个事项,医疗卫生领域婚前保健、艾滋病防治一线医务人员救治补助2个事项,结合地方财政困难程度实行分档分担办法,省财政对各档分担不同比例的支出责任。其中,17个省辖市本级(含市辖区)分为3档,省级分担比例分别为20%、30%、40%;济源示范区和102个县(市)分为4档,省级分担比例分别为30%、40%、50%、60%。对因分担比例变动产生的财力转移,以2019年为基期核定划转基数。

(二)"乡财县管"改革

1.乡财县管改革的概念

乡财县管是指以乡镇为独立核算主体,由县级财政部门直接管理并监督乡镇财政收支。属于乡镇事权范围内的支出,仍由乡镇按规定程序审批。县级财政部门在预算编制、账户设置、集中收付、政府采购和票据管理等方面,对乡镇财政进行管理和监督。乡镇政府在县级财政部门的指导下,编制本级预算、决算草案和本级预算的调整方案,组织本级预算的执行。实行乡财县管改革,在坚持乡镇"三权"不变(即预算管理权不变、资金所有权和使用权不变、财务审批权不变)的前提下,实施综合财政预算,集中和加强了乡镇收入管理,控制和约束了乡镇支出需求,统一和规范了乡镇财务核算,遏制和缩减了乡镇债务规模,提高了县乡财政管理水平。

2.乡财县管改革的背景及改革历程

乡镇政府财政压力过大是乡财县管财政改革的直接原因。分税制改革后并没有对省以下各级政府的财政收支划分进行明确规定,让地方政府规避自身支出责任有了空子可钻,县乡政府作为中国财政管理体制的基层只能承接上级层层转移下来的支出责任和事权却没有与其支出相匹配的收入,因此,县乡财政收支有着巨大缺口。在分税制改革后的十年,省以下财政体系并没有出现重大变革,地方政府因本身财政压力并没有得到改善,加上改革开放初期乡政府纷纷创办乡镇企业谋求长期的财政收入,在两者的共同作用下乡镇财政支出远大于当期的收入,由此催生出大量的乡镇政府债务,债务还本付息又成为乡镇政府支出重要项目,债务逾期、以债还债等现象在乡镇政府屡见不鲜,化解乡镇债务危机及其引发的地方政府财务困境成了当时亟须解决的问题。除了上述财政压力,2002年起,我国开始实施农村税费改革,并逐渐废除农村税制,大大减少了县乡政府的财务收入;与此同时,上级人民政府所下达的财政收支任务也没有随之减轻,这无疑对县乡政府带来了减收与提高开支的双重挑战。废除农业税之后,由于大量的乡村公共服务投资不得不动用基层政府财务结余,这就使得乡村财务压力进一步增加,债务规模也发生了新一轮扩大。由此可见,在分税制度改革之后,乡村公共财政投资一直存在着很大的财务压力。在上述背景下,我国进行了乡财县管财政体制改革。其目的是建立规范的县乡财政体制框架,有效约束县乡政府行为,减轻县乡财政压力,同时防范和化解乡镇债务风险。

2002年12月国务院批转财政部《关于完善省以下财政管理体制有关问题的意见》,明确要"合理确定乡财政管理体制","对经济欠发达、财政收入规模较小的乡,其财政支出可由县财政统筹安排,以保障其合理的财政支出需要"。2003 年,安徽省率先实施了乡财县管改革。此后,湖北、河北、河南、黑龙江、吉林、内蒙古等也先后开展试点工作。2006 年,财政部发布《进一步推进乡财县管工作的通知》,旨在加强乡镇财政管理,规范乡镇收支行为,防范和化解乡镇债务风险。2022 年国务院办公厅发布了《关于进一步推进省以下财政体制改革工作的指导意见》,明确指出将财政收入难以覆盖支出需要、财政管理能力薄弱的乡镇纳入乡财县管范围。

3. 乡财县管财政体制改革基本原则

(1)因地制宜、全面实施原则。各县(市、区)结合当地实际情况,在全面推行改革的基础上,区分乡镇不同情况,合理制订方案,统一组织实施。

(2)预算管理权不变原则。按照《中华人民共和国预算法》规定,继续实行"一级政府、一级预算"。乡镇政府在县财政部门的指导下,编制本级预算、决算草案和本级预算的调整方案,组织本级预算的执行。

(3)资金所有权、使用权和财务审批权不变原则。乡镇财政资金的所有权和使用权归乡镇,资金结余归乡镇所有,县级人民政府和财政部门不得挪用乡镇财政资金;乡镇原有各项债权、债务仍由乡镇享有和承担;属于乡镇财权和事权范围内的支出,仍由乡镇按规定程序审批,县财政监督使用。

(4)促进经济发展原则。"乡财县管"改革方案设计要有利于调动乡镇积极性,建立激励机制,促进县乡经济同步协调发展。

(5)有利于提高效率原则。按照深化财政体制改革的要求,简化审批环节和程序,提高政府行政效率,降低行政成本。

(6)维护和保持基层政权及社会稳定原则。

4. 乡财县管改革的主要内容

(1)预算共编。县级财政部门按有关政策,结合财力实际,兼顾需要与可能,明确预算安排顺序和重点,提出乡镇财政预算安排的指导意见,报同级政府批准;乡镇政府根据县级财政部门的指导意见,编制本级预算草案并按程序报批。在年度预算执行中,乡镇政府提出的预算调整方案,需报县级财政部门审核;调整数额较大的,需向县级人民政府报告,并按法定程序履行批准手续。

(2)账户统设。取消乡镇财政总预算会计,由县级财政部门代理乡镇财政总会计账务,核算乡镇各项会计业务。相应取消乡镇财政在各金融机构的所有账户,由县级财政部门在各乡镇金融机构统一开设财政账户,并结合实际设置有关结算明细账户。

(3)集中收付。乡镇财政预算内外收入全部纳入县级财政管理,乡镇组织的预算内收入全额缴入县国库,预算外收入全额缴入县财政预算外专户,由县级财政部门根据乡镇收入类别和科目,分别进行核算。乡镇支出以乡镇年度预算为依据,按照先重点后一般的原则,优先保障人员工资,逐步实行工资统发。为方便乡镇及时用款,各地可建立公务费支出备用金制度。

(4)采购统办。凡纳入政府集中采购目录的乡镇各项采购支出,由乡镇提出申请和计划,经县级财政部门审核后,交县政府采购中心集中统一办理,采购资金由县级财政部门直接拨付供应商。

(5)票据统管。县级财政部门管理乡镇行政事业性收费票据,票款同行,以票管收。严禁乡镇坐收坐支,转移和隐匿收入。

(6)县乡联网。乡镇财政要与县级财政联网,财政支出实行网上申请、审核、支付和查询,提高财政管理水平和工作效率。

5. 乡财县管改革的意义

(1)有利于减轻农民负担,巩固农村税费改革的成果

"乡财县管"改革将乡镇政府的"一级财政"弱化为"半级财政",通过财务上的一系列统一管理,使乡政府的本级财政资金所有权和使用权仅在名义上得到保留,但实际上大部分财权已上划到县,真正留给乡政府的"活钱"并不多。这种财政管理权限的上划,从短期来看,与农业税取消及乡级财政支出责任的减少相适应,同时也在一定程度上限制了乡镇政府乱收费、乱支出、乱借债的积弊,规范了乡镇政府的财务活动。因此,"乡财县管"改革是通过弱化乡级财政,加强对乡级政府的监督,切实减轻农民负担的有效举措。

(2)有利于缓解乡镇财政困难,推动乡镇政府职能转变

乡财县管改革保留了乡镇财政的基本权利,既可以调动乡镇政府依法组织收入的积极性,又规范并限制乡镇政府的支出,在弱化乡镇财政本级供给职能的同时,强化了财政资金使用管理,可以从制度上杜绝乱收费、乱开支、乱进账、乱举债以及坐收坐支、列支不规范的漏洞,可以控制乡镇财政供给人员和债务的不合理增长,可以增进乡镇财政面向农村支农惠农资金供给调度效能的提高,强化预算管理、严格预算约束,做到支出按预算、开支按标准、审批按程序,使乡镇财政财务管理进一步规范化、制度化,缓解了县乡财政困难,使县乡财政关系进一步得到调节和理顺,为构建支农惠农的新型县乡财政管理长效机制提供制度保障。

二、县乡财政治理存在的问题及改革对策

(一)省直管县财政体制改革存在的主要问题

1. 财力与事权匹配的失衡

省、市、县三级政府间事权和支出责任方面划分得不清晰,为省直管县财政体制增添了新的矛盾。由于地市级政府对于本市范围内的经济社会事业的发展仍将承担主要的协调管理职责,涉及全局的工作要在全市范围内统筹解决,例如公共安全、环境保护、民生项目等。但是省直管县形成的税收分成市级财政又不能参与,并被省级要求加大对县级的补助力度,明显超出市级财权所能承载的范围。这就使得分税制财政体制造成的财权与事权不匹配的矛盾进一步加深。同时在财政资金调度方面,市级财政调剂余地相对变小,一些全市性的重点项目建设资金将全部由市级财政负担,造成市级财政资金调度出现紧张状况。在市、县之间的关系上,也会由原来的"市管县""市卡县"转为市县竞争的局面,地级市和省管县共同竞争获取省里的财政资源。

2. 省直管县权限无法落实

由于诸多原因,有的省辖市不愿下放实权权限,加剧了市县之间的权力博弈,造成县直各局委由于无法落实省直部门赋予的全部权限而产生对接障碍问题。省辖市控权不放成为省直管县体制改革的最大难点。比如:在行政管理机构中,税务、金融、电信等部门对区域经济发展有着举足轻重的作用,但他们归类于中央垂直部门,各自都有一系列管理规则。对于直管县的下属部门来说,部分重要权限仍然受到市级垂直部门的管制,倘若市级垂直部门不愿放权,或"放小不放大,放虚不放实",在没有明确的针对直管县的规定的情况下,这些县级政府部门就面临"既要服务块块,也要服从条条"的尴尬境地。

3. 市对县的支持力度减弱

"省管县"财政体制,市级政府演变为与直管县同级的平行机构,市对县的管理权限被削弱,市级财政支持县级的积极性减弱。省管县体制改革后,在业务指导、监督检查、量化考核、报表汇总等方面,市对县级的财政管理职能受到局限。市级财政不再为县级的财政运转负责,特别是全面推行省直管县后,市级财政自然会将本身的工作重心转移到发展本级经济上去,市级参与帮扶直管县的积极性必然受到影响。

4. 加大了省级财政管理幅度和管理难度

省管县财政体制跳过了地市级财政这个中间层级,直接由省对县财政进行管理,理论上讲确实可以提高效率,但也产生了一个问题,就是省直管县财政体制以后,省级财政管理权限空前扩大。目前,我国现有的 32 个省级行政单位(不含香港、澳门两个特别行政区)里面,最多的如四川省下辖 181 个县,河北省下辖 172 个县,河南省下辖 159 个县,平均每个省级行政单位下辖 89 个县。省级财政面对的县是需要面对市的好几倍,直接管理幅度加大,带来的是需要处理事务量的剧增。省级财政在既有人员编制一定的情况下,造成省对市县诸多事务很难全部顾及,容易贻误工作。同时,省级政府还面临严重的信息不对称的问题。省级财政无法得到这些县准确可靠的信息,自然无法对其进行有效的管理。

(二) 乡镇财政存在的主要问题

1. 乡镇财政收入来源减少

乡镇经济发展滞缓,缺乏发展动力。有些经济总量小的乡镇遭遇重点税源企业破产倒闭,财源税源受到较大影响。部分乡镇的财政收入依赖于"土地财政",但随着现有的土地资源越来越少,土地出让指标有限,因而通过出售土地获得的财政收入越来越少。

2. 乡镇行政机构膨胀

乡镇机构普遍较为臃肿,在机构改革方面,乡镇处于矛盾的两难境地。一方面,乡镇政府按照上级要求,要进行机构精简。另一方面,按照上级部门职能要求,又需增设新部门、新管理服务站,各种类型的项目指挥部、临时办公室等机构的增设层出不穷。这就导致供养人员过多,导致行政成本高,财政支出压力大。

3. 财政监督缺乏

上级财政部门对所有财政系统干部负有人事管理权,而乡镇财政干部的工资绩效、考核等所有待遇均由乡镇政府管理。县乡两级的交叉管理弱化了乡镇财政的资金监管,也导致了在内部控制制度上存在漏洞。

(三)省直管县财政体制改革的完善

1.进一步理顺省以下的财政关系

(1)完善县级基本财力保障机制

一是明确省级财政职能定位,增强省级财政的调控能力。明确省级财政职能定位,增强省级财政的调控能力,这是进一步完善省直管县财政体制的前提和基础。在省直管县财政体制改革和省以下财政体制改革的进程中,省级财政作为省以下财政体制改革的最高级次,对于整个改革设计和进程具有重要的职责。协调好省以下财政体制改革同中央与省级财政关系的对接,是省级财政的重要职责;促进社会公平与财政公共化、均等化目标的实现,以及对市、县财政的监督、检查是省级财政的主要工作定位。首先,作为中央财政与省以下基层财政之间的衔接财政级次,省级财政一方面要以现行的较为完善的中央与省级之间的分税制财政体制为改革方向,以此为指导推进省以下财政体制改革。另一方面,还要根据省内自身的实际情况,对于财政体制的近期改革目标与远期规划做好安排。财政体制改革要努力保持财政政策从中央政府到地方基层政府的有效传递,财政体制的不断完善为改革方向和改革预期。其次,省级财政应做好省内总体调控工作,努力发挥好税务、工商等各垂直管理部门对地方经济社会发展的管理与监督作用。对省内各级之间的财政关系进行协调,防止税收恶性竞争以及税负输出,制定合理、科学的省内经济社会发展战略,避免进行重复投资和省内地区间的不正当竞争。

二是加强省级财政对县级财政的支持力度。在省级财政有了较强的调控能力之后,就要按照基本公共服务均等化的要求,加大对县级财政的转移支付力度。在转移支付制度的框架内,要制定科学、合理、高效的转移支付政策,对财力不均、供应失衡予以正向调节,使得财政转移支付真正起到调节地区财力的作用,从而避免财政资金的"雁过拔毛"和财力地区之间的"苦乐不均"。一是进一步加大对县级财政一般性转移支付资金的支持力度。对专项拨款项目进行精简、规模进行压缩,并且要减少专项拨款项目设立上的随意性和盲目性。充分发挥县级财政的信息优势,以便于县级政府集中财力办大事,保证财政资金的使用效率的充分发挥,推动县域经济的快速发展。二是增加对县级财政转移支付的内容。建议对县级政府的转移支付按功能和类别来设立,例如支持农业基础设施的转移支付、保护生态环境保护的转移支付、保民生的转移支付、保基层政权基本运转的转移支付等。三是进一步完善对县级财政转移支付的分配办法。科学规范转移支付资金分配方法,按照因素法的要求,科学、合理地确定财政转移支付资金分配因素及其权重,减少资金分配中的人为因素,从而体现客观公正的原则。四是省级财政要重点加大对经济欠发达的县的财政转移支付力度,从而增强这些地区财政提供公共产品和公共服务的能力,促进在省域范围内各地区之间基本公共服务的大体均衡。

三是加强县级财政基础能力建设。县级财政要健全财政预算管理手段,统筹县级财力体现"民生财政"的要求,满足城乡居民基本的教育、卫生、社会保障、环境、文化等方面的公共需求。加强对预算资金的监督管理,增强财政运行、预算执行的规范性和透明度。县级财政要公开理财,避免"暗箱操作"。要向人大公开,向社会公众公开,接受人大代表和社会舆论的监督。加强县级财政的绩效评价体系建设。要设定科学合理的考核体系,对财政资金的使用情况、到位情况、结余情况进行全程监管,有效避免财政资金的截留、挪用等违规现象的发生。加强对县级财政工作人员的培训。不断提高县级财政工作人员的理财意识、理财能力和水平、运用信息技术手段的能力,不断提高财政资金使用效益。

（2）协调县市财政管理

理顺市与县财政关系。在理顺市与县财政关系要从行政管理入手,在行政上市依旧是县的领导机构的,市级为发展县域负责,县级完成市级的行政规划和下达的任务,县市间的财政需要县和市之间的统筹,在发展直管县的同时带动市级整体所辖区域的协同发展。具体来说:要明确县市两方财政收入和支出之间的职能划分,在做到保障辖域公共产品提供的情况下,县级政府要服从市级整体战略安排。市级财政要继续承担对县(市)财政的指导、支持和监督职责,除省财政直接对县(市)进行财政预算管理、国库集中收付、各项转移支付及专项补助、贷款资金管理外,市级财政要加强对县(市)的财政收入管理、财政支出管理、财政政策和制度管理,综合性行政工作考核等。市级财政还要发挥配合省级财政调查研究、决策、监督等方面的作用。

2. 市管县行政体制的改革

从长远来看,如果要顺利推行省直管县财政体制改革,应该在准确界定市、县事权的基础上,按照财权与事权相匹配的原则和要求,逐步实行市县的分治,恢复市和县的本来属性,使市县不再具有行政隶属关系,由它们各自独立地管理本辖区范围内的公共事务。如果仅仅推行财政体制的改革,而不对行政体制作出调整,那么财政管理权和行政管理权之间的冲突势必是难以调和的。单纯的财政管理体制的改革很难保持改革的延续性,这项改革也只能停留在探索的水平之上。在《宪法》没有修改之前,目前省直管县财政体制改革只能按照中央的精神稳步进行,逐步通过财政体制的扁平化带动行政体制的扁平化。

3. 调整垂直管理体制

在省直管县财政体制改革过程中,要"调整和完善垂直管理体制,进一步理顺和明确权责关系。"各垂直管理部门与县级政府应按照中央的有关要求,进一步理顺和明确垂直管理部门与县级政府的关系,努力建立两者之间高效的工作配合和衔接运行机制。首先,强化县级政府功能,严格控制垂直管理部门数量,逐步将垂直管理改为分级管理;其次,要按照"简化程序、提高效率、服务经济、条块共管、发展县域"的原则,积极推进行政体制改革,扩大县级政府的经济管理和调节权限,努力消除行政权力条块分割对县域经济发展的消极影响。

（四）乡财县管改革的完善

1. 建立乡镇财政保障机制

财政要按保工资、保运转、促发展的原则,并结合工资改革、农村综合改革以及基本财力保障等因素定期对乡镇财政体制进行调整和完善,每年年底要按编制内实有人员重新测算财力保障,对达不到保障水平的予以补足,尽快帮助乡镇摆脱困境,确保乡镇基本运转。同时,积极培育优质税源,推动特色乡镇经济的发展,增加乡镇财政收入。

2. 强化财政监督管理和考核机制

加强监督管理,杜绝"发空饷""吃空饷""违规经商"等违规现象,从源头上减少财政供养虚增的支出,节省不必要的支出。建立考核激励机制,强化工作责任制,明确乡镇财政部门内部岗位责任制和工作考核细则,对工作成绩突出的乡镇,给予肯定,充分调动积极性和主动性。

3. 深化乡镇机构改革

整合部门人员分工、精简不必要的机构,根据各乡镇实际情况增减财政供养人员,进一步规范对乡镇人员编制的管理,严格控制招聘人员规模,禁止随意增加编外人员,各级财政部门、人事部门要各负其责、各司其职,严控财政供养人员规模,严控人员经费支出标准。

核心概念:县乡财政收支　省直管县　乡财县管

复习思考题

(1)试述我国县乡财政问题的成因。

(2)试述县乡财政的作用。

(3)县乡财政收入和支出结构各有什么特征?

第十一章
地方政府间的财政竞争

【学习目标】

使学生掌握政府间竞争的目的和形式，了解中国地方政府间竞争格局的演变历程，理解政府间财政关系走向合作的必然性。

【重点与难点】

重点是掌握地方政府间竞争的目标、竞争形式和特点。难点是学会运用政府间财政竞争效应的分析方法，并透过地方政府间财政竞争理解政治分权和财政分权。

现代市场经济国家实行的财政分权体制是地方政府间进行财政竞争的制度基础。在政治选票和辖区居民"用脚投票"的双重压力下，为更好地提供地方层次公共产品，地方政府间财政竞争由此展开，促进了公共资源配置的帕累托最优。然而，随着公共服务范围和水平的不断提高，受政府财力与事权不相适应、政治锦标赛等因素影响，政府间财政竞争产生了异化，转向抢占有限社会资源的"逐底竞赛"，进入了一场没有胜者的赛道。因此，规范政府间财政竞争行为，促进政府间关系由竞争走向合作，是当前政府间财政关系改革的重点。

第一节　地方政府间财政竞争概述

地方政府竞争是地方政府为吸引或获取更多的资本、人才、企业和信息等有形或无形的资源要素而采取的一种自利行为。根据参与竞争的对象不同，地方政府竞争可进一步分为中央与地方政府的纵向竞争和地方政府间的横向竞争，前者是指中央与地方政府之间彼此争夺利益资源而进行的活动，后者是指一国内部地方政府间为了增强本辖区的经济实力进行的各种争夺经济资源的活动。作为地方政府间竞争的一种形式，财政竞争主要包括税收竞争（收入竞争）、支出竞争。除此之外，地方政府竞争还存在于政治、经济等领域。

一、地方政府间财政竞争的理论基础

政府间财政竞争理论最初是与财政联邦主义理论一同发展起来的。除此之外，政府行为理论、合约论等也为分析政府间财政竞争提供了解释视角。

（一）财政分权理论

现代市场经济国家，无论是联邦制国家还是单一制国家，都实行分级财政体制，使地方政府成为独立的经济主体、利益主体和财政主体，为不同层级政府进行财政竞争提供了必要前提。因此，公共经济中的财政分权理论也成为地方政府间财政竞争的基础理论。施蒂格勒关于最优分权的"菜单理论"、奥茨的"分权定理"等都曾指出，与中央政府相比，地方政府更接近自己的公众，更能够满足地方居民对公共产品的需求，对于那些地方性的公共产品由地方政府提供会更加有效。

如果说上述理论阐述了分权的必要性，那么美国经济学家蒂伯特的"用脚投票"理论（又称蒂伯特模型）则最早系统阐述了地方政府间财政竞争这一现象。正如在第二章所介绍的，蒂伯特使用"用脚投票"给人们表达地方性公共产品的偏好提供了一种准市场方式，居民如果对该地的政府收支组合不满意，可以选择离开，迁移到合适自己居住的辖区。为了避免多数人离开，地方政府将按照居民意愿提供公共服务，不仅如此，还要考虑最大限度地提高财政收支效率，政府间财政竞争由此产生。蒂伯特的贡献在于指出作为地方团体利益的集中代表，地方政府应竭力提供最佳的公共服务和税收组合，优先选择使用各种财政手段竞相争夺资源，发展本地经济，提高公共服务水平，这种看似被迫的行为实际上促进了公共资源配置的帕累托最优。需要注意的是，"用脚投票"模型是基于一系列严格的假设，例如居民能够充分流动、居民有足够多的提供不同收支组合的地区、各地区的公共产品不存在外部性等，尽管这些假设难以完全成立，但该模型的思想时至今日仍有借鉴意义。

（二）政府行为理论

地方政府间财政竞争具有经济性和政治性双重特点，除了财政分权理论外，有关政治理论也对政府间财政竞争给出了解释。政府行为理论[①]指出，在"政治市场"中，民众、政府和官员之间的关系可以用"委托—代理"模式来表示。由于存在信息不对称的问题，作为理性人的政府，以自身利益最大化作为行为目标，其结果可能会导致提供的公共产品与民众的偏好相去甚远。在民主制的政治体制下，居民对此也并非毫无办法，可以通过选票来表达对公共产品的偏好，迫使政府不断改进政府财政支出效率，以提高公众的认可度，此时对于财政资源的竞争受到各级政府的青睐。

政府行为理论对地方政府间财政竞争的启示主要有：首先，自身辖区福利最大化是政府间财政竞争的内在动力，每个地方的政府都会从自身利益出发做出选择，而不会考虑到其他辖区的利益；其次，因为理性官员的存在，政府的决策并不必然地忠实于投票选举它的居民，

---

① 丁国峰，毕金平.论政府间税收竞争的理论基础[J].安徽行政学院学报,2010(1):49—52.

因此需要某些机制来促使政府按照民众的行为意思,政府间财政竞争既给居民提供了比较和鉴别的机会,也对政府的任意行为施加了限制。最后,政府行为理论中,居民通过手中的选票来决定政府官员的去留,是政府官员面对的硬约束,这与蒂伯特"用脚投票"的理论本质相似,后者则是通过居民自主决定去留进而给流出地政府带去压力,引发政府间的财政竞争。

(三)合约论

在解释政府间竞争的理论中,也有另外一种观点,即"合约论",由学者张五常提出。他在研究佃农理论时,指出佃农分成的土地所有者一般会监督农民的劳动,在与佃农签订的合约中也会要求农户增加非土地要素投入,以避免农田产出降低而影响分成。他将这一思想与中国经济发展结合,在《中国经济制度》一文中提出了县际竞争理论,认为承包责任合约制度不仅在中国农村经济中得到了普遍的应用,还在各级政府,特别是县级政府与上级政府(或投资者)之间的关系中得到了充分应用。他把中国经济制度视为一连串承包合约的组合、一个庞大的合约组织,地方政府与上级政府间的财政分配关系可以看作租金分成合约,类似的,地方政府与域内企业之间也是分成合约关系。当这种合约关系具有一定的弹性,即分成比例根据土地条件作出相应调整时,拥有土地配置权力的政府就可以利用土地使用权来吸引外部资金流入,而外部资金流入的规模越大,地方经济发展就会越快,县级政府政绩就越好,导致政府间的财政关系从权力等级制合约安排制度转向以资产界定权力的合约制度安排。

二、地方政府间财政竞争的成因

尽管追求更优质的公共服务以赢得选票是地方政府竞争的最初动因,但随着竞争范围的不断扩大,导致政府间财政竞争的因素趋于多元化。在计划经济时期,由于中央高度集权,资源分配由中央统一通过计划手段来进行,地方政府作为分支机构,掌握的资源有限,这就使得地方政府间缺乏竞争与合作的物质基础,因此地方政府间扩展横向联系与竞争的基础薄弱,而随着社会主义市场经济的发展和财政改革的推进,地方政府间的财政竞争日益激烈,原因在于:

(一)行政分权改革

地方政府间财政竞争是我国行政分权改革的结果。正如财政分权理论所阐述的,改革开放以后,随着行政分权和财政分权的改革,地方政府获得了对地方性经济资源以及经济决策的控制权,地方经济利益得以独立化,这为竞争提供了必要的前提。特别是,经过行政分权改革,地方政府作为独立利益主体的地位得到了巩固,这为地方政府间发展横向联系和竞争奠定了一定的制度基础。

(二)地方资源禀赋差异

地方资源禀赋和发展基础的差异是地方政府间财政竞争的基础。在我国,区域间发展资源分布不平衡,各地政府在促进经济发展的过程中,面临着差异化的资源禀赋和发展基础。对于资源稀缺、发展基础薄弱的地区,为了提高经济发展水平,地方政府不得不采取必要的手段,以吸引最大的资本流入,从而拉动本辖区经济的发展。这时,以补贴、税收优惠、税收返还、土地出让优惠等为主的财政手段,成为政府的首选,通过短期的让利来培植税源,进而实现财政增收、经济发展的双重目标。

(三)地方财力、事权与支出责任不相适应

财力、事权与支出责任长久不相称增加了地方政府间财政竞争的冲动。在分权财政体制下,中央和地方各司其职。伴随着中央上收财力、下放事权,地方政府的财权、财力和事权、支出责任长久不对称,出现"小马拉大车"的情况。在地方税体系不够健全、中央与地方的纵向转移支付和地方与地方横向的转移支付制度不完善的情况下,地方政府不能及时获得稳定收入,继而加剧了地方政府间竞争的冲动。

(四)区域性税收优惠政策

我国实行的区域性税收优惠政策打破了不同地区、不同性质的企业之间公平竞争的格局。受税收优惠政策影响,区域之间实际税率呈现出高低差异,进一步促成和加剧了地方政府之间的横向财政竞争。在现行税制框架内,为促进本地区经济发展,地方政府积极运用现有的税收优惠政策,并纷纷游说中央政府出台有利于本地区的税收优惠政策。

(五)税权划分和征收管理格局

税权划分和征收管理格局也是影响我国地方政府间财政竞争的重要因素。我国的税收立法权高度集中在中央政府手里,当税收规则发生调整时,地方政府总数处于被动接受的地位,因此一些地方政府在有限的税权范围内寻求利用各种手段开辟财源,以弥补财政收支的缺口。税收政策执行中,在税率、税基、减免权等征收管理方面,地方政府拥有广泛的自由裁量权,从而使地方政府可以支配远远大于理论上所拥有的资源配置水平。此外,还需要注意的是,由于部分税收尚未立法,一般是由财政部或国家税务总局拟定而以国务院批转的形式颁布,因此税法的解释、细则的颁布则往往授权财政部和国家税务总局,不可避免地造成各利益主体可以通过各种手段干预税收立法、争夺税收利益。

三、地方政府间财政竞争的特点

一般情况下,地方政府间财政竞争存在以下特点:

首先,与经济的开放性相关。地方政府财政竞争虽然在不同政府主体之间展开,但其财政竞争行为却只能作用于本辖区,因此如果辖区内的经济市场是一个封闭的市场,那么竞争之下外部的可流动要素就无法进入本地,因此采取竞争策略的辖区无法获得预期的超额利益,因此辖区间的经济开放性对地方政府的财政竞争具有十分重要的意义。

其次,地方政府竞争的范围和重点在不断变化。在初期,地方政府会比较注重税收的竞争,通过对有关企业减免税收等税收优惠措施来降低其生产成本,最终降低产品价格,扩大

产品的销量,最大限度地获得利润,这种竞争的实质是价格竞争,竞争的结果是降低私人产品的价格,以产品的低价获竞争优势,这种做法不仅有效,而且可行度高。但是随着经济的发展,人们对于公共产品的种类和品质要求逐步提高,仅仅通过税收进行竞争是不够的,更为重要的是要在环境建设、基础设施、教育质量、医疗卫生设施安全、投资环境等方面进行改进,因此要求方政府更着力改善公共品的供给。

最后,地方政府间财政竞争具有双重后果。一方面,地方政府的财政竞争在经济发展中能够发挥一定的积极作用。由于地方政府在推动本辖区的经济增长中发挥主导作用,因此通过一些财政竞争手段,可以为本辖区吸引经济要素的流入,提高地方政府提供公共产品的能力。另一方面,地方政府间展开的激烈财政竞争,甚至是过度和无序的竞争,会进一步引发各类市场地方保护主义、重复建设和浪费资源等负面效应,进而走向"逐底"竞赛。

【专栏 11-1】

国内外政府间税收竞争

资料 1:在联合国经济合作组织国家中,2020 年公司所得税税率最低的国家是匈牙利,其税率仅9%;而之前经合组织国家中税率最低的国家为爱尔兰,税率是12.5%。爱尔兰从2003 年就开始实施公司所得税低税率,这项低税率措施在促其成为欧洲著名外资投资国的过程中功不可没;也许正是这一低税率彰显的效果,现在也使匈牙利步其后尘,从2017 年开始施行公司所得税的低税率,而且力度之大,更甚于爱尔兰。

除经合组织及欧洲国家之外,还有一众公司所得税率更低的国家,如土库曼斯坦为8%,乌兹别克斯坦为7.5%,而在全球征收公司所得税的国家中,税率最低的是位于北美洲的巴巴多斯,其公司所得税法定税率仅为5.5%。不过,5.5%其实也并非最低税率,公司所得税税率不管多低,只要存在就意味着还是有这一税项,还是会收取公司所得税。真正的最低税率是有些国家和地区甚至取消了这一税种,而这样的地方还有不少。全球约有15 个不征收一般公司所得税的经济体,它们大部分位于北美洲,如开曼群岛、英属维尔京群岛、百慕大、巴哈马等;在欧洲则有泽西岛、马恩岛、根西岛等地,在大洋洲有瓦努阿图等地。这些地方大部分是小型岛国,其中开曼群岛、英属维尔京群岛以及百慕大等地以"避税天堂"而闻名于世。开曼岛上最大的城镇乔治城其实只是一个小镇,镇上最高的房子也仅两三层楼而已,一般游客想象不到的是,乔治城街边随便一栋小小的商业楼里,也许注册着成百上千家来自全球的公司,簿记着数十亿美元的资产。所以虽然不征收公司所得税,但作为这么多公司的注册所在地,开曼还是能收取其他各种周边业务带来的收入。

在国与国之间,低税率的"逐底竞争"是一个零和游戏。个别小国家将税率调整到足够低以后,对于其他国家的国际投资虹吸效应明显。低税率的小国以低价从税率更高的大国抢夺税源,为此受损严重的大国也一直没有停止过反逃税、反避税的行动。在国际经济整体环境较好时,这种争端略微缓和一些;当经济形势有所恶化时,这种反避税的行动就会更为激烈。近年来,G20 开始就税基侵蚀与利润转移(BEPS)作了梳理,并由此提出倡议,但最终因跨国协调力度有限,推进困难,并未能有效阻止各国间税务竞争。2021 年,在美国等国的协调下,占全球经济90%的136 个国家达成了一项里程碑式协议,该协议将全球最低企业税率设定在至少15%,并使避税变得更加困难。①

资料2:《"竞高"还是"竞低":基于我国省级政府税收竞争的实证检验》②一文中,基于中国省级面板数据,考察了国税局组织征收的企业所得税部分、地税局组织征收的企业所得税部分、增值税、营业税、个人所得税、不动产相关税的地方间税收竞争行为,并在企业所得税部分加入2002年和2009年两个政策变量,进一步检验了纵向竞争对横向竞争的影响。得出以下结论:

第一,国地税由于征税动机不同,体现在地方政府税收竞争形式上也有所不同。国税局组织征收的企业所得税部分无论在二元邻接矩阵还是经济距离矩阵下都表现为"竞高"效应,而地税局组织征收部分在经济距离矩阵下表现出显著的"竞低"效应。国税局出于完成中央税收计划的动机,征管较严密,因此体现为地区间的"逐顶竞争";由于企业所得税是中央与地方共享税,地方分成比例较低,企业所得税税基流动性较大,是地方吸引流动性税基的理想税种,因此地税局征收的企业所得税体现出显著的"竞低"效应。地税局征收的税基流动性相对较差的个人所得税与营业税均体现出显著的"竞低"与"竞高"效应,营业税以"竞高"效应为主,个人所得税以"竞低"效应为主。而税基稳定的不动产相关税种则不存在显著的税收竞争行为。而且地方征管权下的税种在经济距离矩阵下税收竞争行为更显著,更加说明地方间税收竞争是地方政府出于政治晋升的动机争夺流动性经济资源的行为。

第二,税收征管权的集中能够保障税收收入不会轻易地被地方操纵,造成税收损失。增值税在二元邻接和经济距离矩阵下不存在"竞低"或"竞高"的税收竞争行为,一是由于增值税为信息化管理,监管严密,操作透明;二是增值税属于中央税,由国税局征管,严格依照中央的政策规定征收,不会出现随意操纵的现象。由于营业税是地方税,地方政府可以通过提高或降低征管效率,达到通过筹集税收收入或牺牲税收收入吸引资本的目的,在不同的经济规模、经济形势下,地方政府会做出不同策略性选择,体现为"竞高"和"竞低"效应同时存在。这也从侧面证实,"营改增"将易受地方政府操控的营业税改为不存在税收竞争行为的增值税,在保证足额、合理税收收入的同时,也能更好地响应中央"减税降费"的目标要求。

第三,纵向竞争的加深会抑制地方间的横向竞争。我们使用2002年和2009年两次企业所得税征管权的变动来观察对中央和地方"竞高"与"竞低"效应的影响发现,2002年企业所得税征管权大范围归拢中央,大大减轻了地方间企业所得税的"竞低"效应,地方政府丧失了征管效率这一策略性工具,将争夺流动性经济资源的压力转移到国税局,由于本地上任的国税局官员容易参与地方政府与企业的"政企合谋"(范子英等,2016),因此导致国税局在企业所得税竞争中会增加"竞低"效应。2009年企业所得税的征管权又放松到地方一部分,地方重新拥有了一部分可以操控实际税率的税基,此时国税局的压力减缓,"竞低"效应随之减轻。

根据本文得出的结论,再结合当前我国经济与税收收入增速放缓的现实,本文给出以下

---

① 国际税收的"逐底竞争":公司所得税率全球最低是多少[EB/OL].新浪财经,2021-08-3.
② 高凤勤,徐震寰."竞高"还是"竞低":基于我国省级政府税收竞争的实证检验[J].上海财经大学学报,2020,22(01):3-17+122.

政策建议:其一,地方间过度的税收竞争往往不利于经济的长期健康稳定发展,尤其是在税收收入中低速增长时期。参考增值税的做法,税收管理上应该逐步提高所有税种的信息化管理水平,使税收征管更加透明有序。其二,十三届全国人大一次会议提出将国家和地方税务局机构合并,实行以国家税务总局为主与省(区、市)人民政府双重领导体制。这意味着由"分税制"下的两个征管机构合并为由一个机构征收全部税收。这一改革能够保障税收的足额收入,促进中央对地方的宏观调控。国地税合并为中央监管地方税收情况开了一个好头,此举不但提高了征管效率,而且更加保障了税收收入的稳定增长。而当前国地税合并后仍有部分经费由地方筹措,这一机制不仅不符合国际经验,反而可能会为地方政府未来干预税务部门的征管活动提供了机会,从而保留了地方进行税收竞争的空间。因此,国地税合并后须解决地方筹措部分经费的问题,由中央负担税务部门的全部经费,或者通过测算地方负担经费占税务部门征收税款的比例,将该比例增加中央税收分成比例后由中央负担其全部经费,从而抑制地方政府通过经费问题向税务部门施压,避免因此出现无序竞争。同时,进一步加强原国地税人员的融合,进一步提高征管集权水平,抑制地方间过度的税收竞争行为。其三,国地税合并后,税务局由国家税务总局和省人民政府双重领导。税务局官员处在地方政府辖区内,在本地工作过较长时间的税务局官员很容易受到地方政府意愿的影响,因此应实行税务局局长各地区轮流交换的制度,以减轻地方政府对税务局征管行为的干涉。

第二节　地方政府间财政竞争的形式和效应

从竞争主体来看,政府间竞争包括中央与地方政府竞争和地方政府之间竞争两类。从竞争内容来看,地方政府间的财政竞争主要包括税收竞争、财政支出竞争和财政体制竞争。

一、地方政府间财政竞争的形式

(一)税收竞争

自蒂伯特提出"用脚投票"理论以来,理论界关于地方政府地方财政竞争的研究主要集中在地方税收竞争领域。税收竞争作为地方财政竞争的主要形式,具体表现为:地方政府为了吸引资本,在财政分权的基础上,利用财政自主权,竞相降低各自的税收,出台相应的税收优惠政策,以吸引资本的流入,为各自辖区的经济发展寻找资本支持。

在关于税收竞争对于经济的影响上,存在着两种不同的观点:

第一种观点则认为税收竞争是有益的,持这种观点的主要是公共选择学派的经济学家。公共选择理论提出可以通过建立约束机制,发挥税收竞争在提高效率方面的作用。传统财政理论将税收视为政府筹集收入的手段,从而得出导致税收减少的税收竞争是不可取的结论,而公共选择理论从交换即税收是公共产品的价格的角度提出了不同的看法,指出税收收入越高并不一定就是好的,政府税收与支出有最优对应关系,而这种关系需要通过政府间的竞争才能实现,"税收竞争应该被看成一种有用的,旨在对高税率的内在压力的制约不充分的制度性约束的补充,这种高税率是追求自身利益的政策制定者所需要"①,也就是说税收竞争能促使税收制度的趋同和税收压力的减弱、降低公共服务的成本。因此,公共选择的税收竞争理论,将研究的着眼点放在如何消除政府间竞争障碍的研究上。由于迁移成本、居住地、家庭和朋友网络带来的效用、宜人的环境等原因,可能导致即使政府不提供最优的收支组合,个人也不会迁移,因此通过一定规制手段促进地方政府间竞争是必要的。

第二种观点认为税收竞争会带来负面影响。由于税收竞争的存在,可能使地方公共服务的水平达不到最优,这是因为各地政府为了吸引资本,总想降低各自的税收,使得地方财政支出属于边际收益等于边际成本的最优水平之下,从而政府无法为最优的公共服务产出筹集足够的资金,特别是对于那些当地经济无法提供直接收益的投资项目上更是如此。持有这种看法的其他主要观点还包括:

(1)税收的递减效应将引起各地区税收的普遍下降,从而降低各地区的公共产品水平,税收竞争被认为是一场没有赢家的竞赛。

(2)在税收竞争下,资源流动和配置不再受其价格所决定,违背了市场运行的基本原则,导致资源配置的扭曲和低效。

(3)税收竞争会造成税制更加不公平,流动性大的资本所负担的税负将减少,流动性弱的劳动的税收负担将增加。

上述关于税收竞争的结论所引申出的合乎逻辑的政策取向,就必然要求加强各地区之间或各国之间的税收政策的协调。

(二)财政支出竞争

财政支出竞争是指地方政府利用公共支出提供最优的公共产品和服务,该公共产品和服务更符合帕累托效率,以此吸引居民的流入,也更有利于地方政府进行招商引资。

正如前文所说,蒂伯特"用脚投票"的理论最早阐述了财政支出竞争,在一系列假设条件下,他认为个人的"用脚投票"给辖区政府带来很大的约束力,迫使各辖区政府为争夺居民而展开竞争,最大限度地提高财政收支效率。然而,在蒂伯特模型中,个人可以无成本迁移居住地等假设在现实中是不完全成立的。此后,许多学者试图放宽假设条件,建立起新的模型,最后得到与蒂伯特完全相反的结论,即支出竞争带来政府行为的无效率。例如维达新在模型中放弃相邻辖区政府的政策互不影响的假设,运用博弈论进行分析,结果发现当政府存在战略行为时,公共产出低于最优水平。这是由于具有正外部性的辖区政府不考虑其支出产生的正外部性,使得相邻辖区的政府可以只提供低于最优水平的公共产品。与之相类似的结论还有科恩和马尔尚的研究,与维达新从吸引居民出发的研究视角不同,他们从吸引资本的角度研究政府支出的效率问题,得出的结论是为了吸引资本,地方政府不提供有效水平的使居民受益的公共产品,而是将资金过量投入提高资本生产率的用途上,导致均衡时的公

---

① Jeremy Edwards, Michael Keen. Tax Competition and Leviathan[J]. European Economic Review, 1996(40).

共支出处于无效率状态。

但是,也有研究发现,即使不运用理想的模型进行分析,财政支出竞争也可能是提高效率的。例如,美国经济学家高登和威尔森认为,人员和资金等资源流出或流进某个辖区,不仅取决于该辖区的税率变化,还要看该辖区的公共支出情况。即便税率高,但如果本地的公共服务更好的话,也能吸引人员和资源的注入,此外他们的研究还指出,随着人员和资源在地区间的流动性提高,分权化将强化财政的支出竞争,从而有助于提高整体效率。

从我国地方政府间的财政竞争来看,随着公众对公共产品要求的不断提高,地方财政竞争逐步从单纯的税收竞争转向税收竞争和支出竞争并存的新阶段。随着社会经济的发展,财政支出竞争的作用愈加凸显出来,因为提供优质的公共产品和服务比低税更加能够吸引资源和要素的流入。

(三)财政体制竞争

财政体制上的竞争主要是指各级地方政府为争取有利于本地区制度优势的竞争行为,包括地方政府财政收支划分和政府间转移支付等方面的竞争。

财政体制涉及政府间财力划分、事权和支出责任界定。一般情况下,中央只对央地间财政关系进行界定,省以下特别是市以下财政体制一般由相应层级的地方政府来确定。为了更多地获取财政资源,地方政府会积极向上争取对自己最为有利的收入划分比例,将地方优质税源集中在本级层面,进而形成了与政府间纵向地为争夺财政收入分成的竞争行为。同时,近年来,以 GDP 为主要内容的经济发展中,地方政府更加关注与经济增长关联性较大的基础行业,而真正关乎民生和社会的基础行业设施受到了忽视,往往呈现出"事权下放""事权和支出责任不相适应"等突出问题,地方政府间支出责任安排不科学,缺乏相应的约束机制。

在转移支付方面,现阶段我国地方政府转移支付并不完善,这使得地方政府为获取更多的资源留下较大的活动空间。目前,转移支付分为一般性转移支付和专项转移支付两类,一般性转移支付为实现缩小地区间财力差距和地区间基本公共服务能力均等化等目标,参照各地标准财政收入和标准财政支出的差额及可用于转移支付的资金数量等客观因素,按统一公式计算确定,活动空间较小。专项转移支付是指具有特殊具体用途的转移支付,地方政府需要按照特定的方式使用配套资金,这一项转移支付具有较大的活动空间,也导致了"跑部钱进"等现象的发生。1994 年分税制后,仍存在着事权与财力匹配的问题,中央政府拥有较多的财力却负担较少的事权,地方政府负担更多的事权却拥有较少的财力,造成更为严重的财政失衡,从而使地方政府更加依赖中央政府的转移支付,因而存在着地方政府之间围绕着中央转移支付这块蛋糕而进行的竞争。

此外,地方政府间财政竞争还包括国有企业补贴、区域市场的技术壁垒、许可证、弹性管制等非正式方式,使得本地区企业得到充分保护,进而增加本地区税基,提高税收。这种竞争可以通过减少国有企业补贴、硬化预算约束等方式来减弱,但这种竞争是较难消除的,且越来越向非正式化规则转变。地方政府更愿意使用地方实际环境来作为竞争的手段,而不会以明确的法律法规对市场进行分割,对企业进行区别,这使得转变观念成为地方政府消除壁垒、减少恶性竞争的首要任务。

二、地方政府间财政竞争的效应分析

由于政府间财政竞争的手段多种多样,因此竞争带来的影响也是多方面的。总体来看,政府间的财政竞争就像是一把双刃剑,在吸引外部投资和资源的流入、发展当地经济、增加就业、增加财源等方面发挥着一定的积极作用,但与此同时,由于竞争所引发的地方保护主义、割裂全国统一市场的做法,也会给社会经济生活带来许多消极的影响。

(一)积极效应

竞争是市场经济的本质,也是市场经济充满活力和效率的根本所在。这对于公共产品来说,也是适用的。在公平、透明的规则下,地方政府间展开适度的财政竞争是有益的,有助于提高地方政府的工作效能,提供优质的地方性公共产品和公共服务。

首先,有利于促进政府制度创新。政府间财政竞争的根本效应是对制度的改进。通常情况下,制度的发现与选择不是通过成本收益分析来实现收益最大化的过程,而是众多个体在社会实践中博弈的过程,经过不断地重复博弈在众多制度方案中选择的过程。在政府间税收竞争过程中,各级各地政府会不断检验自身制度的有效性,从而对制度进行选择和优化。对于我国而言,由于政府间竞争所带来的这种制度效应具有重要意义,自改革开放以来,在财政分权中所形成的财政竞争,是促进和保持经济稳定增长的重要源泉。在促进经济发展的同时,政府间财政竞争还有激励各级政府提高工作效率,进而提高公共服务的质量与效率。

其次,有利于增加"纳税者剩余"。所谓"纳税者剩余",是指居民愿意并且能够支付的公共产品的税收价格与其实际支付的公共产品的税收价格之间的差额。政府间财政竞争能够降低公共产品及服务的税收价格,保护纳税人和居民免受辖区政治家和官僚的掠夺。在"用脚投票"的约束下,有效地限制了公权力的滥用,迫使各级政府主动了解居民偏好,对于居民来说,则可以更多元化地选择公共产品的收益水平及其税收价格,实现自身对政府转移支付额的最小化,从而享受到纳税者剩余。与此同时,政府间财政竞争加剧了地方政府获取财政收入的难度,这将促使政府增强决策的科学性,提高财政支出效率,减少政府浪费,限制辖区政府官员权力寻租,提高居民福利,增加居民的效用。

最后,有利于完善税收制度。在政府间税收竞争的作用下,名义税率会随之下降,为了弥补由此造成的税收收入的减少,各层次的政府会在税率之外寻求收入的增加。比较典型的方式是扩大税基和加强税收征管。由此,各国税制开始了"宽税基,低税率"的税制改革。宽税基模式可以将大部分经济活动纳入征税范围,保证了税收制度的公平性;而低税率模式则可以降低经济活动的税收负担,保证经济活动较少受到税收的扭曲。

(二)消极效应

尽管政府间财政竞争具有一定的积极效应,但其存在的消极效应也不容忽视。

首先,政府间财政竞争会扭曲资源配置。价格是市场经济赖以有效运行的最关键因素,当价格能够准确反映资源稀缺程度的前提下,商品交换才能使全社会的资源实现最优化配置,从而实现社会福利最大化。然而,地方政府在财政竞争中表现出来的地方保护主义特征,则会导致市场分割,扭曲价格信号。而市场分割的负效应累加起来,将导致全国性市场失衡的放大,并使社会福利减少。在这种保护和封锁下,本地企业会享受比统一市场条件下更大的利润,但这种保护和封锁的社会成本很高,消费者蒙受的损失将超过生产者的收益。

其次,不规范的税收竞争破坏了依法纳税的环境。政府间财政竞争很多是地方政府出于自身利益最大化违反国家税法的有关规定进行的,有些政策无视税收法律法规的规定,或者利用税收法律法规的漏洞,擅自扩大税收管辖权,不执行法定税率,使税法的严肃性、权威性受到挑战,税法的"强制性"严重弱化。

再次,过度的财政竞争造成大量税收收入的流失。政府间财政竞争的一个主要手段是降低有效税率以吸引资本、劳动力及技术等生产要素,但这种降低有效税率的竞争会侵蚀税基,减少政府的财政税收收入,进而降低政府提供公共产品及公共服务的效率和规模水平。在缺乏适当约束的情况下,政府间财政竞争将是一场"囚徒困境"式的博弈,当最终税率将降至缺乏效率的较低水平,所有辖区政府都会从降低税率中受损,造成公共产品供给不足,辖区福利水平下降。

第四,引起地区间经济歧视与不平等。从区域角度看,各地经济发展基础各不相同,财政竞争带来的影响也呈现分化。对于资源丰富、发展基础较好的地区,采取税收优惠政策,可以引入更多的资本和人才,助推经济发展,进而通过"蓄水养鱼"来培育财力,抵消减税带来的影响,公共服务的供给水平将进一步提高。而对于资源贫瘠、发展基础较差的地区,在税收竞争中处于劣势,不仅无法有效吸引要素流入,并且在减税的作用下,财政收入逐步减少,并进一步影响了公共产品及服务的供给,与经济发达地区的差距也将逐步拉大。

最后,降低税收征管效率。在税收竞争中,税收优惠的手段和方式日趋复杂化,大大降低了税收制度的稳定性,使市场主体对税收制度及政策的稳定预期被打破,进而需要采取更多的行动以搜集和处理税收制度及政策信息,降低了市场运行的效率。政府间财政竞争还扰乱了税收对市场和产业结构的调节作用,尽管中央政府发布了调节产业结构、引导经济发展方向的税收政策,但各地政府执行中会根据本地区竞争情况有所选择和偏重,影响了税收全局性的调节经济职能。

【专栏 11-2】

谨防地方政府竞争的"合成谬误"[①]

地方政府之间为经济增长而有效竞争,是构成中国经济高速增长的秘诀之一,也是中国特色社会主义市场经济体制的一项重要制度安排。地方对招商引资项目的政策态度和优惠程度,是观察地方政府之间竞争的最佳窗口。企业家们为何会选择到某地投资?政府哪项政策的吸引力大?近年来听到较多的回答是,"三免两减半"。何谓"三免两减半"?顾名思

---

① 谨防地方政府竞争的"合成谬误"[EB/OL].人民资讯,2022-2-2.

义,地方政府对于招引企业缴纳税收的地方留存部分,前三年给予企业全额返还,再两年减半返还,到第六年才开始恢复正常税收。许多经济发展相对落后的地方,在招商引资时甚至还给出了重要项目"三免五减半"的政策优惠。

这类做法在全国相当普遍,因而企业家们这样回答,并没有超出预期。但考虑到如下两个背景事实,还是存在许多有待从经济学视角进行解释的现实困惑。第一,根据全国工商联的抽样调查数据,我国民营企业平均寿命仅3.7年,中小企业平均寿命更是只有2.5年。另有学者研究发现,在2008年国际金融危机之后退出经营的企业中,59.1%的企业寿命不足5年,84%的企业寿命不足8年。企业平均寿命短,在许多其他研究报告中也得到确认。第二,已有研究显示,中国从省到县各级官员的平均任期,均不足5年一届固定任期规则。其中,省委书记和省长的平均任期分别约为4.77年和4.32年,市委书记和市长的平均任期分别是3.6年和3.21年,县委书记和县长的平均任期分别是3.53年和3.34年。官员平均任期短,也成为一个事实。

这两组数据无疑重要。当"企业寿命短"和"官员任期短"现象共存,地方再给予"三免两减半"的政策性优惠,在很大程度上就意味着本届地方主官招商引资来的重大产业项目,并不会在其主政期间产生显著的税收效应。就算招引项目经营成功,企业的寿命又足够长,未来企业发展带来的增量税收,也只是为其后任主官的政绩"做嫁衣"。要知道,在"政绩锦标赛"机制下,地方政府之间会为税收而开展竞争,可以说是一向争论颇多的经济学界达成的少有共识。现实中,许多地方政府官员不仅重视"招商引资",还明确将"招商引税"作为新政策导向。

这就带来了值得从经济学进行讨论的几个问题:地方政府间到底是否真如学界所说的那样,为税收而展开激烈竞争?地方政府官员有何动机去吸引那些短期不会产生增量税收贡献的长期投资?为什么地方政府一方面大张旗鼓地"招商引税",另一方面又不遗余力地"三免两减"?在政绩特别是税收考核中,官员这样做会不会在"政绩锦标赛"中失利?这些疑问,我问过一些地方政府官员,得到的答案是:能否把重大项目引得来,本身也是官员能力的一种体现。许多地方还定期举办县区招商引资项目"擂台赛",项目比拼、一决高下。从经济学看,招引比拼大项目可以视为一种甄别官员能力的信号传递机制。在这样的"考绩"引导下,官员这样做无疑也是颇具理性的。

不可否认,这个观点对于理解地方政府行为有一定解释力。近年来,随着新发展理念和经济高质量发展要求的提出,能否把辖区传统的产业结构和经济体系成功转型为符合高质量发展的现代产业体系,已经成为考核地方干部的一条新准则,弱化GDP等速度指标的考核是大势所趋。但坦率地说,这个解释还不够深入。若重大项目短期不创造地方税收,又如何缓解地方当下转型发展需要"真金白银"的压力?因而,有必要进一步挖掘这些行为背后的体制诱因。首先要问的是,地方政府为税收而竞争,学界的这个判断因何而来?1994年分税制改革之后,中央与地方财权事权关系重新进行调整,综合地看,地方事权增加财权相对减弱。但是,当地方难以应对日益增长的相应事权支出,"巧妇难为无米之炊",地方政府就有了更强烈的增加税收的内在激励。这是经济学的传统分析。不过,这里要清楚的是,解决财权事权不匹配的问题,地方政府自身运转和搞经济建设,靠的不只是征收上来的税,而是要有足够的财政资金支配能力。所以,更准确地说,地方政府竞争的不只是税,而是综合财力。地方政府竞争财力的判断,在一定程度上缓解了前述理论与现实的困惑。虽然许多重大项目在短期内不会直接产生税收收入,但重大项目的成功落地,会在当期立即带来数量可观的其他税收和非税收入,特别是与土地出让相关的契税以及政府基金性收入。在现行财税体制下,地方对这两类收入拥有足够灵活的支配权。这些收入,也着实壮大了地方政府的可支配财力。财政部数据显示,2018 年全国土地使用权出让收入为 65 096 亿元,而地方一般公共预算本级收入是 97 905 亿元。这意味着,土地出让收入相当于同期地方一般公共预算的 66.48%。仅"卖地"这一项收入,就会对地方政府可支配财力提供重要的支撑。

这可能会产生另一个疑问:"三免两减半"政策虽增加了非税收入,一定程度上强化了地方政府"涉地"财力,但土地出让作为政府基金性收入并不纳入一般预算,该政策又真实地减少了企业对地方税收的贡献,这样是否不利于地方政府官员的政绩考核?众所周知,在任何地方政府官员竞争性政绩考核体系中,税收收入都是非常重要的考核和评比指标。地方政府为何不为赢得政绩考核而留住本地税收呢,"免""减"难道不会对官员政绩考核产生影响吗?事实上,由于税收法定,地方政府并没有调整法定税收的权力。企业享受到的税收"免"和"减",是要以先履行"交税"义务为前提的。具体的政策操作上,企业先"交"税而后再通过其他形式进行"免"税和"减"税。所以,那些被"免"和"减"掉的税,虽然没有真实地充实地方财力,但已经构成了地方可以拿来进行绩效评比的指标性"税收收入"。也即是说,"三免两减"并不会显著影响地方政府官员的绩效指标考核。

从这个意义上说,地方政府在"招商引税"的同时进行"三免两减",在政绩考核评比中是"鱼和熊掌可以兼得"的。通过选择性实施"三免两减",地方政府还可享受诸多政策红利:一是重点吸引那些与区域自身发展定位相符的重大项目,借势改变传统经济结构,实现发展转型和高质量升级。同时,在高质量发展新导向下,增加了赢得"高质量政绩考核锦标赛"的可能性。二是那些重大项目形成的、会再返还给企业的税收收入,地方政府仍然可以用来进行绩效指标评比,而带来的非税收入可充实地方财力。三是尽管"三免两减"会减少当期税收贡献,但是有了长期未来税收作保障,会显著提高地方政府当下的融资能力。因此,地方政府选择实施"三免两减"政策,也是理性的。但当全国各地方政府同时实施此类政策,则可能会带来"合成谬误"问题。特别是许多轻资产类企业,享受完一个地方"三免两减"政策的"三免"以后就搬离,在其他地方"三免两减"政策吸引下选择异地重建。如此一来,局部的理性却带来全局的非理性,给了企业政策性套利空间。构建全国统一大市场,营造公平竞争环境,是当下双循环新发展格局和市场体系建设的主旋律,地方政府实施竞争性政策优惠,也确实导致了政府不公平竞争问题。

地方政府之间的竞争,在当下仍然可以成为经济高质量发展的不竭动力。但有必要从顶层设计出发,进一步规范地方政府间的竞争秩序。像市场中的企业竞争一样,地方政府之间开展高质量发展竞争,也迫切需要一个公平、公正、透明的法律和制度环境。

第三节　中国地方政府间的财政竞争

一、中国地方政府间纵向的财政竞争

20 世纪 80 年代初,我国开始推行"划分收支、分级包干"的财政体制,将原有的"统收统支"变为"自收自支",开始了中央政府与地方政府的"分灶吃饭",且随着财政制度的进一步演进,政府间纵向竞争逐步凸显出来。

从 1980 年实施的"划分收支、分级包干",到 1985 年实施"划分税种、核定收支、分级包干"的体制,再到 1988 年中央对地方政府分级包干的方法和基数进行调整,在此过程中,地方政府不断跟中央政府进行博弈和议价,最终形成财政承包制度达到 6 种之多。此外,地方政府还通过先将企业应交给政府的税收减免,然后再以其他方式征收,从而达到地方政府获得更多资源的目的。这些现象都是政府间纵向竞争所导致的后果。

1994 年分税制改革,中央政府与地方政府之间竞争空前激烈。首先,随着分税制改革的实施,中央拿走了收入的大头,地方收支差距由中央转移支付来填补。从全国总数来看,转移支付能够补上地方收支缺口,但总数能补上,并不等于每级政府都能补上,也不等于每个地区都能补上。其次,分税制改革之后,中央和省分成,省也要和市县分成,可因为上级权威高于下,所以越往基层分到的钱往往越少,但分到了任务却并没有相应减少,出现了"财权层层上收,事权层层下压"的局面,基层财政困难问题日益突出。再次,分税制对中央与省级地方政府之间的财政关系作出了较为明确的规定,但是对省以下的政府间的关系一直未能明确,省以下地方各级财政大多没有建立起事权与财权对应的规范的制度体系,而且很多省市两级集中的行政区,日趋激烈的财政资源竞争进一步加剧了县乡等基层财政的困难。

面对这一情况,各地政府为扩大财政收支税基,得到更多的税收返还,出现了过度征收税收、寅吃卯粮等现象,为此中央政府专门制定的相关规定在以后年份若达不到 1993 年的增长率,则相应扣减税收返还。1994 年,中央财政税收在全国财政收入占比从前一年的 22% 上升到 55.7%,而随后这一比重连续下降几年才又出现一定的回升,中央政府在全国财政收入占比在一定程度上反映出我国财政体制的纵向竞争。

2001 年我国出台企业所得税分享方案,仅一个月时间全国地方企业所得税就比上年同期增长 139.4%,各地方均出现企业所得税超常增长现象。这时,省级政府一般通过"藏税于民"或"藏税于企"手段进行税收竞争,而县市政府与省级政府财政竞争主要是采用讨价还价的方式,因为省以下的财政收入分配机制仍没有形成,这与财政包干制下不同级别政府财政竞争的途径是相似的,也是分税制下省级以下不同级别政府财政竞争的一贯做法。每当政府出台新的调整政策,地方政府都会对现有的资源进行利用,整合并制定新的策略,以各种规范和不规范的措施来应对出台的变化,以便在财政分权中赢得有利的地位。这种现象再次证明了地方政府在政府间纵向竞争中为获得最大利益而采取的竞争性策略。

二、横向财政竞争：地方政府之间的竞争

中国地方政府间横向财政竞争主要形式有财政收入竞争，财政支出竞争、土地财政竞争等。

（一）财政收入竞争

财政收入竞争也可称为税收竞争。从我国地方政府间的财政竞争来看，在经济发展的早期，地方政府会比较注重税收的竞争，其实质是价格竞争，竞争的结果是降低私人产品的价格，以产品的低价获取竞争优势，这是经济发展初期阶段的主要形式，它与人们较低层次的需求相适应。在改革之前，由统一的财政中央集权制度所决定，我国基本上不存在国内税收竞争问题。改革之后，地方政府在经济发展中的作用得到强调，分权程度不断提高，国内税收竞争也逐渐发展。从 20 世纪 80 年代开始到 90 年代中后期，地方财政竞争主要表现为税收方面的竞争。已有的地方政府间的税收竞争大致可概括为 3 种形式。

1. 减免税

减免税也可称为税收优惠。由于我国遵循的是单一制原则，税法制定权集中在中央，地方政府没有规定税种、税率的权利，但自改革开放之初开始至 1994 年，为了吸引资本等流动性要素，部分地方政府违反税法规定和国家政策，超越权限自行制定各种税收减免政策。由于这种减免税是以地方政府侵犯中央政府统一税权的行使为特征的，对此，国务院于 1993 年 7 月 23 日印发《关于加强税收管理和严格控制减免税收的通知》，规定各地区、各部门违反税法规定和国家政策，超越权限自行制定的各类税收优惠政策，一律无效。尽管中央政府层面采取种种措施加强税权的统一行使，有力遏制地方政府乱减免税的行为，但时至今日税收减免仍然是地方政府财政竞争的主要手段。

2. 财政返还

财政返还即"先征后返"，对企业已经缴纳的税款，以财政奖励或补贴的名义给予返还，其效果实质上等同于减免税。1994 年以来，地方乱减免税受到中央政府的有力遏制之后，地方政府将在分税制财政体制中分得的税收收入通过财政返还的形式返还给投资者。虽然税收减免还存在一定的空间，但财政返还在很大程度上成为替代减免税的一种地方政府间财政竞争的形式，一些地方政府对外来投资的企业，依据其投资规模及缴纳税款情况，按一定比例由地方财政出资向企业返还部分税收。具体返还标准各地不一，总的来说，经济越落后的地区，通过财政返还招商引资的热情越高，返还的力度也就越大，财政返还在事实上减少了地方政府的税收收入，因而它与原始意义上的税收竞争无异。

3. 特定配套措施

特定配套措施是地方通过综合配套措施，增加特定方向的公共支出和减少应该收到的费用。各地将一般税收收入用于特定投资项目和特定对象进行基础设施完善，起到了吸引资本的作用，但事实上减少了当地政府用于一般公共服务水平的可支配收入。各地政府还为了吸引投资项目，展开了地价竞争，即以较低的价格提供土地给特定的投资项目，从而减

少了财政收入。尽管国家政策禁止非法压低地价招商，但一些地方政府为了吸引投资，不惜以低于成本的价格出让工业土地。

此外，除了税收竞争的形式在发生变化，税收竞争所针对的对象也在悄悄地发生变化。改革伊始，各地税收竞争所针对的是境外资本。随着改革的深入，各地政府渐渐将税收竞争对象扩大到本国其他地方的资本身上。基于本地资本可能因未能享受到税收竞争利益而向外地流动的考虑，各地开始将税收竞争对象扩大到本地资本。税收竞争面的扩大，使得税收竞争的各种影响也随之扩大。

（二）财政支出竞争

分税制财政体制改革以后，地方财政竞争逐步从单纯的税收竞争转向税收竞争和支出竞争并存的新阶段。随着社会经济的发展，财政支出竞争的作用愈加凸显出来，因为提供优质的公共产品服务比低税更能够吸引资源和要素的流入。

具体来讲，围绕公共支出而展开的地方政府间的竞争主要包括以下几个方面：

1. 扩大财政投资支出

一些地方政府为了各自的利益，在凭借行政权力组织和调动一切力量规划本辖区发展时，偏好于那些最能够增加自己收入的项目，相互之间有了明显的攀比倾向，一些地方政府纷纷扩大预算投资支出，还通过各种优惠政策鼓励推动组织和参与各种投资，以加快项目实施来创造经济效益。由于政府投资竞争带来的后果存在双面性，一方面盲目的竞争引发了攀比行为，比如各地兴起的地铁建设热潮，加重了政府债务负担；另一方面，随着政府间投资竞争的展开，快速提高了我国的基础设施水平，张军等通过研究指出，地方基于财政分权展开的招商引资行为是我国基础设施得以快速发展的重要原因①。

2. 提供优质的公共产品和公共服务

由于地方政府更接近于辖区居民，相对于中央政府，可以更好地提供一个符合帕累托效率的公共产品，从而能够满足地方居民对公共产品的需求。因此，如何更好地供给地方层次的公共产品，成为地方政府间横向竞争的重要内容。

（三）土地财政竞争

土地财政竞争是指地方政府出让土地而获得财政收入，利用土地政策吸引外资流入，挖掘地方经济发展的潜力。从本质上看，土地财政既是财政收入的竞争，也是财政支出的竞争。改革开放以来，促进经济增长成为各级地方政府面临的首要任务，也是中央考核政府官员晋升的主要依据之一。除了在税收、财政支出、财政体制方面开展竞争，地方政府掌握的大量的土地资源也成为竞争对象。在土地竞争的过程中，往往出现了两种情况，一种是经济比较优势突出的地区，通过加大土地开发力度，将更多的土地使用权进行让渡，以获得充足的财政收入来弥补建设资金的不足，形成了以土地来换取发展资金的模式，各地频频出现的

---

① 张军，高远，傅勇，等.中国为什么拥有了良好的基础设施？[J].经济研究，2007(03):4-19.

天价地王便是例证。另一方面,缺乏经济优势的相对落后地区,为了承接发达地区产业转移,吸引更多的资本、企业入驻,地方政府通过降低地价或提供工业用地"标准地"等形式进行让利,达到培育税源的目的,形成了以土地来换取税源的模式。

我国地方财政竞争中关于土地手段的运用,存在显著的阶段性特点[①]:

第一阶段(1994—2003年)廉价土地出让为主的竞争模式。预算内地方财政收入主要来源于税收,而税收主要依赖于生产型的增值税。这激励了地方政府对GDP最大化的追求。GDP的增长依赖于投资与出口,所以新办工业园区和"招商引资"成为政府的重要工作。其成效的高低与所提供的优惠条件密切相关,于是地方政府追求GDP的增长,转化为优惠条件的"区际引资竞争"。优惠条件竞争的一个重要方面是政府利用其土地一级市场的垄断权与建设用地的管制权,竞相提供"低地价"甚至"零地价"。引资竞争转化为"占地竞赛"。1998年启动住房商品化改革后土地增值空间显现,获取"征地价格剪刀差",进一步成为各地预算外收入的重要来源,对农地资源的掠夺与占用已在现有的路径依赖下雪上加霜。

第二阶段(2004—2008年)"经营城市"的竞争模式。中央政府对开发区进行清理,对耕地保护红线再三重申,政府土地储备制度和建设用地市场化供给等政策陆续出台,地方政府进入到通过"以地养地","城市经营"来获取建设资金的"良性"循环阶段。由此,以土地的抵押获取债务性融资收入,成为地方政府扩大投资的重要来源,因此这一阶段地方政府的财政收入构成演变为"土地财政、地方政府融资平台、政策性银行支持"的混合模式。

第三阶段(2009年以来)地方债务膨胀的竞争模式,一方面土地资源有限与征地成本上升,特别是在中央多轮政策调控下,多数地方政府的土地出让收益大幅减少;另一方面,全球金融危机后,我国实施经济刺激计划,催生以政府信用为背景的银行贷款增加和地方债务膨胀。于是,各级地方政府利用政府信用对土地资源的垄断优势,通过土地担保、地方政府债券创造了各种融资的手段,地方政府债务由此节节攀升。

总的来看,土地财政之所以得以出现,具有一定的合理性。在特定时期,土地财政既可推动地方政府招商引资,同时也为基础设施建设和城镇化发展提供资金支持,但其自身缺陷将在一定程度上对经济可持续增长造成负面影响,具体表现在地方政府的过度投资将会造成基础设施投资回报率下降等。土地开发和城市扩张是目前我国经济增长的核心动力,以土地出让金为主的土地财政演变为政府提升经济竞争力的主要因素。在未来一段时期内,土地财政仍将继续影响地方政府的发展[②]。

三、中国地方政府间财政竞争的协调机制

我国入世以来,由于以减免税等各种税收优惠政策为特点的税收竞争不符合世界贸易组织(WTO)的国民待遇原则、透明度原则、公开性原则,因此以提供优质的地方公共产品和公共服务为主要特点的财政支出竞争将逐步成为各地财政竞争的主要手段。随着我国市场

①　李尚蒲,罗必良.地方政府竞争:财政赤字扩张及其攀比效应——来自县域的证据[J].学术研究,2015(9):66-75,160.

②　樊轶侠,高跃光.地方政府竞争、土地财政与外资——基于空间动态面板的检验[J].财会月刊,2019(14):3-11.

经济改革过程中住房制度、户籍制度、人事管理制度和社会保障制度等方面的改革不断深化,制约要素流动的各种障碍将越来越少,要素流动性将不断提高,这种流动性对地方财政在发挥职能过程中将产生巨大影响,资金、人员的流动,企业的迁移都意味着税基的流动,这势必会强化地方财政竞争。引导政府相互之间展开良性财政竞争,对于促进我国地方经济的均衡发展能够起十分重要的作用。

(一)深化分税制改革

在现有财税体制下,地方政府没有相应的税收立法权,各级政府财权和事权不统一,政府间转移支付制度还不够完善等,这些都成为地方政府间进行非规范竞争的制度原因。因此,完善我国现行分税制能够从制度上矫正地方政府间的无序竞争。为了规范政府间的财政竞争,首先,应当明确地划分中央与地方事权与支出范围,合理配置中央与地方的税种,做到各级政府各司其职、各行其是,有助于从体制上减少地方政府进行不正当竞争的动机。其次,应当明确地方政府的收支权限,促使地方政府进行较为独立的财政竞争决策,有利于地方政府选择较为合理的财政竞争形式,降低地方财政竞争行为预期的不确定性,从而使地方财政竞争更加规范。再次,还应当进一步完善现有转移支付制度,建立更加合理、规范的公平补偿机制,中央政府要规范转移支付制度和加强对不发达地区的政策扶持力度,提高不发达地区的财政能力,为财政竞争创造公平的竞争环境,尽量避免地方财政竞争加剧地区间发展的不平衡,影响社会稳定。

(二)消除地方保护主义

政府间财政竞争所带来的地方保护主义,扰乱了市场运行秩序,抵消了规范竞争可能产生的积极效应。因此,在建立良好的法律框架和执行机制的基础上,使传统的基于自由裁量的治理体系朝着现代的基于规则的治理体系转变,消除地方保护主义,建立统一、开放的大市场,建立有利于建立政府间税收竞争的良好环境。

首先,清理和调整临时性、过渡性税收优惠政策。对于妨碍企业公平竞争、存在税收漏洞、便于税务部门操作的税收减免和先征后返项目,一律取消;一些地区或产业等仍然需要国家政策的倾斜支持,对与之相关的税收优惠措施,宜进行适当调整、补充后予以保留。积极创造条件,在预算科目中增列"税式支出"科目,逐步建立覆盖全部税收优惠的税式支出制度,把税式支出纳入财政预算管理,并定期对税收优惠的效果进行评估,强化对税收优惠执行情况的监督检查,使税收优惠政策在财政竞争中发挥其应有的作用。

其次,清理和整顿预算外资金。取消现有不合法、不合理的收费项目;将部分事业性收费转为经营性收费;对一些体现政府职能、收入数额较大、来源相对稳定,且便于征管的部分收费、基金项目,改革征收管理办法,实行规范化财政管理。加强收支两条线管理,实行预决算管理制度,建立健全监督检查制度等。

再次,消除国内市场的贸易壁垒,限制地方保护主义。地方保护主义增加市场交易成本,并使具有竞争优势的产品市场范围受限,无法达到最佳规模,从而造成资源浪费现象。对此,应进一步转变政府职能,减少政府对经济的行政干预,整合资源,优化资源配置,提高地方分工和专业化水平,促进国内统一市场的形成。

最后,培育健康的土地市场,加强土地价格监测和管理,维持正常而稳定的土地价格,防止地方政府利用土地资源作为不当竞争的工具,也是整顿地方政府财政竞争秩序的一个不容忽视的方面。

(三)加快税制改革,提高征管水平

首先,明确各级政府的税收管理权。目前,我国税收管理权制度不够系统,缺乏权威性,应尽快出台相关法律明确中央与地方税收管辖权。对于地域管辖引起税收竞争的问题,可采取"属地优先"原则,按照经营地原则确定纳税地点。对于级别管辖引起税收竞争问题,如果在同一地域内有两级或两级以上税务机关,而该地域内一些纳税人的某些税种应该归哪级机关的征收机构管辖尚不明确的,可以由最基层税务机关管辖。

其次,加大税收信息化建设力度。税收信息化就是运用现代信息技术,依托计算机网络,将税收各个环节的信息集中处理。信息化不但提高了税收管理的效率和质量,降低执法随意性,而且使地区间、纳税人与征税机关间、上下级政府间的信息不对称得到改善,有利于税收征管。

再次,改进税收计划管理。应当以支定收的税收指标计划,使税收计划服从经济税源,通过改进税收计划方法,采取科学方法对税收能力进行估算,在合理估算税收能力后,进行科学的税收收入预测,弱化税收计划的指令性特征。

(四)创造公开、透明的财政竞争环境

公开、透明的财政信息披露,不仅是财政运行管理的要求,也有利于营造良好的税收竞争环境。因此,政府部门应主动地公开信息,建立信息公开化的竞争环境,为公民了解政府信息提供机会和途径,以增加公民对政府事务和公共事务的了解,并加强地方政府间信息交流。在信息开放过程中,通过发现、学习和模仿,各级政府可以改善辖区的市场环境和制度环境,使政府间的财政竞争更加规范、透明。

【讨论】

为什么要坚定不移地规范地方政府间的竞争行为?

资料1:长期以来,税收优惠是各地招商引资一大法宝,与政绩、企业利益密切相关,但很多优惠政策与税收法定原则相悖,引发乱象,存在寻租和腐败空间。时任财政部部长楼继伟指出,当前税收优惠政策过多过滥,制造税收"洼地",影响公平竞争和市场统一,必须清理。2014年11月27日,国务院印发《关于清理规范税收等优惠政策的通知》(国发〔2014〕62号),将全面清理已有的各类税收等优惠政策,并明确坚持税收法定原则,各地区严禁自行制定税收优惠政策。通知明确,清理规范税收等优惠政策旨在加快建设统一开放、竞争有序的市场体系,反对地方保护和不正当竞争,着力清除影响商品和要素自由流动的市场壁垒,推动完善社会主义市场经济体制,使市场在资源配置中起决定性作用,促进经济转型升级。2015年5月,国务院下发通知,明确国发〔2014〕62号规定的专项清理工作"待今后另行部署

后再进行"。通知还明确,已经实施的优惠政策,有期限的、有合同的按期限、按合同执行,已兑现的不溯及既往,没有期限的设过渡期,按照"把握节奏、确保稳妥"的原则进行清理。多位财税专家向南都记者指出,该通知措辞委婉,实则暂停了62号文部署的税收等优惠政策专项清理工作①。

资料2:2022年3月25日,中共中央、国务院发布《关于加快建设全国统一大市场的意见》,强调要打破地方保护和市场分割,要求各地区综合比较优势、资源环境承载能力、产业基础、防灾避险能力等因素,找准自身功能定位,力戒贪大求洋、低层次重复建设和过度同质竞争,不搞"小而全"的自我小循环,更不能以"内循环"的名义搞地区封锁。建立涉企优惠政策目录清单并及时向社会公开,及时清理废除各地区含有地方保护、市场分割、指定交易等妨碍统一市场和公平竞争的政策,全面清理歧视外资企业和外地企业、实行地方保护的各类优惠政策,对新出台政策严格开展公平竞争审查。加强地区间产业转移项目协调合作,建立重大问题协调解决机制,推动产业合理布局、分工进一步优化。鼓励各地区持续优化营商环境,依法开展招商引资活动,防止招商引资恶性竞争行为,以优质的制度供给和制度创新吸引更多优质企业投资。

资料3:2022年6月13日,国务院办公厅印发《关于进一步推进省以下财政体制改革工作的指导意见》(国办发〔2022〕20号),要求在中央和地方分税制的原则框架内,遵循完善政府间财政关系的基本原则,理顺地方各级财政事权和支出责任以及政府间收入划分关系等,逐步形成规范的省以下财政体制。文件强调除国家另有规定外,逐步取消对各类区域的财政收入全留或增量返还政策,确需支持的通过规范的转移支付安排。逐步规范设区的市与所辖区之间的收入关系。结合税源实际合理编制各级收入预算,依法依规征税收费,严格落实退税减税降费政策,严禁虚收空转、收"过头税费"、乱收费,不得违规对税费收入指标进行考核排名。逐步清理不当干预市场和与税费收入相挂钩的补贴或返还政策。

资料4:中央财经大学经济学院院长、教授陈斌开表示,建设全国统一大市场的一大难点是地方政府之间的竞争,而都市圈是令地方政府从竞争走向合作、形成统一大市场的一个重要切口。陈斌开在上海交通大学举办的直播活动中称,不可否认在考核目标带来的内在驱动力上,地方政府竞争本身对中国经济增长起到重要作用,但也造成分割市场的负面效果。"比如A和B地区各发展A、B两种汽车。从地方政府角度看,A政府希望A汽车最好能卖到A和B两个地方,但B汽车不要卖到A地区。所以地方政府有积极性保护本地企业和市场。这对于本地经济增长是有效的,但全局来讲就是'囚徒困境'。也就是说两个地区合作可能更好,但是都希望保护自己的市场,互相不让对方进入自己的市场,这就陷入了分割,损失了全局的效率。"他说。同时,他表示地方政府从竞争走向合作是期望的理想状态,但必须承认走出'囚徒困境'很难。短期和中期内,促进都市圈和城市群的发展是改善现状、建设全国统一大市场的重要切口和抓手之一,都市圈的形成就是一个促进分工协作的过程。"为什么在当下这个节点建设全国统一大市场如此重要? 因为中国是一个大国,大国最重要的一

---

① 国务院清理税收优惠政策5个月后暂停:不再"一刀切"[EB/OL].凤凰网,2015-5-1.

个优势是超大市场规模带来的规模经济。市场规模为什么重要,因为可以带来分工。只有市场规模足够大,才能有更深化的分工,才能提高效率,决定'国富'还是'国穷'。"陈开斌说。

核心概念:地方政府　财政竞争　税收竞争　支出竞争　财政分权　逐底竞赛

复习思考题

(1)为什么地方政府间财政竞争会广泛存在于不同政治体制的国家?

(2)为什么财政分权是地方政府间财政竞争的基础?

(3)试论述财政竞争有关理论。

(4)我国政府间财政竞争的具体形式有哪些?

(5)地方政府间财政竞争的积极效应和消极效应分别是什么?

(6)你认为应如何对我国地方政府间财政竞争进行规范与协调?

参 考 文 献

［1］白文杰.财政支出绩效评价的内涵解析［J］.财务与金融,2010(6):49-53.

［2］财政部.关于进一步推进乡财县管工作的通知［Z］.2006-07-28.

［3］财政部.关于推进省直接管理县财政改革的意见［Z］.2009-06-22.

［4］财政部.关于印发《财政支出绩效评价管理暂行办法》的通知［Z］.2011-04-02.

［5］财政部.关于印发《项目支出绩效评价管理办法》的通知［Z］.2020-02-25.

［6］丁国峰,毕金平.论政府间税收竞争的理论基础［J］.安徽行政学院学报,2010,1(1):
49-52.

［7］丁力.新时代城市财政的定位和功能作用研究［J］.中国财政学会2019年年会暨第22
次全国财政理论研讨会交流论文集(第四册):394-406.

［8］董慧.城市治理的中国实践及其经验［J］.湖北社会科学,2021(11):37-43.

［9］杜莉.城市财政学［M］.上海:复旦大学出版社,2006.

［10］樊轶侠,高跃光.地方政府竞争、土地财政与外资——基于空间动态面板的检验［J］.财
会月刊,2019(14):3-11.

［11］范毅,潘征宇.“乡财县管”的制度设计与现实走向［J］.南京财经大学学报,2014(7):
15-20.

［12］范子英,张军.粘纸效应:对地方政府规模膨胀的一种解释［J］.中国工业经济,2010
(12):5-15.

［13］傅勇.中国式分权与地方政府行为:探寻转变发展模式的制度性框架［M］.上海:复旦
大学出版社,2010.

［14］高凤勤,徐震寰.“竞高”还是“竞低”:基于我国省级政府税收竞争的实证检验［J］.上
海财经大学学报,2020(1):3-17.

［15］高培勇.公共经济学［M］.北京:中国人民大学出版社,2012.

［16］郭靖,倪鹏飞,彭旭辉.城市收缩与地方政府债务风险［J］.中国行政管理,2022(1):
98-104.

［17］国务院.关于全面实施预算绩效管理的意见［Z］.2018-09-25.

［18］国务院.国务院办公厅关于进一步推进省以下财政体制改革工作的指导意见［Z］.2022-
05-29.

[19] 国务院.中华人民共和国预算法实施条例[Z].2020-08-20.

[20] 韩柯子.中国共产党百年城市治理：框架构建、演进历程与对策建议[J].经济问题探索,2022(2):26-36.

[21] 郝春虹,王英家,贾晓俊,等.分好"财政蛋糕"：对转移支付财力均等化效应和效率的考察[J].中国工业经济,2021(12):1-19.

[22] 黄淑云,侯海平.对地方财源建设的思考[J].山西财税,2013(10):30-31.

[23] 吉富星,樊轶侠.促进区域经济一体化发展的财政制度安排及优化路径[J].经济纵横,2021(12):83-89.

[24] 李楠楠.论地方财源建设的困局破解与法治保障[J].当代经济管理,2019,41(01):75-84.

[25] 李尚蒲,罗必良.地方政府竞争：财政赤字扩张及其攀比效应——来自县域的证据[J].学术研究,2015(09):66-75.

[26] 李士梅.公债经济学[M].北京：清华大学出版社,2017.

[27] 刘秉镰,朱俊丰.新中国70年城镇化发展：历程、问题与展望[J].经济与管理研究,2019(11):3-14.

[28] 刘剑文.地方财源制度建设的财税法审思[J].法学评论,2014(2):25-32.

[29] 卢洪友.公共部门经济学[M].北京：高等教育出版社,2015.

[30] 吕冰洋,毛捷,马光荣.分税与转移支付结构：专项转移支付为什么越来越多？[J].管理世界,2018(4):25-39.

[31] 吕冰洋.国家能力与中国特色转移支付制度创新[J].经济社会体制比较,2021(6):29-38.

[32] 吕炜,赵佳佳.中国转移支付的粘蝇纸效应与经济绩效[J].财政研究,2015(9):44-52.

[33] 马海涛,马金华.解决我国地方政府债务的思路[J].当代财经,2011(7):43-49.

[34] 马洪范,王浩然.事权、支出责任与收入划分的国际比较和历史启示[J].公共财政研究,2021(3):29-41.

[35] 马克思,恩格斯.马克思恩格斯选集[M].北京：人民出版社,2012.

[36] 马克思.资本论[M].北京：人民出版社,2018.

[37] 马骁,周克清.财政学[M].4版.北京：高等教育出版社,2019.

[38] 毛捷,徐军伟.中国地方政府债务问题研究的现实基础——制度变迁、统计方法与重要事实[J].财政研究,2019(1):3-23.

[39] 彭健.地方财政学[M].大连：东北财经大学出版社,2019.

[40] 平新乔.财政原理与比较财政制度[M].上海：格致出版社,2018.

[41] 任泽平,马家进,石玲玲,等.20世纪80年代拉美债务危机是如何发生的[J].国际融资,2020(10):38-41.

[42] 石绍宾,樊丽明.对口支援：一种中国式横向转移支付[J].财政研究,2020(1):3-12.

[43] 石亚军,施正文.从"省直管县财政改革"迈向"省直管县行政改革"——安徽省直管县财政改革的调查与思考[J].中国行政管理,2010(02):28-33.

[44] 苏红键,魏后凯.改革开放40年中国城镇化历程、启示与展望[J].改革,2018(11):49-59.

[45] 孙开.地方财政学[M].2版.北京:经济科学出版社,2008.

[46] 唐任伍,李楚翘.中小城市政府债务风险及其化解路径[J].国家治理,2019(29):38-48.

[47] 唐任伍.公共经济学[M].北京:中国人民大学出版社,2018.

[48] 唐韬.城市经济发展转型的必经之路——基于土地财政视角[J].国际商务财会,2021(7):6-7.

[49] 唐旭.中国国债市场金融功能分析[J].新金融,2005(4):3-5.

[50] 陶勇.地方财政学[M].上海:上海财经大学出版社,2006.

[51] 王福涛.促进城市群发展需妥善应对"虹吸效应"[J].国家治理,2021(2):32-37.

[52] 王靖淞.我国地方政府债务风险的现状与化解路径[J].财金观察,2021(6):2-7.

[53] 王曙光,蔡德发,孙慧玲.地方财源建设的问题及对策研究——以哈尔滨市为例[J].会计之友,2015(22):85-90.

[54] 王伟同,徐溶壑,周佳音.县乡财政体制改革:逻辑、现状与改革方向[J].地方财政研究,2019(11):4-14.

[55] 王玮.地方财政学[M].3版.北京:北京大学出版社,2019.

[56] 王勋铭.马克思的公债理论及我国公债发行问题.经济科学[J].1988(1):20-25.

[57] 王振宇,司亚伟,路遥.财政运行过程、地方财政治理能力与提升路径[J].财政研究,2022(6):3-19.

[58] 吴敏,刘畅,范子英.转移支付与地方政府支出规模膨胀——基于中国预算制度的一个实证解释[J].金融研究,2019(3):74-91.

[59] 许梦博.地方财政学[M].北京:清华大学出版社,2015.

[60] 闫坤,鲍曙光.财政紧平衡下的财政支出改革研究[J].财经问题研究,2022(9):94-103.

[61] 杨峰,胡秋涵,任运月.智慧化城市治理:驱动、挑战与进路[J].成都大学学报(社会科学版),2022(7):26-35.

[62] 杨六妹,钟晓敏,叶宁.分税制下财政转移支付制度:沿革、评价与未来方向[J].财经论丛,2022(2):27-37.

[63] 尹映雪.我国地方债务风险及应对策略[J].经济论坛,2022(3):24-25.

[64] 张军,高远,傅勇,等.中国为什么拥有了良好的基础设施?[J].经济研究,2007(3):4-19.

[65] 张拴科,冯涛,张小科,等.财源建设中存在的问题及对策[J].西部财会,2014(2):10-13.

[66] 赵学群.关于财政支出绩效评价和管理制度的思考[J].现代经济探讨,2010(12):42-45.

[67] 赵胤.扎实推进基本公共服务均等化[N].中国社会科学报,2022-06-28.

[68] 赵峥,王炳文.共同富裕目标下的转移支付制度:成效、问题与建议[J].重庆理工大学

学报(社会科学),2022(3):1-10.

[69] 钟晓敏,叶宁.中国地方财政体制改革研究[M].北京:中国财政经济出版社,2010.

[70] 钟晓敏.地方财政学[M].4版.北京:中国人民大学出版社,2017.

[71] 钟晓敏.地方财政学[M].5版.北京:中国人民大学出版社,2021.

[72] 周黎安.转型中的地方政府:官员激励与治理[M].2版.上海:格致出版社,2017.